U0089655

中國學術思想 研究輯刊

十七編

林慶彰 主編

第 25 冊

「王學宗子」
——鄒東廓思想研究

許晁偉 著

花木蘭文化出版社

國家圖書館出版品預行編目資料

「王學宗子」——鄒東廓思想研究／許晟偉 著 — 初版 — 新北
市：花木蘭文化出版社，2013〔民102〕

目 4+178 面；19×26 公分

（中國學術思想研究輯刊 十七編：第 25 冊）

ISBN：978-986-322-415-0（精裝）

1.（明）鄒守益　2.學術思想　3.陽明學

030.8　　　　　　　　　　　　　　　　　102014771

ISBN-978-986-322-415-0

9 789863 224150

中國學術思想研究輯刊

十七編　第二五冊　　　　　　　ISBN：978-986-322-415-0

「王學宗子」——鄒東廓思想研究

作　　者　許晟偉
主　　編　林慶彰
總 編 輯　杜潔祥
出　　版　花木蘭文化出版社
發 行 所　花木蘭文化出版社
發 行 人　高小娟
聯絡地址　235 新北市中和區中安街十二號十三樓
　　　　　電話：02-2923-1455／傳眞：02-2923-1452
網　　址　http://www.huamulan.tw 信箱 sut81518@gmail.com
印　　刷　普羅文化出版廣告事業
封面設計　劉開工作室
初　　版　2013 年 9 月
定　　價　十七編 34 冊（精裝）新台幣 56,000 元　　版權所有·請勿翻印

「王學宗子」
——鄒東廓思想研究

許晟偉　著

作者簡介

許晟偉，1982 年 11 月 27 日出生於府城，國立彰化師範大學國文碩士，目前於公立國中擔任國文科教師，座右銘——「義命對揚，即命顯義」。鍾情於中國哲學與現代文學兩個看似天差地遠的領域，曾發表單篇論文有〈論翁闓詩論與詩作之關係〉、〈論鄒東廓的「主敬」思想〉、〈王國維「性」、「理」觀析探〉等，碩士論文為《王學宗子——鄒東廓思想研究》。

提 要

　　鄒東廓（守益，1491 ~ 1562）被撰寫《明儒學案》的黃梨洲（宗羲，1610 ~ 1695）推為「王學宗子」。然而，對於陽明後學的相關研究中，鄒東廓並未受到相對較高的重視，這可能是因為肯定鄒東廓為「王學宗子」的學者，由於鄒東廓「平實」的學風較無議題性可發揮，反倒將他給忽視了；而不贊同其為「王學宗子」的學者，則又因為東廓思想中富有宋儒色彩而加以質疑，但此否定卻又未加以細考，便稱其為「回歸宋儒」、「由王返朱」。因此，本論文旨要彰顯鄒東廓學說的主體性與獨特性，還給鄒東廓一個較公允的評價與地位。

　　本論文研究發現，鄒東廓能夠在陽明學的「本體與工夫為一」、「體用為一」、「寂感不二」、「致良知」等核心概念上準確地把握，並提出「見在本體工程」的概念，來反對「見成良知」與「主靜歸寂」之說，本論文並在鄒東廓「見在本體工程」的邏輯概念之下，來統籌論述「戒慎恐懼」、「主敬」、「自強不息」等工夫理論，認為其「工夫」乃是出於良知本體的「本體工夫」。而鄒東廓學說中的宋儒色彩，包括周濂溪（敦頤，1017 ~ 1073）的「主靜」、程明道（顥，1032 ~ 1085）的「定性」、程伊川（頤，1033 ~ 1107）的「主敬」是東廓在良知學的架構底下，重新進行理解與詮釋，以融入自身學說體系當中的，可謂豐富了良知學之內涵，而不能說是「回歸宋儒」。準此，鄒東廓為「王學宗子」實當之無愧。此外，本論文研究也發現鄒東廓的家學與後學在繼承東廓的學說思想上，雖然延續著兢兢業業、戒慎恐懼，作實地工夫的為學特色，但也產生了一些變化，其中包括重視「靜坐」之功，並有向「主靜歸寂」一路傾斜的現象，其中，弟子之一的李見羅（材，1519 ~ 1595）甚至向「性體」回歸，離開了陽明學的基本立場了。

謝　辭

「學術研究是力求客觀呈顯的過程，亦是個人生命歷程的展現。」

這是研撰論文期間，以及完成論文此刻的最大感想。大學時，本科系是教育學系，雖然雙主修了中文學系，但終覺自己非「名正言順」的中文人。一心一意想投入中國文學懷抱的我，回首剛踏入彰師大國文所就讀之時，當時滿懷著熱切的懷抱，像個對學術飢渴的孩子，但當真正進入此一殿堂時，才發現當面對這個浩瀚的五千年文化時，要成為一個優秀的研究者，不僅要「擅泳」，且要「耐力過人」。否則，面對如此廣闊的學海之時，真的有一種隨時都要「陷溺」的焦慮感。有時，難免有「生也有涯，知也無涯，以有涯隨無涯，殆矣。」，不如就歸去的挫折感。

然而，我覺得我相當幸運，可以在彰師大遇見影響我學術生命的兩位恩師。碩一下時，上了彭維杰老師「宋明理學」一學期的課程，對於彭老師教育學子的態度與待人處事的風範，打從心底非常地景仰。心想著若能入此老師門下，是多麼幸福的一件事，私底下告訴好友：「吾師有明道風範！」雖然我資質駑鈍，實在不是一個領悟力高的學生。但彭老師仍願意接納我，並循循善誘之，讓我在黑暗的學術森林中，慢慢地打亮了一盞燈，走出一條蜿蜒的小徑，讓天分不佳的我免於迷途之險。老師，謝謝您！恁仔細！

另外，還要感謝張麗珠老師的指導，在研究所期間，有幸能聽到張老師「中國哲學史」與「明清思想」的課程，在老師的課堂上，總能感到老師那份面對中國學術歷史長河時的真情流露與捨我其誰的使命感，那股熱流總能深刻地感染著在座的學生。張老師也是影響我之所以傾心於陽明哲學，並走上陽明後學研究的一位重要的老師。還要特別感謝我的碩論口考老師——東海大學

的劉榮賢老師，願意前來擔任我的口考教授，並不吝分享許多發自肺腑的真切感想，且在多次研討會中，總能聽到劉老師給予我們這些學子勉勵的話，啟發了我們這些學生許多不同的視野。

在二十七歲又過六個月的此刻，完成了熱切期盼的國文碩士學位，終於要踏上人生所選擇的另一條道路上去了。最要感謝的是，養育我成長的父母，是您們讓我擁有今天一切的感動與收穫。也謝謝彰師大國文所給了我這美好的一段！此時此刻，第一次體會到何謂「得之於人者太多，施之於人者太少」的道理，我想……那就謝天吧！

晁偉

謹誌於八卦山下／2010 年 6 月

目

次

第一章　緒　論

第一節　研究動機

　　在王陽明（守仁，1472～1529）的後學研究中，包括第一代的嫡傳弟子王龍溪（畿，1498～1583）、錢緒山（寬，1496～1574）、歐陽南野（德，1496～1554）、王心齋（艮，1483～1541）……，與私淑陽明學的羅念菴（洪先，1504～1564）、聶雙江（豹，1487～1563），以及之後的陽明四傳弟子羅近溪（汝芳，1515～1588），諸位陽明後學中較有名氣的弟子，皆不乏有相關的研究。但唯獨身為第一代嫡傳弟子之一，且在當時可說是與王龍溪、錢緒山等明儒齊名的鄒東廓（守益，1491～1562）〔註1〕，相對於其他王門後學，相關研究的份量竟然遠遠不及這些王學弟子。最顯著的現象是，至今於國內，尚無以鄒東廓為主題進行研究的學位論文，這對被黃梨洲（宗羲，1610～1695）稱為「王學宗子」〔註2〕，牟宗三先生等前賢視為江右王學中「最純正者」的鄒東廓〔註3〕，筆者認為是相當可惜的。而筆者認為此種現象的主因，在於當鄒東廓被黃梨洲以降的學者定調為「正傳」之後，此種「肯認」的背後，相

〔註1〕　鄒守益，字謙之，號東廓，江西安福人，正德進士，授翰林院編修。卒後贈禮部右侍郎，諡文莊。在黃宗羲《明儒學案》的〈江右王門學案〉中列為第一。

〔註2〕　〔清〕黃宗羲：〈江右王門學案一〉，《明儒學案》（北京：中華書局，1985年10月），頁332。

〔註3〕　牟宗三：《從陸象山到劉蕺山》（台北：台灣學生書局，1979年8月），頁298。

對地也減煞了鄒東廓本身思想的主體性與獨立性，同時阻礙了陽明後學研究者對於鄒東廓進一步的研究之發展。

筆者認為不該忽略一位學者本身思想的主體性，雖視為陽明學之「正傳」，亦不可能「複製」陽明思想，甚至只是「複述」師說。任何一位學者在接受某個思想時，此「接受」之背後定有一個「動機」，此「動機」又包含了學者本身的「背景知識」，因此其所以接受某一學說，乃是基於此學說與其背後的思想背景能夠契合，在接受此一學說後，又進一步影響了對原先背景知識的意義內涵之認知；而原先的背景知識與接受學問的最初動機，又影響了後來探討此一學說的切入點，與闡揚此學說的側重面。一位學者的思想，特別是像鄒東廓這樣的大儒，其思想定是一個如此環環相扣，不斷進行動態整合的一個系統性的有機體。筆者認為若不能回歸到以其本身思想為研究主體，便無法真正彰顯其學術的獨特性格，筆者之意並非是要去否定或質疑「鄒東廓是否為王學正傳」這樣的命題，筆者贊同梨洲所謂的「王學宗子」之說，但正因為如此，更要深入去加以探析，以闡明鄒東廓是如何在恪守師說的前提之下，能夠加以開展出自身的學說體系，以對當時之學風振弊補偏，並透過這樣的論述，希望能給予鄒東廓一個適當的位置，以鄒東廓為主體的視角，重新來審視東廓的思想是如何接受與理解陽明學說，以及如何地發揚師說的。

因此，筆者正是基於這樣的理念之下，期能透過本論文致力於挖掘與彰顯鄒東廓本身之學說思想，還給鄒東廓一個獨立的學術空間。而不再僅僅是站在王陽明或整個陽明學的立場與角度下，來看待這位被視為「恪守師說」的「王學正傳」。

第二節　前賢研究成果回顧

黃梨洲的《明儒學案》是研究明代儒者無法迴避的經典之作，而梨洲對於鄒東廓的評價，總而言之，可分為兩部分：其一，肯定鄒東廓為王學之「宗子」〔註4〕；其二，標舉出鄒東廓學說中的「主敬」說為其學說特色〔註5〕。

〔註4〕梨洲曰：「姚江之學，惟江右為得其傳，東廓、念菴、兩峰、雙江其選也。再傳而為塘南、思默，皆能推原陽明未盡之旨。是時越中流弊錯出，挾師說以杜學者之口，而江右獨能破之，陽明之道賴以不墜。蓋陽明一生精神，俱在江右，亦其感應之理宜也。」又特別讚賞東廓曰：「夫子之後，源遠而流分，陽明之沒，不失其傳者，不得不以先生為宗子也。」〔清〕黃宗羲：〈江右王門學案一〉，《明儒學案》，頁331～332。

梨洲之評，深刻地影響了後來陽明後學研究者對於鄒東廓的看法，大體上皆認定鄒東廓乃陽明之正傳，不過在「主敬」概念上則存著少許的爭議。另外，黃梨洲對東廓的此種看法，實是本於其師劉蕺山（宗周，1578～1645）而來，因此其說法本身或許不全然客觀〔註6〕，但此書的確深遠地影響著後代研究者，不論贊成與否，此書之評價可謂是一重要切入點。以下筆者針對至今曾較詳細地直接討論到鄒東廓學說思想的相關研究，分爲現代專書、單篇論文、學位論文共三部分，逐一依出版日期先後順序進行摘要介紹。

一、現代專書

（一）嵇文甫：《晚明思想史論》〔註7〕

　　嵇文甫的《晚明思想史論》一書出版年代甚早，可說是研究晚明思想以及陽明後學最早的現代學者，在此書的第二章〈王學的分化〉當中，嵇文甫談王學分化亦同於後來的陳來分爲左、中、右三派，不過意義上又與陳來有所不同，嵇文甫的「中」，不是陳來所言推動王學進一步發展的「中間系統」，而是謹守師門矩矱的鄒東廓、錢緒山諸子，也就是「正統派」，而使王學發展的是左、右兩派，左、右兩派各爲「狂禪派」、「修正派」之前驅。〔註8〕

（二）牟宗三：《從陸象山到劉蕺山》

　　牟宗三先生雖未對鄒東廓學說進行深入而全面的闡釋，而只是簡短的評

〔註5〕梨洲指出：「先生之學，得力於敬。敬也者，良知之精明而不雜以塵俗者也。吾性體行於日用倫物之中，不分動靜，不舍晝夜，無有停機。流行之合宜處謂之善，其障蔽而壅塞處謂之不善。蓋一忘戒懼則障蔽而壅塞矣，但令無往非戒懼之流行，即是性體之流行矣。離卻戒愼恐懼，無從覓性，離卻性，亦無從覓日用倫物也。」〔清〕黃宗羲：〈江右王門學案一〉，《明儒學案》，頁332。

〔註6〕例如劉述先便認爲：「由王學內部的標準來看，梨洲的《明儒學案》實一無是處，取捨失當，輕重失衡，絕非眞正善紹王學者也。然而此中眞正的關鍵是，《明儒學案》根本不是一部由王學的觀點所寫的思想史。梨洲是根據蕺山思想的綱領來簡擇陽明以及王門各派，故充其量只是一廣義的王派，絕非陽明之嫡系。」劉述先：《黃宗羲心學的定位》（杭州：浙江古籍出版社，2006年12月），頁104～105。

〔註7〕嵇文甫：《晚明思想史論》（開封：河南大學出版社，2008年4月）。此文最初是在1942年於《中央周刊》發表，分三期刊登完，後於1943年11月由《前鋒報社》出版，今由河南大學出版社於2008年在「百年河大國學舊著新刊」的計畫下重新出版。

〔註8〕嵇文甫：《晚明思想史論》，頁15。

價，但此評價大致上爲國內曾碰觸到鄒東廓思想的研究學者所共同認同，而將東廓思想就此定調。在牟宗三先生的《從陸象山到劉蕺山》一書中，牟宗三先生認爲黃梨洲「江右爲得其傳」一語，實際上只適用於歐陽南野、鄒東廓、陳明水三人，其中又以鄒東廓最爲「純正」。也就是說，牟宗三先生雖反對黃梨洲將整個「江右王學」一概視爲「得其傳」的看法，但對於鄒東廓爲「王學宗子」的看法是給予肯定，認爲東廓確實「最爲純正」的。此後，「東廓爲陽明之正傳」的總結評價也因此大致定調。

（三）勞思光：《新編中國哲學史（三上）》〔註9〕

勞思光先生的《新編中國哲學史》是少數《中國哲學史》著作當中在提到王門的諸子分派時，能專闢一節專論鄒東廓思想的。在勞思光先生的《新編中國哲學史（三上）》當中，談論宋明理學的後期理論之興起及完成時，討論到王門後學四家，包括王龍溪、鄒東廓、聶雙江、王心齋。關於鄒東廓的部分，勞思光先生的見解有兩點可特別提出：一是認爲黃梨洲以東廓爲陽明眞傳，此評價與其師劉蕺山學說宗旨有關〔註10〕；另外又認爲梨洲此評恐是過譽，因爲東廓的著作不多，且在性、心、情關係上欠缺周備闡釋〔註11〕，不過這恐怕與勞思光先生當時所能看到的相關文獻過於稀少有關。〔註12〕二是點出了鄒東廓就良知本「戒愼恐懼」言良知主宰性，以及從「良知之精明」所解之「敬」，與程、朱的「主敬」，較偏於形式意義而解爲「主一」之不同。〔註13〕

（四）侯外盧、邱漢生、張豈之：《宋明理學史（下卷）》〔註14〕

侯外盧寫《宋明理學史》一書的下卷，筆者認爲他所提出對於鄒東廓的總結性評語，是對東廓思想研究的最大貢獻，他確實掌握了東廓學說的大要。此書中論述到：

〔註9〕 勞思光：《新編中國哲學史》（台北：三民書局，1983年2月）。

〔註10〕 勞思光：《新編中國哲學史（三上）》，頁438。此一觀點後來劉述先也曾提出。劉述先：《黃宗羲心學的定位》，頁104～105。

〔註11〕 勞思光：《新編中國哲學史（三上）》，頁444。

〔註12〕 2007年南京的鳳凰出版社出版了《鄒守益集》，是目前探討鄒東廓學說最爲完備的原典材料，開啓了鄒東廓學術研究的方便之門。

〔註13〕 勞思光：《新編中國哲學史（三上）》，頁439。

〔註14〕 侯外盧、邱漢生、張豈之：《宋明理學史（下卷）》（北京：人民出版社，1987年6月）。

鄒守益這種試圖以王學溝通《學》、《庸》，聯結濂、洛之學，融匯理
學諸說爲一體的觀點，是其信守師說的理學思想的一大特色，也是
他發明師說的又一重要方面。〔註15〕

此種觀點大致上已能說明東廓學思之大要，且正因爲此書體認到東廓是站在
以王學立場爲出發點的基礎上，因此認爲東廓提「敬」，乃是援引王陽明的「致
良知」說來重新理解程、朱之「涵養說」，可說是進一步申明師說，發明師旨，
而並非認同程、朱。〔註16〕又總結了鄒東廓的「戒愼恐懼」之學曰：

王守仁雖提出「戒愼恐懼，是致良知的功夫」，但只從消極防範的意
義上去解釋，而且也沒有對這一「致良知」的功夫展開具體的分析
和論證。只是到了鄒守益才對「戒懼」說提出較爲系統的觀點進行
分析和論證。他以「自強不息」、「修己以敬」解釋「戒愼恐懼」的
義旨，不但使作爲「致良知」工夫的「戒懼」具有積極進取的新意，
而且具有以王學合會程、朱、陸、王的學術異同的意義。〔註17〕

侯外廬此書簡單扼要地說明了東廓師承自陽明而發揚的「戒愼恐懼」之學，
之間的關係與東廓所闡釋的新義與內容，且點出了東廓試圖以王學爲出發點
來聯結宋儒之說。

（五）畢誠：《儒學的轉折——陽明學派教育思想研究》〔註18〕

畢誠在《儒學的轉折——陽明學派教育思想研究》一書中，談陽明學派的
教育思想時，將陽明後學分爲「激進派」、「保守派」、「修正派」三派，其中鄒
東廓被歸爲「保守派」當中的「主敬派」一派。畢誠根據黃梨洲在《明儒學案》
所說「姚江之學，惟江右爲得其傳」之評語〔註19〕，而把陽明後學中江右一派，
歸爲「正統派」又稱爲「保守派」；又根據《明儒學案》中言東廓之學「得力
於敬」〔註20〕，而將東廓歸爲「主敬派」。並總結鄒東廓的「主敬」工夫說：

鄒守益的主敬功夫論，實際上是修補了王陽明關於在「良知發用流
行」即倫理化心理無限擴大與延伸的主觀道德實踐過程中還要加上

〔註15〕侯外廬、邱漢生、張豈之：《宋明理學史（下卷）》，頁299。
〔註16〕侯外廬、邱漢生、張豈之：《宋明理學史（下卷）》，頁294。
〔註17〕侯外廬、邱漢生、張豈之：《宋明理學史（下卷）》，頁302～303。
〔註18〕畢誠：《儒學的轉折——陽明學派教育思想研究》（北京：教育科學出版社，
　　　　1992年）。
〔註19〕〔清〕黃宗羲：〈江右王門學案一〉，《明儒學案》，頁331。
〔註20〕〔清〕黃宗羲：〈江右王門學案一〉，《明儒學案》，頁332。

「約禮」、「中節之和」的功夫，其意在於救治激進派自然人性論所帶來的「僭越名教」之流弊。顧憲成指出：「近世如泰州座下顏（鈞）、何（心隱）一派，直打破這一敬字」。主敬說作爲一種保守的道德修養論，爲後來東林學派以及蕺山劉宗周所吸收，顧憲成、高攀龍特重修己以敬，劉宗周的「慎獨」說，更是將「戒慎恐懼」作爲修養原則了。〔註21〕

畢誠此說，實是指出了明代晚期反對過分強調良知自然流行的學者，所發展出的一條著重「主敬」工夫的思想脈絡。而鄒東廓的「主敬」工夫學說，可說是這條脈絡追溯自陽明嫡傳弟子的一個源頭。

（六）容肇祖：《中國歷代思想史（五）明代卷》〔註22〕

容肇祖在他的《中國歷代思想史》第五卷《明代卷》中談到王陽明門人的思想，其中他對鄒東廓的評論，主要在鄒東廓工夫方面的學說，包括「戒慎恐懼」與「主敬修己」。容肇祖認爲「戒慎恐懼」對於東廓是貫未發、已發之工夫，且與宋儒的「主敬」之說有血脈關係，容肇祖認爲由鄒東廓的工夫理論看來，是由王陽明返回程、朱的道路上去了。

（七）吳宣德：《江右王學與明中後期江西教育發展》〔註23〕

吳宣德《江右王學與明中後期江西教育發展》一書是以「良知論」、「格致論」、「理欲論」等範疇來統合江右王學學說，並非以專人專章方式來處理。而吳宣德此書關於鄒東廓的部分，特殊之處在於，他指出了鄒東廓學說中與宋儒的關係，特別是東廓在對「性」的定位、「天性」與「氣質」之間關係的看法上與宋儒之異，這方面可糾正諸多學者因爲鄒東廓所帶有的宋儒色彩，而以爲東廓是「回歸宋儒」、「由王返朱」的說法。〔註24〕另外，還討論到較少學者觸及的東廓家學與後學思想，包括東廓之孫鄒瀘水的「格物致知」之論，以及東廓弟子李見羅的「止修學說」。〔註25〕

〔註21〕 畢誠：《儒學的轉折──陽明學派教育思想研究》，頁358。

〔註22〕 容肇祖：《中國歷代思想史（五）明代卷》（台北：文津出版社，1993 年 12 月）。

〔註23〕 吳宣德：《江右王學與明中後期江西教育發展》（南昌：江西教育出版社，1996 年）。

〔註24〕 吳宣德：《江右王學與明中後期江西教育發展》，頁 62～63。

〔註25〕 吳宣德：《江右王學與明中後期江西教育發展》，頁 130～131、142～147。

（八）陳來：《有無之境──王陽明哲學的精神》〔註26〕

陳來《有無之境──王陽明哲學的精神》一書，是以王陽明爲主體探討其哲學思想內容，陳來在討論王陽明的「身後流變」一部分時，認爲王門分化，可分成左、中、右三方面。「左」代表的是向異端發展的「泰州派」，又可稱爲「自然派」；「右」代表的是「正統派」，鄒東廓就是其代表人物。而陳來認爲眞正推動陽明學發展的是「中間系統」，其中包括於本體提揭過重的「主無派」；和主張爲善去惡，克服空想本體之弊的「主有派」；以及認爲需要靜中養未發之體的「主靜派」；還有以獨知爲宗旨，在身、心、意、知上格物的「主動派」。〔註27〕就陳來的看法而言，鄒東廓被稱爲「正統」，似乎是認爲鄒東廓屬於「保守陽明之說而不移」，眞正能夠推動王學發展的是「各執陽明學一偏」的「中間系統」。

（九）楊國榮：《良知與心體──王陽明哲學研究》〔註28〕

楊國榮《良知與心體──王陽明哲學研究》一書的特點在於，他對陽明學「本體與工夫合一」的義理架構有精闢地展示，因此能夠清楚地說明「現成派」、「工夫派」之間的差異。依此他看待鄒東廓的「做不得工夫，不合本體；合不得本體，不是工夫」一言時〔註29〕，能夠有精準地把握。楊國榮說：

> 在現成良知說那裡，本體作爲既定的、現成的形式而構成了日用常行的起點。與之相對，工夫派之肯定本體對工夫的制約，則以過程論爲其理論前提。從動態的角度看，本體與工夫的關係總是展開爲一個不斷互動的過程，這一互動過程的具體內容表現爲：通過致知工夫而達到對良知的明覺，又以對本體的明覺進一步範導工夫。……從正面看，做不得工夫，不合本體，也就是由工夫而得本體；合不得本體，不是工夫，則是循本體更進於知。按工夫派之見，本體與工夫的這種動態統一過程，具有無止境的性質。〔註30〕

對於陽明學「本體」與「工夫」兩者之間的精采辯證，可說是楊國榮此說的獨到之處，亦是筆者認爲目前對於鄒東廓工夫理路較能清晰闡明的文章。

〔註26〕陳來：《有無之境──王陽明哲學的精神》（北京：人民出版社，1997年2月）。
〔註27〕陳來：《有無之境──王陽明哲學的精神》，頁333～334。
〔註28〕楊國榮：《良知與心體──王陽明哲學研究》（台北：洪葉文化，1999年8月）。
〔註29〕〔明〕鄒守益：〈再答雙江〉，《鄒守益集》（南京：鳳凰出版社，2007年3月），頁542。
〔註30〕楊國榮：《良知與心體──陽明哲學研究》，頁324。

（十）岡田武彥：《王陽明與明末儒學》〔註31〕

岡田武彥的《王陽明與明末儒學》一書中，將陽明後學分為三派，包括現成派（左派）、歸寂派（右派）、修證派（正統派），此分派不論贊同與否，後來成為許多學者談論陽明後學的重要參考。其中鄒東廓被岡田武彥劃為「修證派」一派。岡田武彥此書，關於鄒東廓學說的部分，有三點貢獻：一、指出「修證派」的工夫，是「本體的工夫」（用功於本體上），而不是與本體相對的工夫（用功而求本體）〔註32〕；二、點出了鄒東廓學說中具有宋儒色彩的此一特點，他說：

> 東廓的立場，雖遵從了陽明的致良知說，而不拘執於歸理於心，但存在著關注心之根源的性的傾向。所以他說，德性是天命之性，性字從心從生。心之生理，精明真純，是發育萬物，峻極於天的本體存在。東廓私淑周子和程明道，具有承認與陽明同一的宋儒立場和遵從宋學的明儒立場的傾向，其緣由正在於此。〔註33〕

又說：

> 鄒東廓，從其對所謂良知是天理的自覺來看，是不拘泥於把理作為心之理的，他對作為心之本原的性頗為關心，其結果，便產生了既承認陽明心學，又承認宋學性宗立場的傾向。〔註34〕

據這樣對東廓的認知，岡田推出了第三點結論，他認為身為鄒東廓弟子卻歧出於王學之外的李見羅，之所以獨揭「性宗」，辨明「性」為本體，不以良知為究竟本體，便是與師承鄒東廓此種宋儒傾向的思想有關，因為鄒東廓思想中具有不拘泥於只談良知，有關注「天命之性」、「性體」的特徵。〔註35〕

（十一）張學智：《明代哲學史》〔註36〕

張學智《明代哲學史》一書第九章談〈鄒東廓戒懼之旨及其家學〉，他分為三部分來介紹鄒東廓思想，包括以鄒東廓「戒懼」之學為主軸分析的「戒懼宗旨」；以及透過鄒東廓對其他王門諸子的批評，來審視鄒東廓的思想；還

〔註31〕岡田武彥：《王陽明與明末儒學》（上海：上海古籍出版社，2000年）。

〔註32〕岡田武彥：《王陽明與明末儒學》，頁152。

〔註33〕岡田武彥：《王陽明與明末儒學》，頁149。

〔註34〕岡田武彥：《王陽明與明末儒學》，頁240。

〔註35〕岡田武彥：《王陽明與明末儒學》，頁243。

〔註36〕張學智：《明代哲學史》（北京：北京大學出版社，2000年11月）。

有比較少人討論到的，關於鄒東廓的家學思想。本書特別之處在於張學智略述了東廓的家學思想，開啓了研究者新的視野；另外一點則是他看待鄒東廓「戒懼」之學的觀點。張學智認爲鄒東廓的「戒懼」主要是「復性」的思考方式，因此認爲東廓此說只得陽明學的一面，他說鄒東廓的「戒懼以致中和」，是負面功夫；「擴充四端」，是正面功夫；戒懼是「格其非心」，擴充四端是「致良知」。換言之，張學智認爲鄒東廓雖以「戒懼」爲宗旨，但其實它所代表的仍是致良知的負面工夫而已。〔註37〕不過，張學智雖認爲「戒懼」只是陽明學的一個方面，不過又說明因爲鄒東廓把握了陽明學中「體用一源」、「寂感一如」、「功夫不離本體」、「敬畏不礙灑落」、「下學即所以上達」等精神，所以他能以「戒懼」之學來貫通王陽明的致良知工夫。〔註38〕

（十二）錢明：《陽明學的形成與發展》〔註39〕

錢明《陽明學的形成與發展》一書，將陽明後學分爲五個流派——「虛無派」、「日用派」、「主靜派」、「主敬派」、「主事派」，其中將鄒東廓歸爲「主敬派」，此對東廓的歸派同於畢誠。其中錢明對鄒東廓最重要的看法，是他認爲鄒東廓爲了要糾正陽明後學「偏內」或「偏外」的弊病，因此「兼采朱子」，提出「主敬」說，並且認爲劉宗周的「愼獨」思想不能不說是「主敬」一派思想的繼承與發展。〔註40〕

（十三）鮑世斌：《明代王學研究》〔註41〕

鮑世斌的《明代王學研究》，其中討論王門後學諸子思想的是在第三章〈良知異見：王門諸子分論〉，當中討論到鄒東廓的「戒懼說」，顧名思義，鮑世斌是以「戒懼說」爲主軸來探討鄒東廓的思想，所以他分爲兩部分：一是《學》、《庸》之旨合一，二爲「戒懼」宗旨。此文筆者認爲有三項重點：一、鮑世斌點出了鄒東廓的學說思想乃是承王陽明以《中庸》「戒懼」、「愼獨」之旨來釋《大學》之「致知」，以此作爲良知學架構下統合《學》、《庸》之思想而來。

〔註37〕張學智：《明代哲學史》，頁162。
〔註38〕張學智：《明代哲學史》，頁167。
〔註39〕錢明：《陽明學的形成與發展》（南京：江蘇古籍出版社，2002年9月）。
〔註40〕錢明：《陽明學的形成與發展》，頁150～151。
〔註41〕鮑世斌：《明代王學研究》（成都：巴蜀書社，2004年11月）。

〔註42〕二、又認為「戒懼慎獨」乃是鄒東廓思想中的「消極工夫」,「擴充四端」則是「積極工夫」,不過此兩工夫是一體的〔註43〕;且提出了鄒東廓在他的「戒懼」工夫中又加入了「自強不息」的積極意義。〔註44〕三、認為鄒東廓的「修己以敬」與程、朱的「主敬」之說在思想內容上並無二致,與之有血脈關係。〔註45〕且甚至認為包括鄒東廓在內的「工夫系統」王學學者,是借助朱子學的實地工夫來糾正陽明後學「本體系統」近似於禪宗「作用是性」的弊病。〔註46〕

(十四)林月惠:《良知學的轉折:聶雙江與羅念菴思想之研究》〔註47〕

林月惠教授的《良知學的轉折:聶雙江與羅念菴思想之研究》一書,雖主要是針對聶雙江、羅念菴二人的義理思想進行分析,以及藉由與其他陽明後學的比較,來顯出其義理架構的獨特性。不過,在此書的〈附錄二:本體與工夫合一〉中,林月惠教授對於錢明的《陽明學的形成與發展》、吳震的《陽明後學研究》、彭國翔的《良知學的展開──王龍溪與中晚明的陽明學》〔註48〕等研究陽明後學的專書進行評論。其中,林月惠教授指出錢明一書的分派,缺乏義理上的嚴密性,忽略了陽明學「本體與工夫為一」的特色,將本體系統與工夫系統區分開來,且將東廓所言的「敬」與朱熹所言的「敬」相混淆〔註49〕,林月惠教授對此批判與反對,他認為:

> 東廓之言「敬」,乃是從良知「不睹不聞、戒慎恐懼」而來,是從「性分」(本體)上立言,此與程、朱「居敬窮理」、「涵養需用敬」之「敬」含義不同。陽明、東廓之「敬」,從本體上說,強調良知精明,不睹

〔註42〕鮑世斌:《明代王學研究》,頁158。
〔註43〕鮑世斌:《明代王學研究》,頁162。
〔註44〕鮑世斌:《明代王學研究》,頁162。關於鄒東廓思想中「自強不息」一義的提出,最早應是侯外廬。參見侯外廬、邱漢生、張豈之:《宋明理學史(下卷)》,頁291～292。
〔註45〕鮑世斌:《明代王學研究》,頁161。
〔註46〕鮑世斌:《明代王學研究》,頁132。
〔註47〕林月惠:《良知學的轉折:聶雙江與羅念菴思想之研究》(台北:國立台灣大學出版中心,2005年9月)。
〔註48〕彭國翔:《良知學的展開──王龍溪與中晚明的陽明學》(台北:台灣學生書局,2003年)。
〔註49〕因為錢明認為:「主敬派只不過想假借朱的『居敬』說來糾正陽明後學偏於『內』或『外』的極端作法罷了。」錢明:《陽明學的形成與發展》,頁150。

　　不聞；就工夫言，則主張戒愼恐懼、愼獨之功。而伊川、朱熹之「敬」，

　　不從本體或道德主體之自覺言，而是實然之心的「主一」狀態，故

　　陽明對朱熹之「敬」有所批判。〔註50〕

林教授此說，點出了鄒東廓與程、朱之間「主敬」工夫理論的根本差異，也是鄒東廓之所以不歧出於王學的重要理由。

（十五）翁紹軍：《中國學術思潮史（卷六）：心學思潮》〔註51〕

　　翁紹軍《中國學術思潮史（卷六）：心學思潮》一書，是以東廓不滿於良知現成派，其學說對時代有所回應的角度來看待東廓思想。並認爲東廓以「戒愼恐懼」爲「保養良知」的工夫，以此有別於「良知現成」的主要特徵。〔註52〕並以東廓的「戒愼恐懼」爲主軸，認爲其包含了三大特點：一爲「去欲」，二爲「愼獨」，三是「主敬」。翁紹軍的看法是認爲，東廓表面上看來是藉宋代修養工夫來證良知之體，骨子裡其實是要藉宋代理學，行修正陽明心學之實。〔註53〕

（十六）蔡仁厚：《王學流衍——江右王門思想研究》〔註54〕

　　蔡仁厚先生的《王學流衍——江右王門思想研究》一書，以人物分章節，全面地討論了江右王學弟子，從第一代陽明嫡傳的鄒東廓、歐陽南野、陳明水到江右王學的後勁，皆納入討論範圍，其中還包括了曾師事於東廓的鄧潛谷，蔡仁厚先生也討論到了。在討論鄒東廓的部分，蔡仁厚先生以〈「王學宗子」的鄒東廓〉爲標題，顯然是肯定梨洲對東廓之看法，並且認爲梨洲所評東廓學說「得力於敬」之語，言甚持平。並從黃梨洲所引劉蕺山所以爲的四句教與陽明平日之言不同的一段話，進而討論到說，東廓篤行戒懼，捨「無善無惡」，取「至善無惡」是非常順適自然之舉。另外，蔡仁厚引用了東廓與雙江書信之內容，略談了東廓對良知「寂感不二」之態度；又論述了鄒東廓對「道」與「器」、「天性」與「氣質」之間關係的說法。大體而言，蔡仁厚

〔註50〕 林月惠：《良知學的轉折：聶雙江與羅念菴思想之研究》，頁651。

〔註51〕 翁紹軍：《中國學術思潮史（卷六）：心學思潮》（上海：上海社會科學院，2006年5月）。

〔註52〕 翁紹軍：《中國學術思潮史（卷六）：心學思潮》，頁389。

〔註53〕 翁紹軍：《中國學術思潮史（卷六）：心學思潮》，頁393～394。

〔註54〕 蔡仁厚：《王學流衍——江右王門思想研究》（北京：人民出版社，2006年6月）。

先生主要是以《明儒學案》爲參考資料，來概述了鄒東廓的整體思想。

（十七）黃信二：《王陽明「致良知」方法論之研究》〔註55〕

黃信二的《王陽明「致良知」方法論之研究》一書，是由〈中庸〉觀點出發來貫串全書脈絡，就「〈中庸〉修養論觀點是一論述致良知方法之適當方式」之構想進行檢證，並從王門諸子對王陽明〈中庸〉觀點的闡釋與會通，來理解與論述鄒東廓的「戒懼之學」。在這樣的思考脈絡之下，黃信二教授所理解的鄒東廓「戒懼之學」，乃是東廓對陽明學說內〈中庸〉觀念的繼承；並認爲鄒東廓的「戒懼」乃是全部工夫的總名，反對張學智所說的「戒懼以致中和，是負面工夫；擴充四端，是正面工夫」。〔註56〕筆者本論文亦贊同黃信二之說，認爲「戒懼之學」乃是能涵蓋鄒東廓整體學說思想的首要宗旨，也是所有工夫的統稱。

（十八）林月惠：《詮釋與工夫：宋明理學的超越蘄嚮與內在辯證》〔註57〕

林月惠教授的《詮釋與工夫：宋明理學的超越蘄嚮與內在辯證》一書當中，處理了諸多陽明後學中較細微的問題。其中包括了陽明後學的「克己復禮」解及工夫論意涵，之中討論到了鄒東廓的「克己復禮」工夫意義。這可說是目前注意到鄒東廓「克己復禮」此一工夫且能夠深入處理，最重要而完整的論述文章。

（十九）徐儒宗：《江右王學通論》〔註58〕

徐儒宗《江右王學通論》是最近一年由吳光召集諸位大陸學者共同彙編的一套《陽明學研究叢書》當中的一本，《陽明學研究叢書》可說是目前針對陽明後學進行全面介紹最完整的系列叢書。徐儒宗《江右王學通論》以各種議題爲綱目來統合論述「江右王學」各家學說，包括「體用同源」、「知行合一」、「存理去欲」……等等專題，其中又在「虛靈」、「主敬」等概念下來探討鄒東廓。在「虛靈說」方面，徐儒宗根據鄒東廓在《贈程鄭二生》一文中

〔註55〕黃信二：《王陽明「致良知」方法論之研究》（台北：文史哲出版社，2006 年10 月）。

〔註56〕張學智：《明代哲學史》，頁 162。

〔註57〕林月惠：《詮釋與工夫：宋明理學的超越蘄嚮與內在辯證》（台北：中央研究院中國文哲研究所，2008 年 12 月）。

〔註58〕徐儒宗：《江右王學通論》（北京：中國人民大學出版社，2009 年 9 月）。

所說的「良知之本體，至虛至靈，至清至明」一語來展開討論，認爲東廓是從「虛」（指其無形無聲、無方無所、無所不在）與「靈」（即知是知非、知善知惡）兩方面來把握「良知」的特色。〔註59〕在「主敬說」方面，徐儒宗則認爲東廓是以「主敬」爲首腦的，只是因爲考慮到「主敬」內容比較抽象，所以提出「戒愼恐懼」作爲「主敬」的具體表現形式。另外，徐儒宗還對於東廓家學的「格致論」做了論述，提出從穎泉到聚所、四山大致還保持東廓談「格致」的特色，直到鄒瀘水手上，才有了變化。〔註60〕除此之外，徐儒宗還認爲鄒東廓「主敬」修養工夫的內容重點，主要在「閑其物欲而反其天地之性」〔註61〕；另外，還說明鄒東廓的教育觀點是認爲「學乃求明之功」；〔註62〕並提出了鄒東廓的經世思想乃是「文武並用，將相並重」。〔註63〕

二、單篇論文

目前有關於鄒東廓的單篇學術論文，有戴君仁先生的〈論江右王門〉〔註64〕、王崇峻的〈明儒鄒守益的講學與論學〉〔註65〕、周志文的〈鄒守益與劉宗周〉〔註66〕、劉姿君的〈鄒東廓「愼獨說」之衡定──以王陽明「良知教」爲理論判準的說明〉〔註67〕、王偉民的〈破「門面格式」，做「實際學問」〕〔註68〕。其中，比較重要的是劉姿君的〈鄒東廓「愼獨說」之衡定──以王陽明「良知教」爲理論判準的說明〉一文，此篇文章是目前較全面而有系統地深入分析東廓思想的單篇論文。

〔註59〕徐儒宗：《江右王學通論》，頁 132～135。
〔註60〕徐儒宗：《江右王學通論》，頁 176～183。
〔註61〕徐儒宗：《江右王學通論》，頁 240～243。
〔註62〕徐儒宗：《江右王學通論》，頁 292～296。
〔註63〕徐儒宗：《江右王學通論》，頁 335～341。
〔註64〕戴君仁：〈論江右王門〉，《陽明學論文集》（台北：華岡出版有限公司，1972年 2 月）。
〔註65〕王崇峻：〈明儒鄒守益的講學與論學〉，《孔孟學報》第 69 期（1995 年 3 月），頁 231。
〔註66〕周志文：〈鄒守益與劉宗周〉，《佛光人文社會學刊》第一期（2001 年 6 月）。
〔註67〕劉姿君：〈鄒東廓「愼獨說」之衡定──以王陽明「良知教」爲理論判準的說明〉，《中國學術年刊》第 29 期（2007 年 9 月）。
〔註68〕王偉民：〈破「門面格式」，做「實際學問」〉，《中國哲學史》（2008 年第 4 期）。

（一）戴君仁：〈論江右王門〉

戴君仁先生的〈論江右王門〉一文之觀點，他認為鄒東廓的「戒懼」與羅念菴的「主靜」之旨是相同的，且在戴君仁先生的詮釋之下，「江右王門」一派是帶有濃厚的「朱子學」色彩的，例如他雖認為鄒東廓的「主敬」，就是「主戒懼」，「戒懼」即「敬」，工夫即本體，體用不二；但又認為鄒東廓的「主敬」之說實是非常類似於朱子的。〔註69〕

（二）王崇峻：〈明儒鄒守益的講學與論學〉

王崇峻〈明儒鄒守益的講學與論學〉一文，對於鄒東廓探討的重點在兩方面：一為討論鄒東廓是如何傳播陽明學說的，也就是鄒東廓在教育上的活動，從書院講學、組織講會、倡導鄉約等方面切入來分析；二是探討鄒東廓是如何的汲取陽明學說，也就是分析在鄒東廓的學說內容中，是如何地闡揚陽明學的。就師徒兩人論學的側重點之不同而言，王崇峻下了一個評語：

> 陽明是以「致良知」統攝諸說，他隨時針對不同情境在本體、發用
>
> 處指點。守益論學，則多以「戒懼」貫之，如明月散在江湖，雖同
>
> 是月，境界終有不同。〔註70〕

王崇峻此說既說明了王陽明與鄒東廓學術之不同，又生動地點出了鄒東廓相對於王陽明在學說思想上的位置與境界殊異。

（三）周志文：〈鄒守益與劉宗周〉

周志文〈鄒守益與劉宗周〉一文的主旨在於，將鄒東廓與劉蕺山思想之間的關係做個處理，以此來探討黃梨洲、劉蕺山等人對於江右王學乃至鄒東廓的評斷是否正確。周志文認為因為劉蕺山對陽明後學流於「猖狂」的不滿，以及他談「慎獨」的學說內容，以致於他對江右學派較重視後天工夫給予肯定，且特別推重提出「戒慎恐懼」之學，論學旨要與他相合的鄒東廓。〔註71〕也就是說，劉蕺山對於以談「主靜」與「主敬」為學說宗旨這一派學者，是比較肯定的，因為這與他的學說性格與內容都較為接近。因此，周志文的結論是認為，以為江右能固守師說，或者說是王學中的保守派可以，但若說是

〔註69〕戴君仁：〈論江右王門〉，頁148～155。
〔註70〕王崇峻：〈明儒鄒守益的講學與論學〉，頁231。
〔註71〕周志文：〈鄒守益與劉宗周〉，頁188。

陽明正傳，這個評價就過重了。〔註72〕顯然，周志文此文旨要，在於對蕺山與梨洲對東廓的評價作一商榷。

（四）劉姿君：〈鄒東廓「慎獨說」之衡定──以王陽明良知教爲理論判準的說明〉

劉姿君〈鄒東廓「慎獨說」之衡定──以王陽明良知教爲理論判準的說明〉一文，首先引用劉蕺山對鄒東廓的評論「東廓以獨知爲良知，以戒懼慎獨爲致良知之功」一語〔註73〕，而以「慎獨」爲東廓的學說主旨。接著闡明東廓與陽明體用觀念之相同，然後論述「修己以敬」乃是鄒東廓承陽明學說適當地詮釋，因此豐富了良知教的內涵，即劉姿君認爲東廓雖主「敬」之修養工夫，然不同於朱子，並不悖於陽明學說；但劉姿君也認爲東廓強調「戒慎恐懼」的「漸修」工夫，與王陽明「頓漸兼備」的義理範式畢竟不同，即劉姿君認爲東廓學說的著眼點主要放在「致良知」的實地工夫上，而不在直接悟入良知本體。

（五）王偉民：〈破「門面格式」，做「實際學問」〉

王偉民〈破「門面格式」，做「實際學問」〉一文的特色是，透過鄒東廓對王陽明「良知」要義的把握，來彰顯鄒東廓本身學術性格所在。王偉民認爲：

> 陽明「良知說」的要義，不在於良知的性質是無還是有，是靜還是動，而在於「心與理一」，在於人們的所作所爲不是以外面的要求爲依據，而是以內心良知的眞切發見爲依據：不是踐行外在的準則，而是踐行自心的良知；不是在「門面格式」上維持，而是自身實際的受用。說鄒守益是王學宗子，主要還是因爲他恪守和闡揚了良知說的這一要義。〔註74〕

王偉民因此肯定黃梨洲推鄒東廓爲「王學宗子」的看法，認爲此評價名符其實。

〔註72〕周志文：〈鄒守益與劉宗周〉，頁 191～193。
〔註73〕〔清〕黃宗羲：〈師說〉，《明儒學案》，頁 8。
〔註74〕王偉民：〈破「門面格式」，做「實際學問」〉，頁 106。

三、學位論文

目前可見有關於鄒東廓學說的學位論文有兩篇，較早的是賀廣如的碩士論文〈江右王學及其相關書院之關係研究〉〔註75〕，近期的則是朱湘鈺的博士論文〈平實道中啓新局──江右三子良知學研究〉〔註76〕。

（一）賀廣如：〈江右王學及其相關書院之關係研究〉

賀廣如的〈江右王學及其相關書院之關係研究〉，是透過江右地方書院教育的興起與發展歷程，來與江右王學學者思想做一個關係上的互動連結。其中鄒東廓方面，主要是透過復古書院的創建來與東廓思想做一個歷時性的結合，縱線展示東廓思想的歷史演變。分爲「書院未興期」，此時東廓思想重於「事上體認」、「事上檢點」（嘉靖三年～嘉靖七年，1524～1528）；接著是「書院奠基期」，此時東廓思想自覺偏於防檢之功，開始重視「本體流行」（嘉靖七年～嘉靖二十年，1528～1541）；再來則是「書院全盛期」，當中又分爲兩階段，一爲透過與雙江在「已發未發」問題上的討論，補充自身學說（嘉靖二十年～嘉靖三十年，1541～1551），二是「愼獨」說的闡發，此爲一生學說的總結（嘉靖三十一年～嘉靖四十一年，1552～1562）。〔註77〕另外，賀廣如對於鄒東廓在王學正統地位此一問題的檢討上，認爲梨洲眞正肯定的「王學正傳」，其實只有鄒東廓一人，但爲了肯定「江右王門」的鄒東廓，連帶著肯定了其他江右王學學者，而這與梨洲的老師劉蕺山有直接關係，因爲鄒東廓的學說思想接近於劉蕺山。〔註78〕也就是說，賀廣如認爲黃梨洲所編著的《明儒學案》並非是一客觀的學術著作，亦非以王學內部觀點來評論的著作，而是以劉蕺山思想爲評價觀點的著作。賀廣如的見解與劉述先在《黃宗羲心學的定位》一書中對《明儒學案》的評價相同。

（二）朱湘鈺：〈平實道中啓新局──江右三子良知學研究〉

朱湘鈺〈平實道中啓新局──江右三子良知學研究〉應該稱的上至今研

〔註75〕 賀廣如：〈江右王學及其相關書院之關係研究〉（台北：台灣大學中文研究所碩士論文，1993年6月）。

〔註76〕 朱湘鈺：〈平實道中啓新局──江右三子良知學研究〉（台北：台灣師範大學國文研究所博士論文，2006年）。

〔註77〕 賀廣如：〈江右王學及其相關書院之關係研究〉，頁21～51。

〔註78〕 賀廣如：〈江右王學及其相關書院之關係研究〉，頁56～57。

究鄒東廓學說思想最深入而全面的論文。此論文的研究對象是「江右三子」，即鄒東廓、歐陽南野、陳明水（九川，1494～1562）三人，所採的方法是由縱橫兩軸的定位來表現一個人的思想特色，縱軸代表的是各個學者與老師王陽明之間學說思想上的距離，橫軸的兩頭各以王龍溪、聶雙江為判準，評斷此三人相對於同時代王龍溪、聶雙江之間思想上的遠近差異程度。透過這樣的定位，來表現三子在王學史上的地位與影響，其中表現出來的現象是，三人當中以歐陽南野思想最接近王陽明也最接近王龍溪，這表示歐陽南野所掌握的陽明學說最全面，而鄒東廓距離王龍溪最遠。

　　筆者認為朱湘鈺此論文最為重要的說明，在於他點出了過去學者看待鄒東廓學說的一個態度，就是多以「平實」一語帶過，而沒有正視其本身的學說內容。朱湘鈺說：

> 前人的研究成果中反映出兩種現象：一、在梨洲所分類的王門後學六大派別中，浙中、泰州與江右算是大宗，形成可謂「三足鼎立」的局勢，但有關江右學派的研究數量並不多，這即是因為他們的思想「平實」地繼承師說，故多將焦點置於另外兩個較具爭議性的派別；二、即使以江右學派為題，也多將焦點放在顯然已與師說有距離的雙江、劉兩峰、劉師泉（以第一代門人而言）等人的研究，探討「良知學轉折」的議題。相形之下，被認為順適師說的東廓等人，反因平實無奇而被忽略。〔註79〕

而朱湘鈺此論文聚焦於鄒東廓本身思想的部份，則重點在於闡明了鄒東廓以「戒懼之學」為宗旨的背景與歷程，包括說明了鄒東廓透過與王龍溪、聶雙江的討論，逐步完善自身的學說體系，因此此論文展現了鄒東廓階段性的思想轉折；並且以「戒懼之學」為統籌之下，論述「無欲」、「主敬」、「不踰矩」等東廓思想中的概念，最後，比較特別的是，此論文對於鄒東廓的「氣論」有所析論，這是過去談論鄒東廓思想從未被學者提及的部份。

　　透過以上對前賢研究成果的回顧介紹，可知其實關於鄒東廓的研究並非全然沒有，但多不夠全面、深入與完整，還有可努力挖掘開展的空間。譬如說，少以鄒東廓為主體進行論述，而只是站在王陽明或整個陽明學的立場來看待其思想內容與定位；或只是泛泛地說明其「恪守師說」、「陽明正傳」，或劃為「保守派」、「正統派」而寥寥數語帶過；又或者只是憑著抓住東廓學說

〔註79〕朱湘鈺：〈平實道中啟新局——江右三子良知學研究〉，頁6～7。

中的幾個說詞，就說他「富有宋儒色彩」、「回歸宋儒」、「融通朱王」、「由王返朱」，但卻沒有做系統的解析說明。這種種現象，使得鄒東廓本身的學說內容、義理內涵，總是被忽視在這些對陽明後學「分門別派」的縫隙間，與被蒙蔽在這些「正反評語」的煙霧當中。

第三節　研究目的

　　本節申述本論文的研究目的，著眼點放在對前賢研究成果的回顧之基礎上，從前賢對於鄒東廓的研究中，總結出鄒東廓思想可再努力研究之處或是改進之處，同時也是筆者對前賢研究成果的綜合回應。

一、彰顯鄒東廓的獨特性，分析東廓之所以能守陽明學精神之因

　　首先，筆者認為應該要有以鄒東廓為研究對象的學位論文，因為至今在陽明後學的研究當中，不乏王龍溪、羅念菴、聶雙江、羅近溪、王心齋……等陽明後學的相關研究，但卻始終缺少以鄒東廓為主題的學位論文。這對於同樣身為王陽明第一代的嫡傳弟子鄒東廓而言，顯然是有失公平的。這最大的原因出在於，大多數研究者皆認定鄒東廓為王學之正統，包括撰寫《明儒學案》的黃梨洲都判定鄒東廓為「王學宗子」，但在此種「肯認」當中，卻也阻礙了後來學者對於鄒東廓學術思想的進一步研究發展。誠如學者朱湘鈺所言，研究陽明學的學者對於東廓思想大多以「平實」一語帶過，彷彿鄒東廓學說只是「複述」師說，再也沒有任何新意可談。又例如嵇文甫先生認為讓王學進一步發展的不是「正統派」的鄒東廓、錢緒山，而是「左」、「右」兩派；陳來則將鄒東廓歸為「右派」的「保守」、「正統」一派，認為推動王學繼續發展的是他所謂的「中間系統」。筆者認為如此似乎忽略了鄒東廓本身思想上的主體性，對於身為陽明嫡傳的大弟子鄒東廓不盡公平。

　　因此，本論文的中心思想在於，期望能透過本論文，彰顯鄒東廓本身學術思想的主體性，這當中包括他是如何地繼承陽明學說、闡揚陽明思想的；換言之，不只是從王陽明學說的立場與角度來看待身為嫡傳的鄒東廓，而是以鄒東廓的角度來審視他是如何地吸收良知學說以發揚師教的。

二、說明鄒東廓的「主敬」思想是在良知學架構下，重新進行 詮釋的

鄒東廓學說中所表現出的宋儒色彩，是他學說思想上予人的鮮明印象，也因此有些研究學者認爲鄒東廓是「回歸宋儒」、「融通朱王」，更有甚者，稱他是「由王返朱」，這等於是意指東廓「背離王學」、「有違師門」了，這也是部分對東廓是否爲王學「正統」有所質疑的學者，所秉持最主要的原因。如戴君仁先生便認爲東廓的「主敬」之說，其實是非常接近朱子的；岡田武彥也認爲鄒東廓的立場是既承認陽明良知學，又承認宋學性宗的；錢明則說東廓是「兼采朱子」；鮑世斌也認爲東廓是借助朱子的「實地工夫」來糾正王學偏於「禪」的弊病；甚至於，容肇祖認爲鄒東廓是由陽明學返回程朱的道路上去了；翁紹軍更是強烈以爲鄒東廓骨子裡其實是要藉宋儒工夫以行修正陽明學之實。

不過，另外也有一些學者，就鄒東廓「主敬」一說給予澄清，並肯定其是站在陽明學的基礎上加以援引，以豐富良知學內涵的。如勞思光先生便指出鄒東廓從「良知之精明」所解之「敬」，與程、朱從形式意義言「主一」之「敬」，是有所不同的；侯外廬也說鄒東廓以王學聯結濂、洛之學，是他發明師說的一大特色；劉姿君也認爲「修己以敬」乃是鄒東廓本於陽明學所做適當的詮釋，以此豐富了良知教的內涵。另外，吳宣德、岡田武彥等人也曾針對宋儒與東廓之間思想的關係，進行過討論。

本論文不僅要說明鄒東廓的「主敬」工夫並不背離師說，更重要的是要闡明鄒東廓思想中的宋儒色彩是如何在東廓整體學說中被放置，這當中是否有一個轉化以融入良知學的過程，這些都是筆者在本論文中要予以探究釐清的。

三、闡明鄒東廓的「見在本體工程」是其主張「戒懼」、「主敬」 的義理基礎

前賢研究多喜歡將陽明後學分爲「本體」、「工夫」兩大系統，或者分門別派，但就陽明學本身架構而言，實則本體與工夫總是爲一體的，只是後學在學說提揭上孰輕孰重的問題，並非可以非此即彼地斷然劃分。因此，鄒東廓雖然強調「戒愼恐懼」、作「實地工夫」，並不等於他就反對「見成良知」，也不能簡單地說他忽視了良知的「自然義」。對於鄒東廓的工夫理論，曾就邏

輯系統予以剖析的是楊國榮與岡田武彥，楊國榮就鄒東廓「做不得工夫，不合本體」與「合不得本體，不是工夫」之言，析論說此為「由工夫以得本體、循本體更進於知」的無止境動態統一過程；岡田武彥則說明，鄒東廓的「工夫」為「本體的工夫」，也就是「在本體上做工夫」，而不是「後天去求得本體的工夫」。

筆者認為楊國榮與岡田武彥的見解，雖相較於其他研究者已算相當清楚，但仍稍嫌不夠完整。筆者認為鄒東廓的「工夫」，精確地說，應是「本體自我彰顯的工夫」，如此才能清楚說明鄒東廓的工夫理論。此外，在鄒東廓的工夫理論這方面的探究，應回歸到鄒東廓本身曾提出的「見在本體工程」一詞，此為鄒東廓在說明「見在工夫」時所創之詞，筆者在本論文加以引用且分析「見在本體工程」一詞，期望從這個地方切入來討論鄒東廓的工夫理論，能夠更加清楚鄒東廓整個學說理論體系的樣貌，且工夫理論正是鄒東廓學說的論學旨要所在，筆者認為能夠掌握鄒東廓對良知學「工夫」意義的認知，才能理解鄒東廓整體的學思精髓所在。

四、分析鄒東廓的家學與後學，對東廓有所繼承也有所變化的部分

關於鄒東廓的家學與後學之部分，前人較少觸及，縱使討論到，也不全面深入，多半是稍微帶過。包括吳宣德、張學智等人都曾有過討論，其中在家學部分，比較受到矚目的是東廓之孫鄒瀘水，因其「格致論」較富個人特色；在後學部分，則李見羅被討論的最多，因為思想獨樹一幟，若以陽明學為本位來思考，可說是陽明學之「歧出」。

本論文欲全面地考察東廓的家學與後學，與鄒東廓之間的思想脈絡，筆者認為透過東廓與家學、後學之間此一思想脈絡的轉變關係，或能看出王學在發展過程中所產生的一些變化。希望藉由本論文的完成，能稍稍補足鄒東廓之家學與後學思想這一塊研究領域。

第四節　研究方法與步驟

本節要說明的是本論文的研究方法，首先，要說明的是本論文主題研究的步驟，即從發想到著筆的思考歷程，包括發想、資料的彙整與消化之工夫，

以至於思考如何訴諸於實際書寫的過程；再者，說明筆者所採取的研究進路與觀點爲何；再來，則是在此種觀點與進路之下，所使用的主要研究方法爲何；最後，則要說明的是，依著如此地觀點與方法，而表現在實際書寫上的各章節順序及探討內容之大要。

一、研究步驟

　　筆者一開始便把範圍鎖定在陽明後學這塊領域上，因此起初採取泛覽關於陽明後學的所有相關著作與學術論文，以了解陽明後學目前在學術界的研究概況，而筆者發現對於陽明後學的研究方向大致落在兩個方面：一、對陽明後學的發展路線予以劃派歸類；二、聚焦於王龍溪、錢緒山等幾位陽明的第一代弟子，以及羅念菴、聶雙江等私淑有成的弟子上。而有趣的是，在針對當時頗有名氣的第一代嫡傳弟子的研究中，卻尚無針對鄒東廓進行研究的學位論文問世，這不禁讓筆者懷疑，是否鄒東廓只因被認爲「恪守師說」，而被歸爲「正統派」、「保守派」，便受到忽視、埋沒了呢？因此，筆者開始全面地蒐集關於鄒東廓的相關討論資料，因爲目前尚無關於鄒東廓的專書問世，因此只能從單篇論文，以及從現代陽明學的相關論著中去找尋討論到鄒東廓的部分。經過筆者的消化後，了解到目前學術界對鄒東廓的討論之廣度與深度，多處於兩個區域層面：一、在陽明後學的歸類劃派中，鄒東廓總是被提出，並放在「正統派」、「保守派」、「工夫派」等位置上，而大體認爲其對於師說並無特別發展之處，只是「恪守師說」。二、針對其學說內容的討論，聚焦在「戒愼恐懼」、「主敬」等觀念的說明上，而在對於東廓「主敬」思想上，學者分爲兩派觀點，一派認爲東廓是援引「主敬」作爲良知學之內涵，另一派則認爲東廓其實是「回歸程朱」。筆者認爲目前學界對於鄒東廓的討論，仍是相當片面、有所侷限的，因爲往往只把鄒東廓當成一個分門別派時，遵守師說的一個「座標」看待，而忽略了其本身學說的整體內涵。因此，筆者開始著手於鄒東廓學說原典的消化工作，經過了原典的全面消化工夫後，筆者首先以「主敬」作爲切入點來試著分析鄒東廓的學說思想梗概，因爲筆者認爲正因「主敬」是東廓與陽明不同而存有爭議之處，因此從此一關鍵處切入審視，才能在一開始把握住其學說思想的特色，以掌握住東廓實是「背離師

說」還是「恪守師說」。〔註80〕之後，本學位論文便是在此一基礎上開展出來的，因為透過「主敬」此一工夫觀念在鄒東廓學說思想中的地位之釐清，可以透析與掌握鄒東廓思想的整個精髓與全貌。首先，釐清鄒東廓所私淑的宋儒思想，是如何被鄒東廓所詮釋的；再者，檢視其所側重的工夫理論之闡述，是在如何的邏輯架構中建構出來的；最後，透過對其整體思想全貌的把握，才能來說明東廓與陽明之間思想上的師承關係，承接、把握了哪些，以及改變、深化了哪些部分。另外，並在此基礎上，分析其家學與後學思想和東廓思想上的關連與差異所在。

二、研究進路與觀點

本論文是以鄒東廓為研究主體，不僅探討其思想師承於王陽明之間的關係，與他如何地發揚師說，其對於陽明學說的側重面如何地開展出自身的全幅思想；且對於鄒東廓思想中所汲取的宋儒思想，是如何地在東廓整體學說思想中被運用，如何能夠在陽明學的架構之下被處理與放置的。而對於鄒東廓學說的重心，即他的工夫理論，本論文所秉持之立場與進路，是認為應先釐清鄒東廓對於「見在本體工程」的見解，即東廓所主張的「見在工夫」理論的義理內涵，再來論述東廓的「戒慎恐懼」與「主敬」等相關工夫理論的進路，如此才能正確理解其工夫理論，而不採以「戒懼」或者「主敬」等工夫理論來統籌論述其思想的方式。最後，還要對於鄒東廓的家學與後學之學說思想，與鄒東廓之間作一思想脈絡上的聯結與對話，以此建立起鄒東廓思想的學脈流衍。

三、主要研究方法

筆者本論文，主要是以鄒東廓為研究主體，來進行分析論述，並將其思想內涵分為兩個面向來考察，即「縱剖面」與「橫剖面」。所謂「縱剖面」非指「歷時性」的關係，而是以鄒東廓思想內涵中的上承關係為討論範圍；「橫剖面」則是指其學說思想本身的特色與側重面，即他繼承師說而有所著重，並加以發揮、闡揚之處。

〔註80〕完成〈論鄒東廓的「主敬」思想〉一文，並發表於彰化師範大學第六屆「國文經緯」研究生論文研討會。

（一）東廓思想的「縱剖面」——師承陽明，上接宋儒

　　在「縱剖面」部分，筆者先要對鄒東廓學說中的宋儒思想成分進行釐清，討論鄒東廓對於宋儒思想的吸收與轉化；再來則說明鄒東廓在師承王陽明的良知學中，是如何地加以闡發師說，並側重與發揮良知學要義的。但此「縱剖面」非指鄒東廓思想中的「歷時性」發展或者「時序」上的關係，也就是說，非意謂先吸收了宋儒思想再師承陽明良知學，因為這兩種因素，在東廓思想中是彼此交互影響作用著的。此乃出於筆者為論述的條理性與方便性，因而作如此安排。主要研究方法包括「歷史法」與「比較法」：

　　1、歷史法

　　「歷史法」主要是運用在鄒東廓對王陽明的師承以及對宋儒的私淑，與東廓家學與後學的思想流衍。首先先從宋儒以及王陽明本身的學說原典下手，以了解鄒東廓思想源頭本身的樣貌。在鄒東廓家學與後學的部分，則是要各自先釐清鄒東廓本身，以及各個子孫與弟子學說思想內容。因此宋儒、王陽明、鄒東廓、東廓家學與後學構成本論文歷史考察的四個焦點。主要探討的文獻內容，包括周濂溪、程明道、程伊川、朱子、王陽明、鄒東廓，以及東廓家學與後學部分的鄒穎泉、鄒聚所、鄒四山、鄒瀘水、鄧潛谷、周納谿、李見羅等人的學說原典，從這些資料中去找尋彼此書信往來、學說活動交往、思想互動等相關線索，特別是在王陽明與鄒東廓之間，以及鄒東廓與子孫、弟子之間，以釐清這條歷史脈絡的影響淵源與關係。

　　2、比較法

　　「比較法」則是指在「歷史法」的基礎上，除了解宋儒、陽明、東廓、東廓家學與後學各個部分的思想本身之外，更要進一步比較彼此之間思想的差異性。包括鄒東廓私淑宋儒，但卻有所轉化的部分。以及王陽明與鄒東廓師徒兩人之間的思想差異，鄒東廓雖被視為能守陽明精神的「正傳」，然學說的側重面仍與陽明有所不同。還有鄒東廓的家學與後學，其思想對鄒東廓繼承了哪些，轉化改變了哪些，這些都是本論文要釐清的部分。

（二）東廓思想的「橫剖面」——側重於「本體工夫」闡釋的工夫理論

　　在東廓思想中的「橫剖面」方面，要說明的是其師承陽明以及私淑宋儒思想，而在其個人思想中所形成的獨特色彩。這部分是以東廓思想的核心概念——即「本體工夫」理論（鄒東廓稱為「見在本體工程」）為主軸進行論述，

以統合其「戒慎恐懼」、「主敬」、「自強不息」等思想內容。主要研究方法包括「分析法」、「比較法」與「歸納法」：

1、分析法

在鄒東廓思想的「橫剖面」部分，側重在東廓思想本身內容的細微分析上，東廓他繼承了陽明師說，而在闡發師說時側重於「工夫面」的闡釋，並提出「見在本體工程」。本論文聚焦於鄒東廓的工夫理論，是如何地在遵守陽明良知學架構底下進行詮釋的。而此一方法的運用基礎首先是在已先掌握了東廓所私淑的宋儒，以及所師承的王陽明學說思想的基礎上，才能進一步分析鄒東廓本身思想內容是如何融合宋儒思想質素的，並是否有在恪守良知學義理架構，把握陽明學之精神的前提下，建構起本身的整體學說樣貌。這當中的關鍵處在於鄒東廓的「工夫理論」，是否有抓住陽明學「本體工夫為一」此一義理核心。

2、比較法

鄒東廓的思想除了在「縱」的歷史脈絡上，要闡明他與宋儒間的差異，以及師承陽明而有所側重或轉化的部分，以及東廓的家學與後學對鄒東廓的繼承與改造之外；在與鄒東廓同一時代中，藉由鄒東廓與王龍溪的「見成本體」之說，與聶雙江、羅念菴等人的「主靜歸寂」等觀念之比較，更能凸顯鄒東廓所側重把握的陽明精神，與本身的學說特色所在。

3、歸納法

就鄒東廓的思想內涵看來，本論文透過比較、分析等方法，總結出以「見在本體工程」理論為整體思想架構，並在此主導之下的三個核心概念──「戒慎恐懼」、「主敬」與「自強不息」。

四、章節大要

以下就本論文章節標題與順序，進行概要地介紹本論文之內容編排順序與處理方式。

（一）第一章：緒論

說明研究之動機，並整理詳述前賢關於鄒東廓的相關研究成果，並於「研究目的」的部分，針對前賢研究成果予以回應，此回應亦正是筆者本論文進

行研究之目的。最後於研究方法處，說明本論文的研究進路與觀點，並概要
說明研究步驟與各章節之大要。

（二）第二章：私淑宋儒——鄒東廓對宋儒思想的吸納

　　欲了解鄒東廓之思想，必須得先了解鄒東廓思想中的宋儒色彩，這是他
理解陽明學說的一個背景知識，而日後這些質素也影響著他對良知學的深化
與詮釋。因此，本章依序處理周濂溪的「主靜無欲」，與程明道的「定性」之
說，以及伊川、朱子的「主敬」思想，在鄒東廓思想中有著甚麼樣的地位與
影響，且要強調與說明的是，鄒東廓除了吸納了這些宋儒思想之外，又是透
過陽明良知學來回應與整合這些思想的。

（三）第三章：師承陽明——鄒東廓對良知學的師承與新變

　　本章著重在釐清鄒東廓與王陽明之間思想的連繫關係，包括東廓踏入王
門的最初動機，而此動機也影響了後來闡揚師說的著力點與側重面。再來則
要說明鄒東廓因為能夠正確地掌握住陽明學的精髓所在，即「體用觀」的繼
承，因此在他對陽明「良知學」的深化中，以及「致良知」工夫的把握上，
能夠不偏離師說且又能豐富良知學之內涵，而他的論學側重面——「見在本
體工程」之理論，便是在這樣的基礎下開展出來的。

（四）第四章：論學重心——鄒東廓的「見在本體工程」理論

　　有了上一章鄒東廓如何地把握陽明學之內涵的論述後，本章首先要對鄒
東廓所著重於闡揚的良知工夫之定義進行釐清，即先闡明鄒東廓所主張的「見
在本體工程」之義理架構，接著再來談論鄒東廓的兩個主要工夫理論：一為
「戒慎恐懼」，一為「主敬」思想。最後，則要說明貫徹鄒東廓整體工夫思想
的一個重要概念——「自強不息」。

（五）第五章：學說流衍——東廓的家學及後學思想

　　在以上幾章討論完鄒東廓本身之學說思想後，本章則是要探討鄒東廓的
家學與後學之思想，探討內容之重心擺在其家學、後學與鄒東廓之間的思想
脈絡，考察鄒東廓的家學與後學弟子，是如何地繼承東廓之學說，並有所轉
化與改造的。

（六）第六章：結論

　　回顧與總括本論文各章節論述內容之重點，並反省本論文不足之處，以及在此論文的基礎上，期盼未來能再加以深入探究的議題與空間。

第二章　私淑宋儒——鄒東廓對於宋儒思想的吸納

　　鄒東廓學說中的鮮明特色之一，在於對於宋儒學說的高度肯定與重視，特別是周濂溪（敦頤，1017～1073）與程明道（顥，1032～1085）二人，東廓將其與王陽明視爲聖學的道統脈絡。當鄒東廓接受王陽明良知學說時，其背後本身有著對於宋儒思想推崇的背景。東廓自述：「益自童年，先大夫授以濂溪六君子贊，慨然有景星喬嶽之仰。」〔註1〕表達了自幼對於宋代大儒的景仰，「濂溪六君子」即指周濂溪、張橫渠（載，1020～1077）、程明道、程伊川（頤，1033～1107）、朱晦庵（熹，1130～1200）、陸象山（九淵，1139～1193）等六人。其中，眞正受到鄒東廓高度推尊，且深刻地影響與表現在他日後學思上的，是周濂溪與程明道二人，鄒東廓甚至在此二人的思想基礎上，對伊川、朱子一系的「主敬」觀念，重新予以理解與詮釋。本章分爲四部分，依序進行析論，包括：一、周濂溪對於鄒東廓思想上的影響，主要在於「主靜」、「無欲」之觀念。二、程明道的影響，則在於影響了東廓對於「欲」之內涵的說法。三、東廓思想中不同於陽明，而吸納的程朱一系「主敬」思想，其實是在周濂溪、程明道、王陽明三人的思想基礎上，重新予以理解與詮釋的，實則已經不同於伊川、朱子所闡釋的「主敬」觀念。四、鄒東廓更將周濂溪的「無欲」，與程明道的「定性」之功，以及伊川的「主一之謂敬，無適之謂一」之說，視爲與王陽明「致良知」是「異辭而同旨」；而主要以周濂溪、程明道與王陽明，作爲心中的聖學道統脈絡。

〔註 1〕　〔明〕鄒守益：〈奠徽國朱文公文〉，《鄒守益集》（南京：鳳凰出版社，2007年 3 月），頁 941。

第一節 推崇周濂溪「主靜」、「無欲」思想爲學聖之要

　　周濂溪所揭示的「主靜」、「無欲」等思想，可說是鄒東廓日後進入陽明學的一個基本的思想起點，正因爲東廓極重視「無欲」思想，尊濂溪「無欲」之說爲學聖之要，因此，當他接受陽明良知學時，特別強調良知本體爲「無欲」狀態，致良知工夫中「去欲」一面的重要性。另外，必須說明的是，「主靜」與「無欲」這兩個概念，在周濂溪思想中是一體的，只是筆者爲論述條理，先提出周濂溪這兩個概念在濂溪整體思想中的地位，之後再針對依此發展出來的宋明理學家「主靜」觀點，以及鄒東廓與當時其他陽明學者在繼承此兩方面觀念的不同作進一步析論。

一、周濂溪的「主靜」與「無欲」之思

　　「主靜」思想可說是周濂溪整體思想的精粹所在，而「無欲」等觀念正是由此而出的。因此，我們說「主靜」與「無欲」並非兩個概念，只是筆者爲論述之須要，權宜將其區別開來談。

（一）「主靜」觀念的提出

　　關於周濂溪的「主靜」思想，其實他談的並不多，不過後來歷代學者皆相當重視此一思想，且認爲此爲濂溪思想的宗旨所在。〔註2〕而主要援引的原典，出自濂溪的〈太極圖說〉中的這一段話：

> 惟人也，得其秀而最靈，形既生矣，神發知矣，五性感動而善惡分，萬事出矣。聖人定之以中正仁義（自注：聖人之道，仁義中正而已矣），而主靜（自注：無欲故靜），立人極焉。〔註3〕

〔註2〕 如《四庫全書總目提要》中便說：「周子之學，以主靜爲宗。」〔清〕紀昀編纂：《四庫全書總目·周元公集》，收於《周敦頤集》（北京：中華書局，1990年5月），頁128。不過，另外研究者林月惠亦指出：「大多數的學者在討論濂溪的思想時，多著重在闡釋濂溪『默契道妙』的形而上玄思，『無欲』、『主靜』的工夫觀念，並未成爲濂溪思想的樞紐觀念，也似乎不具有豐富的哲學意涵。……但若從實踐工夫的進路來看，『無欲』、『主靜』有其豐富的工夫論意涵。」不過林月惠此說的語境，是在說明羅念菴對於濂溪「主靜無欲」思想的深化。參見林月惠：《良知學的轉折：聶雙江與羅念菴思想之研究》（台北：國立台灣大學出版中心，2005年9月），頁323。

〔註3〕 〔宋〕周敦頤：〈太極圖說〉，《周敦頤集》，頁6。

周濂溪在此相當明確地說明，所謂「主靜」，即是「主無欲」，也就是說「靜」是心中「無欲」之狀態，非外物相對的動靜之「靜」。〔註4〕因此，更非後來一些宋明理學家所主張的「靜坐」等修養方法，因爲其實周濂溪的「主靜」思想並不涉及「靜坐」等修養之功，他本人也沒有談過「靜坐」。〔註5〕

　　周濂溪的「主靜」思想，雖不涉及「靜坐」，在實際工夫上，周濂溪亦並無多所著墨。不過黃梨洲曾根據濂溪在《通書·愼動第五》中的一段文字〔註6〕，而認爲：

> 愼動即主靜也。主靜，則動而無動，斯爲動而正矣。離幾一步，便是邪。〔註7〕

又說：

> 聖學之要，只在愼獨。獨者，靜之神，動之幾也。動而無妄曰靜，愼之至也。是之謂主靜立極。乾乾不息，其靜有常。投間抵隙，多在動處。動返於吉，其靜不漓。生而不匱，其出無方，其爲不止，聖人原不曾動些子。學聖者宜如何？曰：愼動。〔註8〕

按梨洲之意，所謂「主靜」，即「主無妄」、「主無欲」，也就是在動時能夠保持心理「無妄」之狀態，因此「主靜」在實際工夫上，就是「愼動」之意。

〔註4〕 研究者陳天林認爲：「靜包含了兩層境界，一是與無極本源渾然一體，一是在回歸無極的途中，既是本體，又是工夫，這兩者交互作用，貫穿事物的始終。與本源無極渾然一體可以理解爲『循道爲靜』，無極本身也是動中有靜，靜中含動，遵循無極自然也就是兼有動靜；在回歸無極的途中更是一個有動有靜的變化過程。顯然，無論是哪種境界，『靜』都已經超出了與動相對的『靜』的意義，而是貫穿動靜。」陳天林：《周敦頤思想探微》（復旦大學哲學系博士論文，2004年4月），頁48。

〔註5〕 陳來說：「《太極圖說》提出了『定之以中正仁義而主靜』，表明『主靜』是周敦頤修養論的一個主要特色。但《太極圖書》和《通書》都未詳細說明主靜的問題，更沒有討論靜坐、靜修的問題。」陳來：《宋明理學》（上海：華東師範大學出版社，2004年3月），頁44～45。

〔註6〕 《通書·愼動第五》曰：「動而正，曰道。動之所以正，以其合乎眾所共由之道也。用而和，曰德。用之所以和，以其得道於身，而無所待於外也。匪仁，匪義，匪禮，匪智，匪信，悉邪矣。所謂道者，五常而已。非此，則其動也邪矣。邪動，辱也；甚焉，害也。無得於道，則其用不和矣。故君子愼動。動必以正，則和在其中矣。」〔宋〕周敦頤：〈通書·愼動第五〉，《周敦頤集》，頁18～19。

〔註7〕 〔清〕黃宗羲原著、全祖望補修：《宋元學案》（北京：中華書局，1986年12月），頁485。

〔註8〕 〔清〕黃宗羲原著、全祖望補修：《宋元學案》，頁492。

在每一個對外應事上都應謹慎以保持「無妄」，如此就是「主靜」之功，如此便是能夠「慎獨」。因此，若照梨洲的意思，濂溪的「主靜」不僅說明的是心理無欲之狀態，且也是一種「慎動」的工夫。此「慎動」之工夫，又包含著「以靜該動」之意，此意在朱子亦曾討論過，朱子曰：

「聖人定之以中正仁義」，此四物常在這裏流轉，然常靠著箇靜做主。〔註9〕

非此心無欲而靜，則何以酬酢事物之變而一天下之動哉？〔註10〕

「聖人定之以中正仁義而主靜」，正是要人靜定其心，自作主宰。〔註11〕

可見朱子亦認為濂溪的「主靜」思想，是主「無欲之心」，「靜定其心」就是要讓心歸於「無欲」之狀態，以此作主宰來酬酢事物之變。朱子說「非此心無欲而靜，則何以酬酢事物之變而一天下之動哉」，如此是以「以靜該動」來解釋「主靜」，此解當然與他自身的義理架構有關。不過，無論如何，濂溪的「主靜」之說，都並未包含「靜坐」的修養工夫在內。

因此，後來雖有許多學者皆或多或少受到周濂溪「主靜」思想之影響，但各個學者當中所含有的「靜坐」修養之功，與其主張或所理解的濂溪之「主靜」思想，不能等同視之。也就是說，「主靜」與「靜坐」這兩個概念須要分開來看待，後來學者們所主張的「靜坐」不等於這些學者本身受濂溪影響的「主靜」思想，因此，鄒東廓後來批判聶雙江、羅念菴等人誤解了周濂溪「主靜」思想是溺於靜，棄人倫事物的「靜坐」之功時，其實也是把他們本身學中說並不反對的「靜坐」工夫，與他們亦肯定濂溪「主靜」思想這兩件事混為一談了。

（二）學聖之要在於「無欲」

鄒東廓思想中將「無欲」、「去欲」的觀念看得非常重，這主要來自於對周濂溪「無欲」思想的高舉。而筆者已經說明過，周濂溪的「無欲」觀念，主要來自於他對「主靜」思想的詮說。早在孟子時便談「寡欲」，孟子說：

〔註9〕 〔宋〕黎靖德編：〈周子之書・太極圖〉，《朱子語類》（北京：中華書局，1986年3月），卷第九十四，頁2384。

〔註10〕 〔宋〕黎靖德編：〈周子之書・太極圖〉，《朱子語類》，卷第九十四，頁2384。

〔註11〕 〔宋〕黎靖德編：〈周子之書・太極圖〉，《朱子語類》，卷第九十四，頁2385。

養心莫善於寡欲。其為人也寡欲，雖有不存焉者，寡矣；其為人也
多欲，雖有存焉者，寡矣。〔註12〕

周濂溪承孟子此一觀念，不僅談「寡欲」，且更要「以至於無」，他說：

孟子曰：「養心莫善於寡欲。其為人也寡欲，雖有不存焉者，寡矣；
其為人也多欲，雖有存焉者，寡矣。」予謂養心不止於寡而存耳，
蓋寡焉以至於無，無則誠立明通。誠立，賢也；明通，聖也。是聖
賢非性生，必養心而至之。養心之善，有大焉如此，存乎其人而已。
〔註13〕

又曰：

聖可學乎？曰：可。曰：有要乎？曰：有。請問焉。曰：一為要。
一者，無欲也。無欲則靜虛動直，靜虛則明，明則通；動直則公，
公則溥。明通公溥，庶矣乎！〔註14〕

周濂溪強調不僅要追求「寡欲」，更要達到「無欲」的狀態，只有達到「無欲」
才有成聖賢的可能，因為「無欲」才能「靜虛動直」。〔註15〕而學聖之功在於
「一為要」，「一者，無欲也」，因為天理、人欲兩者是無法並存的。〔註16〕濂

〔註12〕 〔宋〕朱熹：〈盡心章句下〉，《孟子集注》，《四書章句集注》（長沙：岳麓書
舍，2008年1月），頁516。

〔註13〕 周敦頤：〈養心亭說〉，《周敦頤集》，頁52。

〔註14〕 周敦頤：《通書‧聖學第二十》，《周敦頤集》，頁31。

〔註15〕 研究者王廣指出：「周子這種『主靜』工夫包括『靜虛』『動直』兩個方面。
『靜虛』是主體自身排除感性欲望的黏滯，所呈現的一種純一無雜的生命境
界，這種境界是『明則通』。『動直』是達至『靜虛』本體境界後，所呈現的
一種公而無私的發用狀態，這種狀態是『公而溥』。可見，這裡的『靜』並不
是不動，而是靜而能動，靜中有動。這是一種形上的不呈動靜相的『神』之
動靜，非形下的呈動靜相的『物』之動靜。」王廣：〈「理一分殊」理念下的
朱熹哲學〉（山東大學博士論文，2005年4月），頁103。

〔註16〕 林月惠指出：「『存天理，去人欲』之『人欲』，在宋明理學論述中有獨特的意
涵，它不是泛指一般日常語言使用脈絡下的『欲望』（如飢飽寒煖、口鼻耳目
之自然欲望），而是特指『天理』之『闕如』（吾人體現天理而有『過、不及』
之狀況，而使天理不能作主），更嚴格地說，即是程明道（顥，1032～1085）
所言：『所欲不必沉溺，只有所向便是欲。』因為吾心一旦有所『陷溺』、『有
所向』，即意謂心之放失，不能自作主宰，『惡』因而萌生。故舉凡『私欲』、
『私意』、『人欲之私』、『己私』、『私心』、『情識』、『意念』等，都是『人欲』。
是以周濂溪肯斷『聖可學』而必以『無欲』（無一毫私欲撓之）。」林月惠：《詮
釋與工夫：宋明理學的超越蘄嚮與內在辯證》（台北：中央研究院中國文哲研
究所，2008年12月），頁228。

溪此說可謂再一次爲「主靜」說所提到的「無欲故靜」作說明，且明白的以「無欲」爲聖學之要，因此，「主靜」也就是成聖之功。〔註17〕

二、鄒東廓對「主靜」、「無欲」思想的重視

鄒東廓對周濂溪可謂推崇備至，在他的著作言談中，充滿著高度讚賞濂溪的言詞，而其思想中也明顯地貫串著濂溪的「主靜無欲」思想。以下便就鄒東廓對濂溪思想之看重，以及通過其理解，進而表現在自身思想中的轉化過程作一說明；並兼及討論到東廓與聶雙江、羅念菴「主靜」思想之間的差異，透過這樣的比較，筆者認爲較能夠凸顯東廓對於「主靜」的認識與理解。

（一）對周濂溪「無欲」思想的高揚

東廓對於濂溪之說極爲重視，他對濂溪的讚賞，流露在其一生的學說思維上，東廓曰：

> 濂溪元公「一者無欲」之要，陽明先師致良知之規，皆箕疇正傳也。〔註18〕

東廓將周濂溪的「無欲」與王陽明的「致良知」，皆視爲聖學正傳。鄒東廓將周濂溪的「無欲」思想，視爲學聖的最重要法門，東廓說：

> 然則孰爲天下壽？曰：其學聖人之道乎！聖人可學而至乎？曰：聖人與我同類者，奚爲其不可也？曰：學之有要乎？曰：一爲要。天得一以清，地得一以寧，人得一以貞。一者，無欲也。純於理而無欲，則其靜也虛，與天地同體；其動也直，與天地同用。故流行配四時，昭明配日月，吉凶配鬼神。唐虞精一之傳，至於咸有一德，吾道一以貫之，數聖人之壽於天下萬世，由此其選也。循是而之焉之謂道，守是而勿失之謂德，得是而無違之謂仁。故曰仁者壽。仁者，無欲之至也，其壽也固宜。〔註19〕

〔註17〕 朱子亦認爲此章最爲「要切」。朱子注曰：「此章之指，最爲要切。然其辭義明白，不煩訓解。學者能深玩而力行之，則有以知無極之眞，兩儀四象之本，皆不外乎此心，而日用間自別無用力處矣。」朱子此說，可謂是把這段文字視爲周濂溪全幅思想的的精粹所在。周敦頤：《通書・聖學第二十》，《周敦頤集》，頁31。

〔註18〕 〔明〕鄒守益：〈贈董謀之〉，《鄒守益集》，頁101。

〔註19〕 〔明〕鄒守益：〈壽山南眞逸盧先生序〉，《鄒守益集》，頁275。

東廓承周濂溪說學聖之要在於「一爲要」、「一者，無欲也」，能無欲便是純於理，能純於理也自然無欲，明白天理、人欲並無絲毫並立同存的可能，才能在現實中落實成聖之功。因此，東廓強調必須體認到「本體無欲」，才能在現實中做「無欲工夫」。東廓曰：

> 學至無極翁，精矣。匪聖奚學？匪天奚希？一者，其本體也；無欲者，其功也。周遊於逸，罔淫於樂，不迪聲色，不殖貨利，古聖精一克一工課，猶惻惻勸戒若是，吾儕自省何似？而依違逸樂貨色中，不自洗刷，將奚以拔於凡民，矧曰與千聖同堂、兩儀並位？故戒愼不睹，恐懼不聞，其無欲之學乎！上天之載，無聲無臭，其無極之貞乎！〔註20〕

東廓於此說明的是「無欲」不僅指本體狀態，也是求聖工夫。東廓曰「戒愼不睹，恐懼不聞，其無欲之學乎」，蓋「戒愼恐懼」乃是東廓論學的宗旨，強調在日用間戒愼恐懼行實地工夫，更是東廓論學的特色。〔註21〕東廓在自身的「戒懼之學」中，流貫著濂溪「無欲之思」的血脈。因此，東廓在言「工夫」時，始終不離「無欲」言之，因爲在東廓思想中，有著承陽明「本體與工夫爲一」的觀念，既爲無欲本體，也是無欲工夫。準此，東廓曰：

> 「無欲」二字，不易說得。滅東生西，何時是了？濂溪翁提出「一」字，正欲學聖者從果確尋求，不是補漏塞隙工課。古人瑟僴之學，何等嚴密，何等武毅，故三千三百，皆至善流貫。若起仆不常，畢竟是私欲隔礙，正作不果確眞切耳。〔註22〕

東廓言濂溪所謂的「一爲要」之「一」，是指「無欲本體」，也是「無欲工夫」，非後天勉強而爲的工夫，乃是呼應先天本體應然的工夫，有如此體認才能「作果確眞切」；而「三千三百」皆是此至善無欲的本體之流貫，能在日用間進退應對合乎三千三百之禮儀，自能無私欲障礙，而合於無欲之本體。可見，東廓基於因私淑濂溪之學，而對其「無欲」思想的尊崇，在其不論談學或者做實地工夫時，皆不離此一思維。

（二）對「主靜」思想的認識——以「從欲」、「無欲」言「動」、「靜」

　　鄒東廓私淑周濂溪「主靜」、「無欲」等思想，而除了東廓之外，其實，當

〔註20〕〔明〕鄒守益：〈虔州中贈〉，《鄒守益集》，頁99～100。
〔註21〕關於鄒東廓的論學宗旨——「戒愼恐懼」，容於第三章及第四章再述。
〔註22〕〔明〕鄒守益：〈簡余誠甫〉，《鄒守益集》，頁651。

時也有其他陽明學者推崇濂溪「主靜」之說，其中，較有代表性的，包括了聶雙江、羅念菴二人，特別是羅念菴一生的學說思想，可說是以周濂溪的「主靜無欲」為宗旨。〔註23〕不過，不同的是，鄒東廓只從「無欲本體」的角度言「靜」，而不談「靜坐」；而聶雙江、羅念菴等人雖也認識到周濂溪以「無欲」言「主靜」的說法，但他們除此之外，又揭示了以「靜坐」為認識本體的入門之法，這是鄒東廓所反對與批評的，對於東廓而言，他是不談「靜坐」的。東廓曰：

> 濂溪主靜之靜，不對動而言，恐人誤認，故自注云「無欲」。此靜字
> 是指人生而靜真體，常主宰綱維萬化者。在天機，名之曰無聲無臭，
> 故揭「無極」二字；在聖學，名之曰不睹不聞，故揭「無欲」二字。
> 天心無言，而元亨利貞無停機，故百物生；聖心無欲，而仁義中正
> 無停機，故萬物成。知太極本無極，則識天道之妙；知仁義中正而
> 主靜，則識聖學之全。〔註24〕

東廓認為當時許多人（主要便是針對聶雙江、羅念菴等人），皆誤認了濂溪「主靜」說法而大談「靜坐」，東廓對此相當不滿，強調所謂「靜」是針對「無欲」的本體而言。其實，對於聶雙江、羅念菴等人而言，他們並非沒有認識到這一點，只是相對於東廓，他們因過於強調良知的「主宰義」，為了認取「良知寂體」，而提倡以「靜坐」為世人入門之法。〔註25〕如聶雙江便說：

> 夫學雖靜也，靜非對動而言者，「無欲故靜」四字，乃濂溪所自著。
> 無欲然後能寂然不動，寂然不動，天地之心也，只此便是喜怒哀樂
> 未發時氣象。然豈初學之士可一蹴能至哉？其功必始於靜坐。靜坐
> 久，然後氣定，氣定而後見天地之心，見天地之心而後可以語學。……
> 是故靜坐之嘆，伊川為學者開方便法門；未發氣象，延平為學者點

〔註23〕 胡直說：「故其平時提誨學者，多主周子『無欲故靜』、《易‧繫》『寂然不動』之語，以為能靜寂乃為知體之良，能收攝保聚、一切無染，乃為主靜而歸寂。」胡直：〈念菴先生行狀〉，《衡盧精舍藏稿》卷23，頁531。

〔註24〕 〔明〕鄒守益：〈錄諸友聚講語答兩城郡公問學〉，《鄒守益集》，頁733。

〔註25〕 此涉及到聶雙江、羅念菴二人與鄒東廓本於王陽明而來的「體用觀」之不同。聶、羅的「體用」認識，其實並不同於陽明，而反似朱子，因此他們強調認取「良知寂體」，以「宰感」、以「該用」。這一點請容於第三章〈陽明學體用觀的繼承〉一節再做深入論述。另外，林月惠也指出：「念菴以『根原』為釋的『靜』，所側重的正是形上本體『常體不易』這一面向，靜態的『存有義』較動態的『活動義』提挈得重。」也因此，羅念菴的理論存有認取「良知寂體」以主宰「感」、「用」的傾向。林月惠：《良知學的轉折：聶雙江與羅念菴思想之研究》，頁338。

本來面目。定之以仁義中正而主靜，則法天之全功。非天下之至靜，
其孰能與於此？〔註26〕

由此，可見聶雙江亦非對「無欲故靜」沒有認識，而只是贊同伊川提「靜坐」
爲初學者的「方便法門」。〔註27〕羅念菴亦說：

> 靜坐收拾此心，此千古聖學成始成終句，但此中有辨。在靜坐識得
> 本心後，根底作用俱不作疑，即動靜出入，咸有著落，分寸不迷，
> 始爲知方。然須從靜中安貼得下，氣機歛寂後，方有所識。〔註28〕

羅念菴也強調「靜坐」可以「收拾此心」。〔註29〕蓋聶雙江、羅念菴二人與鄒
東廓雖都吸取了周濂溪的「主靜」思想，但吸取之後所轉化出來的思想內涵
並不相同，這當中的顯著差別在於：聶、羅的「主靜」思想包含了「靜坐」
的成分，以及「以靜該動」、「以寂宰感」、「以體該用」等觀念；而對於東廓
而言，他只就「從欲」、「無欲」言「動」、「靜」，而反對「靜坐」之功。但必
須注意的是，不能因此說聶、羅二人誤解了濂溪「主靜」思想本身，而只能
說他們在「主靜」思想中又融入了「靜坐」工夫，這已是他們自身所體會的
「主靜」思想，而非他們所理解的周濂溪的「主靜」之說。〔註30〕因此，東

〔註26〕〔明〕聶豹：〈答亢子益問學〉，《聶豹集》（南京：鳳凰出版社，2007年3月），
頁255～256。

〔註27〕《宋元學案・伊川學案》中記曰：「伊川見人靜坐，便嘆其善學。」〔明〕黃
宗羲、全祖望：《宋元學案》，頁647。

〔註28〕〔明〕羅洪先：〈答王有訓〉，《羅洪先集》（南京：鳳凰出版社，2007年3月），
頁230。

〔註29〕林月惠說：「念菴以『靜坐』爲入路的主靜工夫，與李延平的『默坐澄心，體
認天理』，陳白沙的『爲學須從靜坐中養出個端倪來』一樣，皆是以『靜復立
體』爲目的。即透過靜坐，收斂精神，來體認一超越的心體（本體），是屬於
『本體論的體證』之工夫型態，在宋明儒的工夫論中，自有其傳統。」林月
惠：《良知學的轉折：聶雙江與羅念菴思想之研究》，頁342。另外，大陸學者
張衛紅指出：「誠然，『至靜』之心體超越了寂感動靜的二分形態，但在悟得
『至靜』心體之前，仍須一個收斂寧靜的工夫歷程。」「工夫意義上的主靜，
意謂著精神向裡，收斂寧靜，不隨欲望驅馳外逐。」因此，羅念菴也就是在
這樣一個邏輯下，希望精神能夠收斂寧靜的要求下，才認爲靜坐工夫有其必
要。張衛紅：《羅念菴的生命歷程與思想世界》（北京：生活・讀書・新知三
聯書店，2009年2月），頁398～399。

〔註30〕其實，周濂溪的「主靜」思想，並無涉及「靜坐」的問題。陳來亦說明：「《太
極圖說》提出了『定之以中正仁義而主靜』，表明『主靜』是周敦頤修養論的
一個主要特色。但《太極圖書》和《通書》都未詳細說明主靜的問題，更沒
有討論靜坐、靜修的問題。」陳來：《宋明理學》，頁44～45。

廓認爲當時學者對於「主靜」說的誤認，主要是針對「靜坐」這一面功夫的提出。東廓曰：

> 聞諸先師曰：「循理之謂靜，從欲之謂動。」能循於理，則金革百萬，與簞食陋巷一也。一爲私欲所滑，則雖騎蓬蒿、友麋豕，與乞哀昏夜、爭利錐刀，其間不能以寸矣。古之君子，戒慎不睹，恐懼不聞，以求復其人生而靜之本體，故寬裕溫柔，足以有容；發強剛毅，足以有執；齊莊中正，足以有敬；文理密察，足以有別；照臨配日月，流行配四時，變化配鬼神，夫是之謂靜觀之極。是道也，無繁簡，無順逆，無壯老，將終吾身以從事焉，而未之能也。〔註31〕

顯見，東廓此思想同時又受到陽明「循理之謂靜，從欲之謂動」的影響，陽明亦曰：

> 心之本體，固無分於動靜也。理無動者也，動即爲欲。循理則雖酬酢萬變，而未嘗動也。從欲則雖槁心一念，而未嘗靜也。〔註32〕

陽明此說雖非出於對周濂溪「主靜」說法的解釋，但與鄒東廓由「無欲」本體言「靜」同，因爲能「循理」自然「無欲」，只是鄒東廓更加重視「無欲」的說法，而較少用「順向」的「循理」之說。〔註33〕另外，王陽明並非全然不談靜坐，他亦曾有教導人靜坐的經驗，陽明自述曰：

> 吾昔居滁時，見諸生多務知解口耳異同，無益於得。姑教之靜坐。一時窺見光景，頗收近效。久之，漸有喜靜厭動，流入枯槁之病。或務爲玄解妙覺，動人聽聞。故邇來只說致良知。良知明白。隨你去靜處體悟也好。隨你去視上磨鍊也好。良知本體，原是無動無靜的。此便是學問頭腦。我這箇話頭，自滁州到今，亦較過幾番。只是致良知三字無病。醫經折肱，方能察人病理。〔註34〕

王陽明自言當時提示學者「靜坐」之法時，雖「頗收近效」，但長久下來，易有「喜靜厭動」的流弊。在他隨著思想越來越能夠通透，提出「致良知」教

〔註31〕〔明〕鄒守益：〈靜觀說〉，《鄒守益集》，頁 466～467。

〔註32〕〔明〕王守仁：〈傳習錄中〉，《王陽明全集》（上海：上海古籍出版社，1992年 12 月），頁 64。

〔註33〕王陽明較重視良知本體自我做主的「主宰義」，而鄒東廓則較強調本體的「無欲」狀態，重視在對治欲望上的「無欲」工夫。此點於第三章中〈去欲以復良知〉一節，筆者將做更進一步的論述。

〔註34〕〔明〕王守仁：〈傳習錄下〉，《王陽明全集》，頁 104～105。

之後，便不再談「靜坐」了。東廓接受了陽明學時，此時陽明已提出「致良知」思想，因此，鄒東廓不僅未談靜坐，且更反對學者以「靜坐」來討論周濂溪的「主靜」之說，而鄒東廓自己在闡發周濂溪「主靜」思想時，主要是針對「無欲本體」作說明，且繼承了陽明從「循理」、「從欲」言「靜」、「動」的說法。

第二節　對程明道「定性」說的重視與吸收

明道與濂溪一樣，皆被鄒東廓視為聖學的正傳，東廓屢屢讚揚明道的「定性」之功，與濂溪「主靜無欲」之說同旨，皆為聖學之要所在。鄒東廓不僅在文章言行中表達對明道「定性」說的推崇與重視，且在實際的學說思想中，更融入了明道的思想於其中，尤其是在於對「欲」的看法上面。

一、程明道的「定性」思想

關於程明道的「定性」思想，出於明道〈答橫渠張子厚先生書〉一文中，此文是明道針對橫渠所提出「定性未能不動，猶累於外物」之疑問，所作的回信。首先，先將此文內容節錄於下：

> 承教，論以定性未能不動，猶累於外物，此賢者慮之熟矣，尚何俟小子之言！然嘗思之矣，敢貢其說於左右。所謂定者，動亦定，靜亦定，無將迎，無內外。苟以外物為外，牽己而從之，是以己性為有內外也。且以己性為隨物於外，則當其在外時，何者為在內？是有意於絕外誘，而不知性之無內外也。既以內外為二本，則又烏可遽語定哉！夫天地之常，以其心普萬物而無心；聖人之常，以其情順萬物而無情。故君子之學，莫若廓然而大公，物來而順應。《易》曰：「貞吉，悔亡。憧憧往來，朋從爾思。」苟規規於外誘之除，將見滅於東而生於西也，非惟日之不足，顧其端無窮，不可得而除也。人之情各有所蔽，故不能適道，大率患在於自私而用智。自私，則不能以有為為應跡；用智，則不能以明覺為自然。今以惡外物之心，而求照無物之地，是反鑑而索照也。《易》曰：「艮其背，不獲其身。行其庭，不見其人。」孟氏亦曰：「所惡於智者，為其鑿也。」與其非外而是內，不若內外之兩忘也。兩忘，則澄然無事矣。無事則定，

定則明，明則尚何應物之為累哉！聖人之喜，以物之當喜；聖人之
怒，以物之當怒。是聖人之喜怒，不繫於心而繫於物也。是則聖人
豈不應於物哉？烏得以從外者為非，而更求在內者為是也？今以自
私用智之喜怒，而視聖人喜怒之正，為何如哉？夫人之情易發而難
制者，唯怒為甚。第能於怒時遽忘其怒，而觀理之是非，亦可見外
誘之不足惡，而於道亦思過半矣。〔註35〕

以下針對此文做一分析，首先先歸結出明道此文的核心價值所在，即「一本」
思想；再來要說明的是此文中所提出的「自私」、「用智」之語彙在明道思想
中的意義為何，因為這些觀念後來成為東廓引用做為「欲」之內容的說法。

（一）「性無內外」的「一本」思維

明道此文所表現的思想，簡單地說，就是無物我之分、無內外之分的「一
本」之論。明道對於橫渠「定性未能不動，猶累於外物」一問，其實並沒有
正面回應，而是透過他自身的哲學體系，自然而然地對其消解。因為對於橫
渠而言，其「定性」還不是「定心」，因此其性雖定，然其心亦不能不受外物
所擾，如此如何能靜；但對於明道而言，其「定性」就是「定心」了，心定
自然無累，因此，首先站在明道的思想立場上，就已先化解了「定性猶累於
外物」之說了，也就是說橫渠此問對明道來說並不構成問題。〔註36〕接著，
明道又就所謂「定」者，給予了一個定義，所謂「定」也就是「動亦定，靜
亦定」之「定」，它是「無將迎，無內外」之意。所謂「動亦定，靜亦定」，
是指事物已至與事物未至、思慮已起與思慮未起之時，人心均能有所主宰，
不隨事、念慮而轉移，已至已起時從容處之，未至未萌時坦然面對。「無將迎」，
是說應使人心無所繫累，「將」是指事物已去卻不能放開的狀態，「迎」是指
事物未至卻早已百般算計的狀態。所謂「無內外」是說要大其心，使心靈開

〔註35〕〔宋〕程顥：〈答橫渠張子厚先生書〉，《二程集》（北京：中華書局，1981 年
7 月），頁 460～461。

〔註36〕論者王明真說：「在張載的話語系統裡，性與心是兩個不同層次的概念，『定
性』不等於『定心』。在程顥的哲學中，心性則是一致的。」王明真：〈成人
之道──程明道「體貼」修養工夫論〉（四川大學碩士學位論文，2006 年 5
月），頁 29。因為張載曾說過：「合虛與氣，有性之名；合性與知覺，有心之
名。」〔宋〕張載：《正蒙・太和篇第一》，收於〈橫渠學案上〉《宋元學案》，
頁 672。

闊，超越主客、物我、內外的界限。〔註 37〕其實，明道的重點在於「性無內
外」，不能分內外，一旦分內分外，便有物我主客之分，而人便容易以外物爲
干擾。因此，明道才說：

> 是有意於絕外誘，而不知性之無內外也。既以內外爲二本，則又烏
> 可遽語定哉！〔註38〕

因此，「性無內外」的「一本」論可謂是明道此文的核心思想，所以明道才會
認爲若以爲內外爲二本，那當然無法眞正體會「定」的眞義了。意即明道實
是透過他的「一本」思想架構來回應橫渠，在明道立場上，此問題實則並不
是問題，問題在於世人以性爲有內外，才會以外物爲累。〔註 39〕

（二）人情之蔽——「自私」與「用智」

明道更進一步指出這種分內分外的態度與觀念，造成了人情上有「自私」
與「用智」兩蔽；換句話說，也就是「自私」、「用智」等弊病，才造成不能
「物我爲一」、「內外兩忘」，因此無法達到「定」的境界。明道曰：

> 人之情各有所蔽，故不能適道，大率患在於自私而用智。自私，則
> 不能以有爲爲應跡；用智，則不能以明覺爲自然。今以惡外物之心，
> 而求照無物之地，是反鑑而索照也。《易》曰：「艮其背，不獲其身。
> 行其庭，不見其人。」孟氏亦曰：「所惡於智者，爲其鑿也。」與其
> 非外而是內，不若內外之兩忘也。兩忘，則澄然無事矣。無事則定，
> 定則明，明則尚何應物之爲累哉！〔註40〕

明道說「自私」就「不能以有爲爲應跡」，「用智」則「不能以明覺爲自然」，
可見無論是「自私」或者「用智」，明道主要都是針對世人「惡外物之心」、「非

〔註37〕馬軍海：〈一本圓融之境——程顥哲學研究〉（東北師範大學碩士學位論文，
　　　　2008 年 5 月），頁 28。

〔註38〕〔宋〕程顥：〈答橫渠張子厚先生書〉，《二程集》，頁 460。

〔註39〕研究者馬軍海便認爲：「程顥並沒有對『定性未能不動，猶累於外物』的問題
　　　　做出正面的回答，而是首先闡明自己對『定性』的理解。張載可能關心的是
　　　　性累於外物，未能不動的問題；而程顥卻認爲性定自然無動無不動。程顥認
　　　　爲如果爲了定性而把心思都集中在外物上面，便是『牽己而從之』，是『規規
　　　　於外誘之徐』，是『以內外爲二本』。程顥對定性的思考鮮明地體現了一種『一
　　　　本論』的思考方式，無內無外便是一本，分內分外便是二本。」馬軍海：〈一
　　　　本圓融之境——程顥哲學研究〉，頁 28。

〔註40〕〔宋〕程顥：〈答橫渠張子厚先生書〉，《二程集》，頁 460～461。

外而是內」而言。〔註41〕因此，只要能「內外兩忘」，自然也就不會有「自私」、「用智」等人情之弊的產生，如此則能「定」。因此，明道說：「兩忘，則澄然無事矣。無事則定，定則明，明則尚何應物之爲累哉！」因爲，明道是針對橫渠「定性未能不動，猶累於外物」而發，因此所提出的人情之弊，亦是針對這一點來談，總之，「自私」與「用智」都是在分物我內外的「二本」思維下所產生的「是內非外」之心態。

二、鄒東廓對明道「定性說」的肯定與吸收

鄒東廓對於明道思想的肯定，不僅是出於精神上的尊崇與言語上的讚賞而已，且更將明道思想中的某些質素實際地融入了自身學說體系當中，此中最重要的就是東廓對於「欲」之內涵的看法。

（一）對「定性」之說給予高度肯定

在鄒東廓的論學中，每當提到程明道，幾乎必定提到周濂溪，此兩大儒的說法，東廓通常同時提出，以說明此兩人所傳皆爲聖學一脈，同時也是在說明濂溪「無欲」與明道「定性」之說，皆指良知本體之狀態。東廓曰：

> 昔在元公，皆聖之可學，以一者無欲、靜虛動直爲要，而純公發明定性，以大公順應，學天地聖人之常，茲邁鄒魯以升唐虞之正脈也。黃生欲昭先休以垂後範，舍是無異學矣。〔註42〕

> 古之君子，其隱也，學以求其志：其仕也，學以達其道。仕與隱雖異，其學則一而已矣。學也者，將以何爲也？學此心之純乎天理而不雜以人欲也。故學聖之功，以揭一者無欲爲要，而定性之教，直以大公順應學聖人之常。〔註43〕

〔註41〕 研究者王明眞說：「見物爲物，以我爲我，也就是物我兩分，此爲自私。一味地排拒外誘之心，此爲用智。用智已有明覺之意，只不過這種明覺有人爲痕跡，非自然之意，於是往往覺而非明。由自身起念處便謂『自私』，而之後的安排、計度便是『用智』。」依王明眞的解釋，則「自私」與「用智」是同一種弊端所起的，也就是先有物我內外之分的「自私」心態，才有之後的安排、計度之「用智」。王明眞：〈成人之道——程明道「體貼」修養工夫論〉，頁28～29。

〔註42〕 〔明〕鄒守益：〈尚古說〉，《鄒守益集》，頁472。

〔註43〕 〔明〕鄒守益：〈贈白泉林侯陟臨江序〉，《鄒守益集》，頁224。

每當東廓提明道「定性」之說時，最常引用明道「大公順應」、「天地聖人之常」的說法。蓋明道在〈答橫渠張子厚先生書〉〔註44〕中曰：

> 夫天地之常，以其心普萬物而無心；聖人之常，以其情順萬事而無情。故君子之學，莫若廓然而大公，物來而順應。〔註45〕

因為，東廓認為，「法天地聖人之常」正是「無欲」之功，因為天地聖人本是無欲，自然能如明道所言「以其心普萬物而無心」、「以其情順萬事而無情」，即無「私心」、「私情」，也就是「無欲」。因此，東廓認為濂溪的「無欲」與明道的「定性」，是同一個工夫。他說：

> 夫濂溪、明道二先生，真得鄒魯不傳之緒，來教以《定性》之篇為內外合一、動靜兩忘之學，雖聖人復起，不易斯言矣。而主靜之說，乃曰「學者先須杜絕人事，閉門靜坐，收斂身心，習靜之後，隨事精察，至於動靜兩忘，聖學其庶幾乎！」則似明道為成德者言，而濂溪乃為始學立法，是不察始學成德之無二項工夫矣。定之以仁義中正而主靜，聖人之所以立人極也。君子修之，修此者也；小人悖之，悖此者也。其非先習靜以至於動靜兩忘也明矣。〔註46〕

東廓在回答友人的書信中，除了反對以為周濂溪「主靜」之說為「閉門靜坐，收斂身心」之學外；更反對因此以為濂溪之說是為初學者立說，而明道「定性」則是說成德者的境界，而認為此非二項工夫，因為濂溪所謂的「靜」與明道所謂的「定」，皆是就本體而言，而學者作工夫，正是做此本體的工夫。

關於濂溪「主靜」與明道「定性」兩者之間關係的論說，亦曾見於陽明，陽明回答弟子問學時說：

> 周子何以言「定之以中正仁義而主靜」？曰，「無欲故靜」。是「靜亦定，動亦定」的「定」字，主其本體也。戒懼之念是活潑潑地。此是天機不息處。所謂「維天之命，於穆不已」。一息便是死。非本體之念即是私念。〔註47〕

陽明此說是為了說明「戒謹恐懼」無分動靜，即是不息的「本體之念」。主要是為了說明弟子「如何言靜」時，援引周、程之說來說明。鄒東廓同陽明一

〔註44〕或名〈答橫渠先生定性書〉。
〔註45〕〔宋〕程顥：〈答橫渠張子厚先生書〉，《二程集》，頁460。
〔註46〕〔明〕鄒守益：〈答林掌教朝相〉，《鄒守益集》，頁506。
〔註47〕〔明〕王守仁：《傳習錄下》，《王陽明全集》，頁91。

樣，皆從「本體」上去強調濂溪的「靜」與明道的「定」，但稍有不同的是，陽明主要是為了說明自身學說而援引以方便說法，並不特別去推崇宋儒之說；而東廓則是有強烈的尊濂溪、明道為道統的意識存在，因此當他提「定性」說時，往往是為了表明自己尊明道「定性」之學為聖人之學。

（二）接收「自私」、「用智」為「欲」之內涵

承上部分所言，鄒東廓對於明道的「廓然大公，物來順應」、「法天地聖人之常」的「定性」說，雖極為推崇，但真正具體地體現在自身學說中的是──明道對於「欲」之內涵的說法，成為東廓在具體講學中做為「欲」之內容的說法。上文我們已經討論過明道在〈答橫渠張子厚先生書〉中所言的「自私」、「用智」之說，主要是指「非外而是內」，因為明道寫此信的原因，乃是出於回答張橫渠「定性未能不動，猶累於外物」之惑。因此，明道所指的「自私而用智」是指「以應物為累」之說，而提出「法天地聖人之常」、「廓然大公，物來順應」、「內外兩忘」等說法。然而，東廓接收了明道的「定性」說，且將「自私」、「用智」轉為自己對於「欲」之內涵的說法，已不完全只是如明道就「非外是內」的態度而言之意了。東廓曰：

> 夫時有動靜，學無動靜者也。疲精外騖，汲汲焉以求可成，是用智者也，命之曰動而動；凝神內照，而人倫庶物脫略而不理，是自私者也，命之曰靜而靜；戒慎恐懼，無繁簡，無內外，無須臾之離，以求復其性，是去智與私而大公順應者也，命之曰動而無動，靜而無靜。〔註48〕

東廓以「疲精外騖」為「用智」，「凝神內照」為「自私」，主要是針對他所認為當時學者有「偏於外」與「倚於內」的現象，這在東廓看來，都是屬於「欲」的範圍。〔註49〕因此，要復其性，就要去「私」與「智」。而鄒東廓談明道思

〔註48〕〔明〕鄒守益：〈南京禮部主客司題名記〉，《鄒守益集》，頁 324。

〔註49〕「偏於外」主要是指提出「龍惕說」的季彭山；「倚於內」則是指主張「主靜歸寂」的聶雙江、羅念菴一派。鄒東廓與這些學者有相當多的書信往來，當中皆有提到。例如，東廓在回應季彭山此說時說：「龍以無欲為神，人以無欲為聖。欲也者，非謂世味之蓁也。倚聞見，工思索，蓁事功，稍以人力增損，便不免適莫。」〔明〕鄒守益：〈心龍說贈彭山季侯〉，《鄒守益集》，頁 457。不過也有學者提出，其實鄒東廓與季彭山的思想，並無本質上的差別，兩人的論辨並無真正對焦，東廓所言的「自然」是「心體」上的自然，季彭山所言的「自然」是「氣之流行」，也就是說其實季彭山所言的「警惕」，並無不

想時，又不能脫離濂溪「無欲」而論，因爲這兩者都是他思想中的重要組成成分。因此，東廓說：

> 人之順萬物也，容以寬裕，執以剛毅，敬以中正，別以密察，若是乎時出也，而曰戒愼不睹，恐懼不聞，是心體之靜也。……戒愼不雜，去私與智，則廓然大公，所存神矣；物來順應，所過化矣。所存者神，是謂靜而無靜；所過者化，是謂動而無動。無靜無動，是謂至靜。〔註50〕

又說：

> 學聖之要，濂溪先生所以發孔孟之蘊也。一也者，良知之眞純而無雜者也。有欲以雜之，則二三矣。無欲也者，非自然而無也。無也者，對有而言也。有所忿懥好樂，則實而不能虛；親愛賤惡而辟，則曲而不能直。故《定性》之教曰：「君子之學，莫若廓然而大公，物來而順應。」大公者，以言乎靜虛也；順應者，以言乎動直也。自私用智，皆欲之別名也。君子之學，將以何爲也？學以去其欲而全其本體而已矣。學者由濂溪、明道而學，則紛紛支離之說，若奏黃鍾以破蟋蟀之音也。〔註51〕

就東廓的言說看來，去「私」，則能不溺於「靜」與「內」，而「靜而無靜」、「廓然大公」；去「智」，則能不偏於「動」與「外」，而說「動而無動」、「物來順應」。亦即「去欲」自能「至靜」，也就是「無欲」，「無欲」則能如明道所說的「內外兩忘」、「動亦定，靜亦定」，也正是濂溪「主靜無欲」之意。顯見，鄒東廓將明道與濂溪思想，融合成一個完整的體系，存於自身學說當中。而這當中的關鍵，在於透過明道以「自私」、「用智」爲「欲」之內容，來與周濂溪的「無欲」思想融通，則「主靜」與「定性」同旨。

第三節　對程伊川「主敬」思想的新詮

「主敬」思想向來被視爲伊川、朱子一系的工夫理論，東廓思想中的「主

同於東廓所說的「出於心體自然」的警惕意義。關於鄒東廓與季彭山針對此一問題的論辯，可參見王巧生、黃敏：〈「龍惕說」及其爭論〉，《河南師範大學學報（哲學社會科學版）》（第三十五卷第四期，2008年7月），頁25～28。而關於東廓所批評的「主靜歸寂」一派，筆者於第三章文中會再論述。

〔註50〕〔明〕鄒守益：〈靜觀說贈彭鵝溪〉，《鄒守益集》，頁484。

〔註51〕〔明〕鄒守益：〈錄青原再會語〉，《鄒守益集》，頁443。

敬」思想亦主要來自於伊川的說法〔註52〕，而在周濂溪思想的基礎上，對於
伊川「主敬」思想予以重新理解，並在符合良知學說架構的邏輯下，對「主
敬」一說，重新進行詮釋。這使得鄒東廓的「主敬」思想，雖可說根源於伊
川，卻已經不同於伊川原意，且更非屬程、朱一系義理架構下的「主敬」工
夫。然而，也正因為鄒東廓思想中融入了「主敬」工夫，使得若不細究他的
義理架構，而就表面看來，的確讓人有帶著濃厚程朱色彩的印象。

一、伊川、朱子的「主敬」思想

「主敬」思想，一向被視為程、朱一系的工夫理論，而朱子的「主敬」工夫，
也是繼承自伊川，以下先對從伊川至朱子這條「主敬」的思想脈絡，作一說明。

（一）程伊川的「主敬」思想

至宋代以降的理學家中，首先提出「主敬」思想，且對於「主敬」功夫
高度重視，將它置於其學說體系中的核心位置的是程伊川。〔註53〕伊川曰：

> 所謂敬者，主一之謂敬；所謂一者，無適之謂一。〔註54〕

> 敬只是主一也。主一，則既不之東，又不之西，如是則只是中；既
> 不之此，又不之彼，如是則只是內。存此，則自然天理明。〔註55〕

> 如何一者？無他，只是整齊嚴肅，則心便一。一則自是無非僻之奸。
> 此意但涵養久之，則自然天理明。〔註56〕

〔註52〕朱子的「主敬」思想，亦來自於伊川。朱子說：「『敬』字，前輩都輕說過了，
唯程子看得重。」〔宋〕黎靖德編：〈學六・持守〉，《朱子語類》卷第十二，
頁209。

〔註53〕杜保瑞說明：「程頤的功夫理論確實是以主敬說為主旨，因為他確實是在最多
的論述場合中反覆申說主敬觀念，也為弟子記載最多，其中的義理貫徹及旁
通引申的透徹性也是最強最廣的，是以討論程頤的功夫理論當然應該是在主
敬說上用力。以主敬觀念為中心，程頤其實論述了主一、止、物各付物、閑
邪存誠、敬以直內義以方外等命題，程頤皆能以主敬說收攝其它功夫觀念……
主敬是本體功夫，本體功夫指的是凝煉心神、貫徹意志的修養活動，有別於
知識研究的下學功夫，卻同於周敦頤講誠、張載講大心、程顥講識仁、王陽
明講致良知等本體功夫的意思，只是程頤由主敬觀念發揮而已。」杜保瑞：〈程
頤易學進路的形上思想與功夫理論〉，《哲學與文化》第三十一卷第十期（2004
年10月），頁118～119。

〔註54〕〔宋〕程頤：《程氏遺書》卷十五，《二程集》，頁169。

〔註55〕〔宋〕程頤：《程氏遺書》卷十五，《二程集》，頁149。

〔註56〕〔宋〕程頤：《程氏遺書》卷十五，《二程集》，頁150。

據伊川的說法，所謂「敬」是「主『無適』之『一』」，此「一」同時又包括了內外兩面，包括內心的「無非僻之奸」與外在的「整齊嚴肅」，如此便是「敬」。伊川的主敬說法，主要是透過內外兩面修養工夫的並進，以達至無一毫私欲的心理狀態。〔註57〕

（二）朱子承繼自伊川的「主敬」之說

朱子對於伊川的「主敬」說相當推崇，且也將其納入自身學說體系中，朱子曰：

> 周先生只說「一者，無欲也」。然這話頭高，卒極難湊泊。尋常人如何便得無欲！故伊川只說簡「敬」字，教人只就這「敬」字上捱去，庶幾執捉得定有簡下手處。縱不得，亦不至失。……「敬」字，前輩都輕說過了，唯程子看得重。人只是要求放心。何者爲心？只是簡敬。人纔敬時，這心便在身上了。〔註58〕

依朱子之說看來，朱子認爲周濂溪的「無欲」，是指明最終工夫要達到的境界，而伊川點出「敬」，則指點了學者工夫的進路，使工夫有下手處。〔註59〕因此，朱子認爲「敬」乃是「聖門第一要義」，朱子曰：

> 「敬」字工夫，乃聖門第一義，徹頭徹尾，不可頃刻間斷。〔註60〕

> 敬不是萬事休置之謂，只是隨事專一，謹畏，不放逸耳。〔註61〕

朱子將「敬」視爲貫動靜的工夫，未應事時，它是存養工夫，應事時，則「敬」

〔註57〕 陳來指出：「程頤所謂主敬的主要內容是整齊嚴肅與主一無適，要求人在外在的容貌舉止與內在的思慮情感兩方面同時約束自己。敬的外在修養指容貌的整齊嚴肅，敬的內在修養是指閑邪克私，而敬的內在修養的主要方式，在程頤看來，就是『主一』。主一就是要把全部注意力集中於意識的養善閑邪，對其他事物無所用心。」陳來又說明：「『莊整嚴肅』看似是外在修養的問題，實際上，經過長久的修養而成爲習慣，就會取得時時刻刻『天理自然明』的內在效果，內心的邪念私意就會逐步減少，道德原則自然逐漸成爲意識情感活動的主導。」陳來：《宋明理學》，頁81～83。

〔註58〕 〔宋〕黎靖德編：〈學六・持守〉，《朱子語類》，卷第十二，頁209。

〔註59〕 楊柱才認爲：「周子以『一』爲無欲，而與其主靜說相通；程伊川則以『一』爲無適，是其主敬說的核心。對於周程之間這種主靜與主敬的差異和對立，朱子作了一個折中：『濂溪言主靜，靜字只好作敬字看。』這可以看作理學本身關於這一問題的理論上的發展和總結。」楊柱才：《道學宗主——周敦頤哲學思想研究》（北京：人民出版社，2004年12月），頁333。

〔註60〕 〔宋〕黎靖德編：〈學六・持守〉，《朱子語類》，卷第十二，頁210。

〔註61〕 〔宋〕黎靖德編：〈學六・持守〉，《朱子語類》，卷第十二，頁211。

便在事上，無論有事無事皆要做此涵養工夫。伊川由「主一無適」思想來說明的「主敬」之說，到了朱子更加突顯與強調在身心上的「收斂」、「敬畏」、「專一」等意義上。大體上說來，無論伊川或者朱子，其言「主一之謂敬」，皆是著重在強調「專一」之意。〔註62〕

二、王陽明對「主敬」說的態度

一般來說，學者皆認為王陽明思想中並不包括「主敬」的工夫理論，談「主敬」主要是程、朱一系的工夫學說。甚至認為王陽明根本是反對討論「主敬」工夫的，因此便認為當「主敬」工夫又被鄒東廓重新提起時，這顯然有「由王返朱」、「融通朱王」的傾向，據此便判定東廓思想實是已經帶有「回歸宋儒」的特徵。〔註63〕持這一種觀點的學者，主要是根據《傳習錄》這段記載：

〔註62〕 陳來整理出朱子「敬」的思想包括五個方面：「收斂、敬畏、惺惺、主一、整齊嚴肅。」後兩條直接來自伊川之說，前四項可說是「內在之敬」的心理狀態，第五項則是「外在之敬」的儀貌。陳來：《宋明理學》，頁138。

〔註63〕 例如黃公偉便認為「東廓之學取於濂溪，修敬乃跡近程朱，反不似陽明。」參見黃公偉：《宋明理學體系論史》，台北：幼獅書局，1971年9月，頁405～411。容肇祖也提到：「他的『聖門要旨，只在修己以敬』的主張，便是宋元以來理學家的宗旨。故此在這裡他又似由王守仁轉回到程、朱的主敬的道路了。」參見容肇祖：《中國歷代思想史（五）明代卷》（台北：文津出版社，1993年12月），頁290～291。錢明則認為：「主敬派只不過想假借程朱的『居敬』說來糾正陽明後學偏於『內』或『外』的極端作法罷了。」此說亦有指鄒東廓向宋儒回歸的意思。參見錢明：《陽明學的形成與發展》（南京：江蘇古籍出版社，2002年9月），頁150。鮑世斌亦言：「可以看出東廓所言『修己以敬』工夫與程朱理學的『主敬』、『持敬』之說在思想內容上並無二致，與之有血脈聯系。這是鄒守益思想的一個主要特色。」參見鮑世斌：《明代王學研究》（成都：巴蜀書社，2004年11月），頁161。吳震則說：「南野與東廓是從良知或心體的角度來理解『敬』，固然與程朱式的『居敬』之說有所不同，但是與陽明的『不須添敬字』這一重要觀點也就未免有所偏差。」參見吳震：《聶豹羅洪先評傳》（南京：南京大學出版社，2001年7月），頁66～67。翁紹軍更強烈地表示：「東廓的主『敬』，表面上看是強調以修養的工夫證（復）良知本體之明，體現了陽明所倡導的知行合一，但骨子裡卻是欲借宋代理學，行修正陽明心學之實。東廓所稱『去欲』，不就是程頤『主一之謂敬』的翻版？他稱讓良知作『主宰』，不就是朱熹『敬只是此心自作主宰處』的翻版？而他反復強調戒慎恐懼，實質上也是『涵養須用敬』的換一種說法。」參見翁紹軍：《中國學術思潮史（卷六）：心學思潮》（上海：上海社會科學院，2006年5月），頁393～394。

蔡希淵，問「文公大學新本，先格致而後誠意工夫。似與首章次第
相合。若如先生從舊本之說，即誠意反在格致之前。於此尚未釋然」。
先生曰，「大學工夫即是明明德。明明德只是箇誠意。誠意的工夫只
是格物致知。若以誠意爲主，去用格物致知的工夫，即工夫始有下
落。即爲善去惡，無非是誠意的事。如新本先去窮格事物之理。即
茫茫蕩蕩，都無著落處。須用添箇敬字，方才牽扯得向身心上來。
然終是沒根源。若須用添箇敬字，緣何孔門倒將一箇最緊要的的字
落了，直待千餘年後要人來補出？正謂以誠意爲主，即不需添敬字。
所以舉出箇誠意來說。正是學問的大頭腦處。於此不察，眞所謂毫
釐之差，千里之繆。大抵中庸工夫只是誠身。誠身之極便是至誠。
大學工夫只是誠意。誠意之極便是至善。工夫總是一般。今說這裏
補箇敬字，那裏補箇誠字，未免畫蛇添足。」〔註64〕

學者據陽明此段言論，認爲王陽明不談「主敬」工夫，甚至反對言「敬」。然
而，王陽明此段說法，是針對〈大學〉文本而發，陽明主張的是「舊本」〈大
學〉，即「先誠意後格致」，反對朱子所定之「先格致後誠意」的「新本」〈大
學〉。認爲「明明德」就是「誠意」，而「格物致知」就是「誠意」的工夫，
因此先提「誠意」則「格致」工夫才有著落；若據「新本」先去「格致」，那
工夫便茫茫蕩蕩，不知所歸了。因此，陽明認爲朱子才須添一個「敬」字，
把「格致」工夫牽扯到身心上來，但終究是沒根源的。按陽明之意，也就是
陽明認爲朱子所提的「敬」終究是外在工夫，不若「誠意」般點出學問的大
頭腦處，因此若以「誠意」爲主，則便不須再添一個「敬」字了。其實，王
陽明並非是在就朱子的「主敬」工夫進行反對，問題的重點應該是在於陽明
所要強調的學問「大頭腦處」，也就是他所說的「根源」。追根究柢，陽明所
反對的是朱子以「格致」爲先、「誠意」爲後的做法，以致朱子的「敬」變成
畫蛇添足的「無根」之談；換句話說，陽明認爲朱子「新本」〈大學〉的做法，
不知以「誠意」爲首腦，造成他的「主敬」說成爲「無本」之論。

　　王陽明還在另外一處談過程、朱的「居敬」工夫，從以下這段引文，我
們更可以說，陽明並沒有反對「主敬」思想，而是反對在程、朱義理思維下
的「主敬」工夫。《傳習錄》中記載：

梁日孚問，「居敬窮理是兩事。先生以爲一事。何如」？先生曰，「天

〔註64〕〔明〕王守仁：〈傳習錄上〉，《王陽明全集》，頁38～39。

地間只有此一事。安有兩事？若論萬殊，禮儀三百，咸儀三千，又何止兩？公且道居敬是如何？窮理是如何」？曰，「居敬是存養工夫。窮理是窮事物之理」。曰，「存養箇甚」？曰，「是存養此心之天理」。曰，「如此亦只是窮理矣」。曰，「且道如何窮事物之理」？曰，「如事親，便要窮孝之理。事君，便要窮忠之理」。曰，「忠與孝之理，在君親身上？在自己心上？若在自己心上，亦只是窮此心之理矣。且道如何是敬」？曰，「只是主一」。「如何是主一」？曰，「如讀書，便一心在讀書上。接事，便一心在接事上」。曰，「如此則飲酒便一心在飲酒上，好色便一心在好色上。卻是逐物。成甚居敬功夫」？日孚請問。曰，「一者，天理。主一是一心在天理上。若只知主一，不知一即是理，有事時便是逐物，無事時便是著空。惟其有事無事，一心皆在天理上用功。所以居敬亦即是窮理。就窮理專一處說，便謂之居敬。就居敬精密處說，便謂之窮理。名雖不同。功夫只是一事。就如易言『敬以直內，義以方外』。敬即是無事時義，義即是有事時敬。兩句合說一件。如孔子言『修己以敬』，即不須言義。孟子言集義，即不須言敬。會得時，橫說豎說，工夫總是一般。若泥文逐句，不識本領，即支離決裂。工夫都無下落。」問，「窮理何以即是盡性」？曰，「心之體，性也。性即理也。窮仁之理，真要仁極仁。窮義之理，真要義極義。仁義只是吾性。故窮理即是盡性。如孟子說『充其惻隱之心，至仁不可勝用』。這便是窮理工夫」。〔註65〕

從陽明回答學生梁日孚〔註66〕的這段話，可歸結出陽明所要表達的三個重點：一、「居敬」與「窮理」是同一件事；二、伊川「主一之謂敬」的「一」，乃是「天理」之意，「主一」即是「主天理」，並反對「一」者為「專一」之意；三、「窮理」即是「盡性」，因為「性即理」，此「性」在陽明即是內在之「本心」。顯然，王陽明所要強調與反對的是，「居敬」不是「專一」之意，而是在本心上做工夫的「主天理」，所窮之理，亦是此理，因此，「居敬」與「窮理」為一。伊川的「一者，無適」之說，也就被陽明說解為「一者，天

〔註65〕〔明〕王守仁：〈傳習錄上〉，《王陽明全集》，頁33。

〔註66〕梁焯字日孚，南海（廣東）人，正德九年（1514）進士。《明儒學案》記曰：「日孚嘗過贛，從陽明學，辨問居敬窮理，悚然有悟。」〔清〕黃宗羲：〈閩粵王門學案〉，《明儒學案》，頁655。

理」，而此「天理」乃是收攝於「本心」而言的「天理」，因此「居敬」與「窮理」都是心上的工夫，如此詮釋之下，此「敬」才能有著落，才能收攝到本心來做工夫。可見，王陽明雖然在學說上，的確不常言「主敬」工夫，但並非表示他反對在合於「良知學」的架構下，去討論「主敬」工夫，只是對於陽明而言，在「致良知」工夫的揭示之下，「敬」已非居於中心地位，亦是可以省略的工夫理論了。

三、鄒東廓對伊川「主敬」說的重新詮釋

　　鄒東廓是站在周濂溪「一者，無欲也」的「主靜」思想立場，且本於陽明學的義理架構上，來看待伊川的「主一之謂敬」的「主敬」思想，因此在這樣的重新理解之下，鄒東廓所詮釋出的「主敬」思想，雖出於伊川，卻已不同於伊川。

（一）以「無欲」來詮釋伊川的「主敬」思想

　　如果說，朱子是將伊川的「主敬」與濂溪的「主靜」作一折衷，認為「靜」是指工夫所達到的目標境界，「敬」則是工夫實下手處。〔註67〕那麼，鄒東廓的「主敬」思想，則主要是由對周濂溪揭示的聖學為「無欲」之學這一基礎上，來看待程伊川的「主敬」之說。由「主一」一詞的解釋，可看出「靜」與「敬」此間的關係，蓋周濂溪說「一者無欲」，伊川言「一者無適」，而朱子的「主一」則重視在「收斂專一」之意，其實伊川與朱子之意，皆是強調做身心上的「動容貌、正思慮」修養工夫，兩者並無太大差異。我們在上一部分已經討論過，包括王陽明都曾談過「主一」，陽明之說亦是接程伊川「主一之謂敬」的說法來說，只是伊川言「一者無適」的說法，陽明強調「一者天理」。然而，鄒東廓與王陽明師徒二人在此一問題上，側重面是有所區別的。鄒東廓雖承陽明良知學，屬同一義理架構的立場，但東廓因視濂溪「無欲」之說為「聖學之要」，對其推崇備至，因此立足於周濂溪的「一者無欲」思想來看待伊川的「主一無適」。簡單地說，周濂溪的「主靜」與程伊川的「主敬」，

〔註67〕朱熹又說：「濂溪言『主靜』，『靜』字只好作『敬』字看，故又言『無欲故敬』。若以為虛靜，則恐入釋老去。『聖人定之以中正仁義而主靜』，正是要人靜定其心，自作主宰。程子又恐只管靜去，遂與事物不相交涉，卻說箇『敬』，云：『敬則自虛靜。』須是如此做工夫。」〔宋〕黎靖德編：〈周子之書・太極圖〉，《朱子語類》，卷第九十四，頁 2385。

對於鄒東廓而言，兩者並無區別，並不同於朱子的視「主靜」之說爲境界，「主敬」之說爲下手功夫的「折衷」說法。對於東廓，這兩者是同一件。東廓曰：

> 良知之明也，與目之明一也。纖塵足以病目，而金屑玉屑之入病與塵等。所謂好色，則一心在好色上，是塵之病也；事親，則一心在事親上，是金玉之病也。曾子之大仗不逃，與申生之待烹以爲恭，猶是有意必於孝，故不得爲時中。程子主一之旨，傳諸濂溪。濂溪聖學之篇，以一爲要，一者，無欲也。知無欲之爲一，則主一之功可知矣。故讀書而不失其精明，便是讀書之一；靜坐而不失其精明，便是靜坐之一。不然，皆未免於逐物，非格物之功矣。〔註68〕

鄒東廓此說，顯然是承陽明「一心在好色上」說法而來，東廓亦反對「專一」的「主一」之意。且東廓言「良知之明」，可見東廓此說的前提是在陽明良知學的架構下立說，然而東廓與陽明不同之處在於，王陽明強調就「良知作主」、「主天理」的一面談「主一」；東廓則著重在良知「精明」、「無欲」的一面來說「主一」，其側重面顯然有別。而透過東廓此說，更可了解到這主要是出自東廓受濂溪影響的原因，其言「程子主一之旨，傳諸濂溪。濂溪聖學之篇，以一爲要，一者，無欲也。知無欲之爲一，則主一之功可知矣。」此一說法，顯然認爲伊川的「主一之謂敬」是承濂溪「一者無欲」之說而來，兩者是同一脈絡下的傳承，並不相悖。在東廓此種理解詮釋下，則周濂溪「主靜」與程伊川的「主敬」思想，毋須朱子所作的「折衷」；也不同於其師陽明需以「天理」來解釋「主一」，才能使「敬」有歸宿的說法。這可以說是鄒東廓在宋儒原說的基礎上，對宋儒之學說再作一次重新組織與詮解。更精確地說，是在王陽明良知學的架構下，從濂溪「主靜無欲」之思的觀點出發，對於伊川「主敬」說所作的重新理解與詮釋，更進一步說，對於東廓而言，「主靜」即「主敬」，「靜」即「敬」，這兩者間無一絲絲繳繞存在。

（二）「無適」即「無欲」

　　承上所論，鄒東廓乃是以周濂溪「主一無欲」的「主靜」之說，來看待程伊川「主一無適」的「主敬」之說。因此，對於濂溪與伊川兩人的「主一」所主之「一」，鄒東廓視爲並無不同。也就是說，伊川所謂的「無適」，並無不同於周濂溪所謂的「無欲」。東廓曰：

〔註68〕〔明〕鄒守益：〈答彭鷁溪〉，《鄒守益集》，頁681。

> 戒慎恐懼與浴沂風雩氣象，原不相離，孟子有事勿忘助，意正如此。
> 程門主一之旨，是傳濂溪「一爲要」宗派，正是必有事焉。無適即
> 是勿忘助。忘助皆他適也，他適皆欲也。〔註69〕

東廓認爲所謂「無適」就是「勿忘勿助」，而「勿忘勿助」就是「無欲」，有所忘助皆爲欲。意即「無適」即「無欲」。東廓此說，是本於其自身的學說理論而發，因爲其本於陽明「本體工夫爲一」的哲學架構，而認爲「戒慎恐懼」與「本體自然」並不相礙，因爲戒慎恐懼正是本體自然呈顯的狀態，如果沒做到戒慎恐懼，其實正說明了本體已被蒙蔽。因此，東廓強調的「勿忘」，是指本體「戒慎恐懼」的工夫；所謂「勿助」，則是說明本體的「自然義」，意指雖戒慎恐懼，卻是本體自然的狀態與發用，即東廓所說的「戒慎恐懼與浴沂風雩氣象，原不相離，孟子有事勿忘助，意正如此」。「一者無欲」對東廓而言，不僅是對本體的描述，亦是工夫，能「勿忘助」、「戒慎恐懼」便是「無欲工夫」；而「一者無適」對東廓而言，則主要是對落實工夫的說明，所以東廓才說「程門主一之旨，是傳濂溪『一爲要』宗派，正是必有事焉」。也就是說，東廓的思維中，伊川的「主一」是傳自濂溪的「主一」，而「無適」正是「無欲」的表現，「無適」與「無欲」都是指本體也是工夫，此「一」不僅是本體，也是工夫。因此，東廓曰：

> 程子主一之旨，傳諸濂溪。濂溪聖學之篇，以一爲要，一者，無欲
> 也。知無欲之爲一，則主一之功可知矣。故讀書而不失其精明，便
> 是讀書之一；靜坐而不失其精明，便是靜坐之一。不然，皆未免於
> 逐物，非格物之功矣。〔註70〕

於此東廓又就「良知之精明」來言「主一」，「一」者是「無欲」、「無適」，是本體的自然呈顯。此「一」流貫於待事接物上，能「讀書之一」、「靜坐之一」，便是「無欲」、「無適」之本體工夫，在「讀書」、「靜坐」上的表現，這就是「格物」。因此，「一」同時能說明本體的狀態，又代表自然本體的呈顯工夫，此「一」是本體，也是工夫。〔註71〕因此，東廓言：

〔註69〕〔明〕鄒守益：〈復章介庵〉，《鄒守益集》，頁756。

〔註70〕〔明〕鄒守益：〈答彭鵝溪〉，《鄒守益集》，頁681。

〔註71〕在陽明學的邏輯中，工夫與本體沒有先後天之分，也並非兩者，「工夫」乃是「本體」的自然呈顯，非指「後天的工夫」去求得或者說去落實「先天之本體」之「工夫」。能作「工夫」，自然就彰顯了「本體」，此爲東廓繼承陽明學說的精髓所在，此待於第三、四章再作詳述。

> 惟興化君服膺聖學之要，毅然無欲，出門使民，參前倚衡，無往非
> 一之流行，則靜虛動直，不在蓮而在我，庶於濂溪有光乎！〔註72〕

> 本體呈露，宣之爲文章，措之爲政事，犯顏敢諫爲氣節，誅亂討賊
> 爲勳烈；是四者，皆一之流行也。〔註73〕

東廓說「出門使民，參前倚衡」、「宣之爲文章，措之爲政事，犯顏敢諫爲氣節，誅亂討賊爲勳烈」，皆爲「一之流行」。此「一」指本體之流行，也就是說能夠做到「無欲」，就是「本體之呈露」，則「無欲本體」便能流貫在「文章」、「政事」、「氣節」、「勳烈」上。

要之，鄒東廓所言之「主一」，雖主要是指周濂溪「一者無欲」之意，但這當中實已包涵了程伊川「一者無適」之意。因爲，東廓是站在濂溪「主靜無欲」的思想基礎上，來理解伊川的「主敬無適」之說，其「一」所指，是「無欲」也是「無適」，是「本體」也是「工夫」；無論「主靜」或者「主敬」，「無欲」或者「無適」，對於東廓而言，其本於聖學無欲的本體工夫之旨一也。

第四節　認爲「無欲」、「定性」、「主敬」與「致良知」同旨

承前三節所論，鄒東廓對於宋儒思想相當看重，尤其是認爲周濂溪所指出的「無欲」思想爲「聖學之要」；另外，對於程明道的「定性」之功，亦視爲聖學正傳。周濂溪與程明道二人，可說是鄒東廓心中，能代表聖學正傳的宋儒。另外，鄒東廓又以周濂溪的角度，來看待程伊川的「主敬」之說，將其視爲是同一脈絡。本節所要討論的是，從周濂溪的「無欲」、程明道的「定性」，以至程伊川的「主敬」，鄒東廓因側重在「無欲」之聖學的傳承上，皆視爲與王陽明「致良知」同旨；且更進一步以王陽明「良知學」的義理架構，來統合以上之說。

一、道統觀──視王陽明爲上接濂洛的聖學正統

鄒東廓不僅將周濂溪、程明道視爲聖學正統，且更將王陽明視爲能繼此

〔註72〕〔明〕鄒守益：〈蓮坡壽說〉，《鄒守益集》，頁452。
〔註73〕〔明〕鄒守益：〈陽明先生文錄序〉，《鄒守益集》，頁40。

「濂洛」正統的正傳，爲其師之學說，取得一個學術思想上的正統性與合法性。東廓曰：

> 非濂洛之眞，力排異說，揭學聖之要，辨定性之功，則綿綿一線，幾於無所矜式。先師之學，其繼濂洛而興者乎！〔註74〕

> 至倡明絕學，揭良知於中天，一洗支離影響之病，與學聖定性，異辭而同旨。〔註75〕

鄒東廓認爲周濂溪所揭示的「無欲」爲「學聖之要」，以及程明道所提出的「定性」之功，皆爲能繼聖學之統，而東廓更認爲先師陽明揭出「良知」之教，則與濂溪的「無欲」、明道的「定性」同旨，因此，陽明乃是能繼濂洛之傳，而倡明絕學之人。

東廓更在濂溪與明道的思想基礎上，標示出朱子與陽明之區別：

> 陽明先師與晦庵朱子之言，時有矛盾，然揆諸周、程，若合符節。故答問數條，直以濂溪、明道爲據，幸虛心反覆之。白沙先生之詩曰：「一語不遺無極老，千言無倦考亭翁。語道雖同門戶異，君從何處覓高蹤？」知語道之同，而不知門戶之異，此世之所以膠固而不可解也。〔註76〕

東廓此說點出了陽明與朱子思想上是有所不同的，因此彼此有所矛盾，但若對照濂溪、明道之語，則陽明與朱子皆有同於濂溪、明道思想之處。鄒東廓此說說明了濂溪、明道爲朱子、陽明共同的思想來源，因此兩人有些話語雷同。然而，鄒東廓引用了陳白沙（獻章，1428～1500）之言，認爲朱子與陽明雖皆同樣有吸收濂、洛思想的地方，此爲「語道之同」；但兩人的義理架構畢竟是不相同的，此爲「門戶之異」。東廓重點在說明朱、王二人雖皆有繼承濂洛而「語道相同」之處，但畢竟「門戶有異」。言下之意，鄒東廓認識到朱、王的思想學說，的確是有相同之處，但其核心的義理架構是不同的，而能眞正繼濂洛此聖學正傳的是陽明。蓋鄒東廓的思想中，有很強的道統觀念，從濂溪、明道以至陽明這一脈絡，流貫於他學說中的痕跡是清楚可見的。就此而言，實在不能因爲鄒東廓提出了程朱一系的「主敬」說，便認爲鄒東廓「由王返朱」，或者說「融通朱王」，因爲，朱、王門戶之異，鄒東廓是有清楚認

〔註74〕〔明〕鄒守益：〈辰州虎谿精舍記〉，《鄒守益集》，頁398。
〔註75〕〔明〕鄒守益：〈懷德祠記〉，《鄒守益集》，頁387。
〔註76〕〔明〕鄒守益：〈答友人論學〉，《鄒守益集》，頁717～718。

識的，而周、程、王這條道統觀念是強烈的，即便是東廓學說中援引的伊川「主敬」說法，都是站在濂溪「無欲」思想上來理解，且在陽明良知學架構下重新詮釋的。

　　鄒東廓除了透過周、程思想的繼承來說明朱、王門戶有別之外，還透過周、程思想來彌合王陽明與湛甘泉（若水，1466～1560）二位當時的大儒。鄒東廓說：

> 天啟濂洛，克續其緒，論聖之可學，則以一者無欲為要；辨性之常定，則以大公順應學天地聖人之常；宛然洙泗家法也。跡二先生之學，曰致良知，曰體認天理，超然獨接濂洛，一洗夾雜支離而歸之明物察倫之實，故好德所同，揭虔昭範，若有驅之而欣其成者。〔註77〕

東廓認為無論是王陽明的「致良知」，或是湛甘泉的「體認天理」，皆能接濂洛之傳，一洗夾雜支離之病。〔註78〕透過鄒東廓對周、程思想的闡述，以及他對後儒在周、程思想養分上的各自有相同與相異的思想發展等認識，可見得，鄒東廓雖肯定周濂溪、程明道、王陽明為心中的道統脈絡，但並不因此存有強烈排他性的門派色彩。相反地，他能在尊陽明良知學的前提下，看出

〔註77〕　〔明〕鄒守益：〈武夷第一曲精舍記〉，《鄒守益集》，頁369。

〔註78〕　其實，鄒東廓的學術性格與思想內容，與湛甘泉確實有幾分相似。翁紹軍便認為：「如果說，雙江和念菴的歸寂說，為王學良知說補充了陳白沙主靜的成分，那麼，東廓的修證說，則為王學良知說補充了湛甘泉主敬的成分。」參見翁紹軍：《中國學術思潮史（卷六）：心學思潮》，頁394。而在陳郁夫的《江門學記》中，更將鄒東廓視為湛甘泉的後學之一。參見陳郁夫：《江門學記》（台北：台灣學生書局，1984年3月），頁70～71。此種相似性，也表現在對宋儒的詮釋上，湛甘泉將陳白沙「主靜」之「靜」，視為與程明道「動亦定，靜亦定」之「定」同，且進而盡力消弭「主靜」與「主敬」之間的思想隔閡。不過與鄒東廓稍有不同的是，湛甘泉的「主靜」主要是從其老師白沙而來，又以「勿忘勿助」來表示「主敬」工夫，且雖極力將「敬」收攝於本心，但仍只是「工夫」，不似東廓作為「良知之精明」性質看待。如甘泉云：「敬是工夫，亦是心體之存存惺惺處。存存惺惺時便昭昭而明，明即是明德之明，何必言用。文公言放下這個敬不得，都似二物了。殊不知心體存存惺惺，便是敬，敬與心是一物，何必言放下？」湛若水：〈洪子問疑錄〉，《泉翁大全》卷78，總頁31。又云：「程子云『主一之謂敬』，主一者，心中無有一物也，故云一，若有一物則二矣。勿忘勿助之間，乃是一。」〔清〕黃宗羲：〈甘泉學案一〉，《明儒學案》，頁884。另外參見張曉劍：〈湛若水的體用渾一之學與踐履〉（杭州：浙江大學博士論文，2008年4月），頁63。以及張佑珍：〈從出世到入世——湛若水對學宗自然之闡釋〉（台南：成功大學碩士論文，2003年6月），頁22～32。

陽明與朱子雖義理架構不同，然仍存有相似的來自周、程之說法；而又能看出陽明雖與甘泉論學並不盡合，但其實都是能「一洗夾雜支離而明物察倫之實」，而接濂洛聖學傳統的學說；再者，又能夠在不違背良知學說的架構下，雜揉入濂溪、明道、伊川之思想，令其成為良知學的豐沛土壤，以此更充實與豐富了王陽明良知學的內涵。〔註79〕

二、以陽明「良知學」來統合周子、二程思想

　　承上所論，鄒東廓認為王陽明「良知教」與濂溪「無欲」、明道「定性」異辭而同旨，且東廓因對於宋儒思想的高度推崇與重視，又將其吸納入良知學說中，其中亦包括了伊川的「主敬」說。意即東廓思想中，雖明顯地存有周濂溪、程明道、程伊川等宋儒色彩，但這些都是在合於良知學的架構底下進行詮釋的。也就是說，鄒東廓雖相較於其他陽明後學學者，帶有鮮明的宋儒色彩，但這並非表示他思想內容有「回歸宋儒」的實質傾向，而是出於對宋儒的推崇，而視為與其師王陽明為同一道統脈絡，因此，事實上，是以王陽明的良知學來統合他所認同的宋儒思想，將這些宋儒思想收攝到良知學的架構下。

　　因為鄒東廓對於周濂溪「無欲」思想的高度推崇，因此當東廓接受陽明良知學時，不免著重在強調「無欲」本體、「去欲」工夫方面，東廓曰：

> 先師一生精力，提出「致良知」三字，本體工夫一時俱到……本體而謂之良，則至明至健，無一毫障蔽；工夫而謂之致，則復其至明至健，一毫因循不得。故精察者，不容有蔽也；磨洗者，不容有污也。聖學仙學，雖作用不同，然其本體工夫之無欲，則一而已矣。
>
> 〔註80〕

〔註79〕 其實，湛甘泉在世時間遠較陽明長，與鄒東廓保持亦師亦友的關係長達大半輩子（湛甘泉卒於 1560，兩年後，1562 年鄒東廓逝世），遠比陽明在世時與鄒東廓之間的師生關係要長（鄒東廓 29 歲拜陽明為師，陽明在東廓約 38 歲時逝世）。鄒東廓雖尊陽明為師，且始終守著「良知」之學而不移，但鄒東廓並不排斥甘泉思想，因此不能忽略湛甘泉對其思想所產生的影響。此點首先注意到的是錢明，他說：「陽明從三十四歲與甘泉定交到五十七歲病逝，與甘泉交往前後算起來只有二十二年，而甘泉與陽明弟子如鄒東廓、陳明水、羅念菴、聶雙江等人的交往，則有三十二年之久。……把王學與湛學的關係分為兩個時期，並且指出後期（即陽明門人與甘泉的關係）比前期（即陽明本人與甘泉的關係）更有價值，對明代學術史的研究是不無益處的。」參見錢明：《陽明學的形成與發展》，頁 102。

〔註80〕 〔明〕鄒守益：〈答馬生遠世瞻〉，《鄒守益集》，頁 557。

東廓於此，由「無欲」言「良知」之「良」，由「去欲」以言「致良知」之「致」，強調聖學雖有不同，「本體工夫之無欲，則一而已矣」。這是鄒東廓受周濂溪影響，表現在他學說上最重要的特色。東廓順著濂溪「無欲」的思路下來，談至良知學思想時說：

> 聖人無欲，君子能寡欲，小人殉於欲，故聖學之要，必自寡欲始。
> 寡之又寡，以至於無，則良知良能，炯然清明，如日月之光，無將
> 無迎，而萬物畢照，歷千古如一日，然後謂之周極之學。〔註81〕

東廓在此帶入了明道「定性說」中的「無將迎」說法，來說明良知無一毫私欲時的狀態。東廓雖然在態度上同樣推崇濂溪的「無欲」與明道的「定性」，但事實上，東廓實質吸收程明道而反應在學說中的地方，主要是在看待「欲」的內涵上。東廓曰：

> 學聖之要，濂溪先生所以發孔孟之蘊也。一也者，良知之真純而無
> 雜者也。有欲以雜之，則二三矣。無欲也者，非自然而無也。無也
> 者，對有而言也。有所忿懥好樂，則實而不能虛；親愛賤惡而辟，
> 則曲而不能直。故《定性》之教曰：「君子之學，莫若廓然而大公，
> 物來而順應。」大公者，以言乎靜虛也；順應者，以言乎動直也。
> 自私用智，皆欲之別名也。君子之學，將以何為也？學以去其欲而
> 全其本體而已矣。學者由濂溪、明道而學，則紛紛支離之說，若奏
> 黃鐘以破蟋蟀之音也。〔註82〕

東廓除了就良知本體「靜虛」的一面言明道所謂的「大公」，就「動直」的一面言明道所說的「順應」；更將明道拿來回應張橫渠的「自私」、「用智」等「累於外物」的說法，作為「欲之別名」，也就是「欲」之內容來看待。因此，東廓在這些思想的基礎上，著重「無欲工夫」為聖學之要的立場上，強調所謂「學」，就是要「去其欲而全其本體」，而且對於這些「欲」給予明確內容。另外，須說明的是，雖然東廓學說中最看重的是「無欲」思想，但是就濂溪的「無欲」與明道的「定性」在鄒東廓整體學說架構中的地位，實則是平等的。東廓曰：

> 定性之學，無欲之要，戒慎戰兢之功，皆所以全其良知之精明真純，
> 而不使外誘得以病之也。全其精明真純而外誘不能病之，則從古聖

〔註81〕〔明〕鄒守益：〈周極錄序〉，《鄒守益集》，頁307。
〔註82〕〔明〕鄒守益：〈錄青原再會語〉，《鄒守益集》，頁443。

賢，雖越宇宙，固可以開關啓鑰，親聆其謦欬，而周旋揖讓於其間

矣。〔註83〕

也就是說，「戒愼恐懼」雖是鄒東廓論學的一大宗旨，東廓此言乃說明其實「定性」、「無欲」、「戒愼戰兢」並不存有在義理上層次高下的問題，它們皆是同一個工夫，也就是「全其良知之精明眞純，而不使外誘得以病之也」，可看出東廓雖以陽明良知學來統攝周、程思想，然而貫穿於其思想脈絡中的主幹，乃是對於「無欲」此一觀念的看重。因此，東廓才說：

古之君子，其隱也，學以求其志；其仕也，學以達其道。仕與隱雖異，其學則一而已矣。學也者，將以何爲也？學此心之純乎天理而不雜以人欲也。故學聖之功，以揭一者無欲爲要，而定性之教，直以大公順應學聖人之常。〔註84〕

另外，當東廓談到伊川的「主敬」之說時，如同筆者在之前所提到的，東廓乃是在周濂溪的「主一無欲」思想基礎上，對其進行理解與詮釋的。因此，「主敬」所主之「一」，雖是「無適」，也是「無欲」，是指「本體」的性質，也是「工夫」的彰顯。那麼，此所主之「敬」，在鄒東廓的義理架構中，實則是對良知本體的一種說明，簡單地說，「敬」已非是後天或者外在工夫的說明，而是收攝於本心，帶有「本體義」的性質了。因此，東廓以「良知」統合了周濂溪、程伊川之說言：

良知之明也，與目之明一也。纖塵足以病目，而金屑玉屑之入病與塵等。所謂好色，則一心在好色上，是塵之病也；事親，則一心在事親上，是金玉之病也。曾子之大仗不逃，與申生之待烹以爲恭，猶是有意必於孝，故不得爲時中。程子主一之旨，傳諸濂溪。濂溪聖學之篇，以一爲要，一者，無欲也。知無欲之爲一，則主一之功可知矣。故讀書而不失其精明，便是讀書之一；靜坐而不失其精明，便是靜坐之一。不然，皆未免於逐物，非格物之功矣。〔註85〕

此段引文，前半部乃是對於程朱一派原先「主敬說」所帶有的「專一」義的破除，因此強調所謂「一心在好色上」、「一心在事親上」，都可以算是一種障蔽良知本體之「欲」了。後半段說明，伊川所主之「一」，正是濂溪所言的「無

〔註83〕　〔明〕鄒守益：〈贈廖曰進〉，《鄒守益集》，頁64。
〔註84〕　〔明〕鄒守益：〈贈白泉林侯陟臨江序〉，《鄒守益集》，頁224。
〔註85〕　〔明〕鄒守益：〈答彭鵝溪〉，《鄒守益集》，頁681。

欲」之「一」。因此，所謂「主敬」，也只是無欲工夫的貫徹，落實於讀書時，便是「讀書不失其精明」，落實於靜坐時，便是「靜坐不失其精明」。要之，皆是無欲本體的工夫彰顯與流貫，東廓便透過對於良知本體「精明」此一層意義的強調，將周濂溪的「無欲」與伊川的「主敬」皆納入良知學架構中，以此言「無欲本體」與「無欲工夫」在現實中的流貫與落實。

第三章　師承陽明——鄒東廓對「良知學」的師承與新變

　　在上一章中，我們已經說明了鄒東廓思想中所具有的宋儒思想質素，是如何加以汲取進行轉化，以融入自身思想的內涵當中。在本章中，則將其思想定焦在他與其師陽明之間的思想承接與轉變。首先，須先說明其步入王學的最初動機，這跟他往後的學術關懷有莫大的關係；接著論述鄒東廓的義理架構乃是承繼陽明的「體用觀」而來，並與聶雙江、羅念菴之不同做一比較；然後再談鄒東廓對於良知學有所深化的部分，以及致良知工夫如何把握等方面；最後，對於鄒東廓本於陽明學架構而進一步對於良知本體的「工夫義」有所側重發揮，所提出的「見在本體工程」一詞，做一說明。

第一節　步入王門的最初動機

　　每一位學者對於學術的投入，最初多有一個基本的關懷焦點，而此一懷抱往往也深刻地影響在日後投入的重心所在。這種現象尤其見於中國的傳統儒學裡面，因為中國儒學追求的是「安身立命」之學，學術本身與個人生命是緊緊結合在一起的。〔註1〕對於明代王學學者——鄒東廓而言，這

〔註1〕 張師麗珠嘗言，中國哲學之本質乃是「安身立命」的生命實踐哲學，非西方「邏輯思辨」的知解式哲學。參閱張師麗珠：《中國哲學史三十講》（台北：里仁書局，2007年8月），頁9～18。

種情況更加鮮明，因爲他最初步入王學，是出於一個偶然的機緣之下，非一開始即有意於入陽明學門下，而是陽明思想與他的學術關懷合拍，使得東廓才能不僅心服於陽明的學說，更因此傾心於陽明思想，自然而然地投入了王學門下。

一、對於「《學》、《庸》之旨未能合一」的困惑

鄒東廓拜陽明爲師是在正德十四年（1519），時東廓年二十九歲。起初，東廓並無意從學於陽明，而只是爲了見陽明以求表父墓，而在這樣的契機下，正好就自己心中多年的疑問，就教於陽明，而陽明的回答，讓東廓豁然開朗，解決了東廓多年來心中的疑惑，因此，東廓拜陽明爲師，遂稱弟子。〔註2〕耿定向（1524～1597）〈東廓鄒先生傳〉中亦記載了這段事情：

> 一日，讀《大學》《中庸》，訝曰：「子思受學曾子者，《大學》先格致，《中庸》首揭愼獨，何也？」積疑不釋。己卯，先生年二十九，就質王公於虔臺，王公曰：「致知者，致吾心之良知於事事物物也。致吾心之良知於事事物物，則事事物物皆得其理矣。獨，即所謂良知也；愼獨者，所以致其良知也；戒謹恐懼，所以愼其獨也。《大學》《中庸》之旨，一也。」先生豁然悟，遂肅贄師事焉。〔註3〕

事實上，東廓早在二十二歲時，對於《大學》、《中庸》之旨，無法合一，便感到困惑。而這常久的困惑，透過陽明「良知」教的揭示，一解東廓之困，這同時也表示，東廓接受陽明良知學，其背後有一個本身對於學問的懷疑，而在此一偶然契機下，對於陽明之說一拍即合，可見出他對學問眞誠的態度。〔註4〕就這一點看來，其實東廓接受了陽明的「良知學」，有著強烈地本身對

〔註2〕 黃宗義記：初見文成於虔臺，求表父墓，殊無意於學也。文成顧日夕談學，先生乎有省曰：「往吾疑程、朱補大學，先格物窮理，而中庸首愼獨，兩不相蒙，今釋然格致之即愼獨也。」遂稱弟子。〔清〕黃宗義：〈江右王門學案一〉，《明儒學案》（北京：中華書局，1985年10月），頁331。

〔註3〕 〔明〕耿定向：〈東廓鄒先生傳〉，《鄒守益集》（南京：鳳凰出版社，2007年3月），頁1382～1383。

〔註4〕 朱湘鈺認爲：「今東廓在《大學》與《中庸》兩書的首腦工夫上起疑竇，說明了兩個事實：一是東廓遍覽朱子群書，不僅是知識上的思辨，還親身踐履，才會有此一困惑；其二，會有這樣的疑惑，若非對朱子思想瞭解之不透徹，便是對朱子思路之不契。」朱湘鈺：〈平實道中啓新局──江右三子良知學研究〉（台北：台灣師範大學國文研究所博士論文，2006年），頁32。

學問追求的主體性，若只以「繼陽明正傳」一語「平實」地帶過，便不能看出他本身的學術懷抱所在。〔註5〕

二、接受陽明之說，並以「戒慎恐懼」爲一生論學宗旨

東廓拜陽明爲師直至陽明逝世這段時間，其實並不算太久，前後約九年。〔註6〕因此，東廓稱王門弟子時，陽明的思想體系已經非常完整，此時正是陽明提出「致良知」教之時，且東廓更是得以接受陽明的親炙，據載正德十六年（1521）陽明寫信給鄒東廓，分享提出「致良知」教的心情時云：

> 十有六年辛巳，先生年五十歲，在江西。正月，居南昌。是年先生始揭致良知之教。先生聞前月十日武宗駕入宮，始舒憂念。自經宸濠、忠、泰之變，益信良知眞足以忘患難，出生死，所謂考三王，建天地，質鬼神，俟後聖，無弗同者。乃遺書守益曰：「近來信得致良知三字，眞聖門正法眼藏。往年尚疑未盡，今自多事以來，只此良知無不具足。譬之操舟得舵，平瀾淺瀨，無不如意，雖遇顚風逆浪，舵柄在手，可免沒溺之患矣。」〔註7〕

東廓接受了陽明以「良知學」爲綱領對《大學》「格致」、《中庸》「愼獨」的闡釋，之後的學說，以闡釋與發揮良知教而不遺餘力。不過，鄒東廓較偏重於強調「知行本體」的「行」的一面，即「致良知」的工夫，而特以「戒慎恐懼」爲論學宗旨。但此非東廓之發明，此意是東廓首次就教於陽明時，陽明對其說法：「致知者，致吾心之良知於事事物物也。致吾心之良知於事事物物，則事事物物皆得其理矣。獨，即所謂良知也；愼獨者，所以致其良知也；戒謹恐懼，所以愼其獨也。《大學》《中庸》之旨，一也。」東廓也是基於肯定與接受了陽明此說，才拜陽明爲師而稱弟子的。因此，當他傳揚陽明「致

〔註5〕東廓的求學精神，是少數能讓陽明對其喜愛之情溢於言表的學生。耿定向記曰：「嘉靖壬午，世宗登極，錄舊臣，逾年，先生始出。如越，謁王公，參訂月餘。既別，王公悵望不已。門人問曰：『夫子何念謙之之深也？』王公曰：『曾子云：以能問不能，以多問寡，若無若虛，犯而不校，謙之近之矣。』」又記：「昔文成稱先生幾顏子，所期者遠也。」〔明〕耿定向：〈東廓鄒先生傳〉，《鄒守益集》，頁 1383、1392。表現出陽明對於東廓的高度賞識。

〔註6〕正德十四年（1519）東廓二十九歲，拜陽明爲師；嘉靖七年（1528）東廓三十八歲，陽明公卒。

〔註7〕〔明〕王守仁：〈年譜二〉，《王陽明全集》（上海：上海古籍出版社，1992年12月），頁 1278～1279。

良知」教時，秉持著「戒愼恐懼」的工夫爲學說宗旨，實表現出他對於學問的眞誠。〔註8〕連王門另一高足王龍溪對於東廓學說都給予高度肯定：

> 先生服膺良知之訓，緣聞而修，求入於悟。寡欲以爲靜，非爲虛也；應物以爲常，非爲支也。教學相長，以教爲學，不以所得爲有餘，而以習見舍，未能通微，以復完本體爲不足，其用心可謂勤矣。譬之克家之子，日勤幹蠱，謹守家法，惟恐有所更改廢墜，以陷於不孝，此正同門之所不能及。〔註9〕

然而，王龍溪讚賞東廓：「譬之克家之子，日勤幹蠱，謹守家法，惟恐有所更改廢墜，以陷於不孝，此正同門之所不能及。」此言雖看似給予鄒東廓學說讚賞肯定，但彷彿東廓只是「複述」、「傳承」陽明之說，而完全忽視了東廓本身的主體性。實則，一位學者在繼承某一學說的過程中，定會因著本身的學術性格與背景知識，而對於學說有所撿擇、有所偏重。而筆者認爲，在此種「撿擇」、「偏重」，或者說「強調」與「凸顯」學說某一面的同時，正可看出一位學者的學術關懷與特色所在。如同王龍溪此言，正凸顯了東廓兢兢業業實落致良知工夫的學術性格，也因此性格，其學說雖繼承了良知爲「知行本體」的陽明學說，其論學則往往偏重在「行」的一面，在此著重與強調過程中，也正是東廓發揮陽明學說的地方。在本章中，筆者聚焦於鄒東廓本身對於「良知學」的詮釋說法，所要彰顯的正是東廓在對於陽明學說接受的過程中，他把握了哪些部分，又極力凸顯了哪些部分，進而加以發揮了哪些地方。

第二節　對陽明學「體用觀」的繼承

王陽明的體用觀點是收攝於良知而言的「體用爲一」，不同於朱子所謂的「體用一源」。本節首先要對王陽明的「體用觀」做一介紹，然後說明鄒東廓對於陽明學「體用觀」的正確認識與把握，接著藉討論聶雙江與鄒東廓對於

〔註8〕直至東廓六十七歲時（1557年），亦秉此初衷，傳揚《學》、《庸》之旨。耿定向記：「丁巳，會白鷺，學使王敬所率生儒以千計聽講，先生發明《學》《庸》合一之旨。」〔明〕耿定向：〈東廓鄒先生傳〉，《耿天臺先生文集》卷十四，收入《鄒守益集》，頁1388。

〔註9〕〔明〕王畿：〈鄒東廓先生續摘稿序〉，《龍溪先生全集》卷一三，《四庫存目叢書》集部第八九冊，今收入於《鄒守益集》，頁1349。

「體用」觀念上之不同,來凸顯鄒東廓確實能正確地承繼陽明學中的體用觀念。

一、朱子與王陽明「體用」觀念之不同

要談陽明學的「體用觀」,必須先提到朱子的體用思想,因為透過朱子與陽明「體用」觀念的細微差異,才得以真正理解陽明學相較於朱子哲學的根本差異所在。朱子對於伊川「體用一源,顯微無間」的看法相當重視〔註10〕,朱子的「體用」觀點,主要也是承繼自伊川而來。朱子曰:

> 「體用一源」者,自理而觀,則理為體,象為用,而理中有象,是一源也。「顯微無間」者,自象而觀,則象為顯,理為微,而象中有理,是無間也。先生後答語意甚明,子細消詳,便見歸著。且既曰有理而後有象,則理象便非一物。故伊川但言其一源與無間耳。其實體用顯微之分,則不能無也。今曰理象一物,不必分別,恐陷於近日含糊之弊,不可不察。〔註11〕

朱子承伊川之說而認為,體用「一源」、「無間」雖是強調體用是不可分的關係,但兩者「顯微之分,則不能無也」。朱子認為「理」與「象」雖是無法分別存在的,但「理」畢竟是「體」,「象」畢竟是「用」,也就是說,在朱子思想中,就「邏輯上」而言,畢竟是先有「理」才會有「象」,「體」與「用」終判為二物,不可不分,若曰「理象一物」,此站在朱子的哲學立場,認為有含糊之弊。朱子對此曾做過多種譬喻與說法,朱子曰:

> 體是這箇道理,用是他用處。如耳聽目視,自然如此,是理也;開眼看物,著耳聽聲,便是用。〔註12〕

> 人只是合當做底便是體,人做處便是用。譬如此扇子,有骨,有柄,用紙糊,此則體也;人搖之,則用也。如尺與秤相似,上有分寸星銖,則體也;將去秤量物事,則用也。〔註13〕

透過朱子的說法,顯見「體」對於朱子來說,是相較於「用」具有「優先性」

〔註10〕 〔宋〕程頤:〈易傳序〉,《二程集》(北京:中華書局,1981年7月),頁689。

〔註11〕 〔宋〕朱熹:〈答何叔京〉三十,《朱子集》(成都:四川教育出版社,1996年10月),卷40,頁1889。

〔註12〕 〔宋〕黎靖德:〈性理三·仁義禮智等名義〉,《朱子語類》(台北:文津出版社,1986年),卷六,頁101。

〔註13〕 〔宋〕黎靖德:〈性理三·仁義禮智等名義〉,《朱子語類》,卷六,頁102。

的，意即「體」是「第一義」的存在，因爲畢竟在邏輯上須先有「體」，其「用」才能呈顯，這是朱子的一個基本的觀念。所以朱子以「眼」、「耳」、「扇」、「尺秤」爲喻，說明這些東西皆是「體」；而「眼看」、「耳聽」、「搖扇」、「秤量」才是「用」。朱子想要說明的是，「體」、「用」在現實上雖是不可分別的存在，但在「邏輯上」終究必須視爲「兩件」來看待，且必先有此「體」才有此「用」，「體」永遠在邏輯上是具有「優先性」的。而相對於朱子，在陽明學中，「體」與「用」並不加以嚴格區分，且更重要的是，「體」在陽明學中，並不具有相較於「用」較「優先」的意味。〔註14〕王陽明曰：

> 心不可以動靜爲體用。動靜時也。即體而言用在體。即用而言體在用。是謂「體用一源」。若說靜可以見其體，動可以見其用，卻不妨。
> 〔註15〕

> 體即良知之體，用即良知之用。寧復有超然於體用之外者乎？〔註16〕

就此可看出，陽明與朱子雖皆共同引用了伊川「體用一源」的說法，但是陽明對於「體」與「用」並不加以嚴格區分，且試圖將其納爲良知一體兩面而言。即陽明的體用觀，是收攝於「本心」或者說「良知」而言的，非先有一個「體」，才有一個「用」，因此說「不可以動靜爲體用，動靜時也。」因此，就心之「未發」、「寂」處而言「體」，就「已發」、「感」處而言「用」，但「未發」與「已發」、「寂」與「感」、「體」與「用」，皆是共同本於良知兩面而言的，並無孰先孰後之問題，對於陽明來說，「體」亦並非是在邏輯上優先於「用」存在的東西，而只是就良知「即『寂』即『感』」而言的兩種並存之性質——稱爲「體」與「用」，這就是王陽明以良知爲「知行本體」的意義所在。〔註17〕

二、鄒東廓承自陽明的「體用」學說

在檢視一個人學說思想的血肉之前，必須得先對此人的思想骨架有所認識，鄒東廓學說何以不悖師門，首先，得從「體用」此一基本觀念切入，因

〔註14〕王龍溪曾指出陽明與朱子此間的學說差異：「存省一事，中和一道，位育一原，皆非有二也。晦翁隨處分而爲二，先師隨處合而爲一，此其大較也。」〔明〕王畿：〈書婺源同志會約〉，《王畿集》（南京：鳳凰出版社，2007 年 3 月），頁39。

〔註15〕〔明〕王守仁：〈傳習錄上〉，《王陽明全集》，頁 31。

〔註16〕〔明〕王守仁：〈傳習錄上〉，《王陽明全集》，頁 63。

〔註17〕林月惠：《詮釋與工夫：宋明理學的超越蘄嚮與内在辯證》（台北：中央研究院中國文哲研究所，2008 年 12 月），頁 160、164。

為這也是陽明學相較於朱子學，雖細微卻關鍵的特色所在。鄒東廓整體思想的「體用觀」是承繼自陽明的，這種對陽明體用觀點的認識，可見於以下東廓這段話：

> 夫良知一也。有指體而言者，寂然不動是也；有指用而言者，感而遂通天下之故是也。指其寂然處，謂之未發之中，謂之所存者神，謂之廓然而大公；指其感通處，謂之已發之和，謂之所過者化，謂之物來而順應。體用非二物也。學者果能戒慎恐懼，實用其力，不使自私用智之障得以害之，則常寂常感，常神常化，常大公，常順應，若明鏡瑩然，萬象畢照，未應不是先，已應不是後矣。〔註18〕

東廓亦從良知為本體的角度來說明，所謂「體」是指良知「寂然不動」的性質，所謂「用」則是良知「感而遂通」的一面。就「體」而言，是良知「寂處」，它是「未發之中」、「所存者神」、「廓然大公」；就「用」而言，是良知「感處」，它是「已發之和」、「所過者化」、「物來順應」。也就是說，所謂「寂然處」與「感通處」，非為「兩處」，它們只是就良知本體「寂然不動」與「感而遂通」兩面性質而言；而「未發」與「已發」亦非時序上的「先後」關係，而是就良知本體「寂」、「感」並存而言；「所存者神」與「所過者化」，以及「廓然大公」與「物來順應」之間的關係亦然。因此，其「體」、「用」所指，為「良知」同存的兩種性質，因此東廓進一步強調「體用非二物」、「寂感無二時」、「未應非先，已應非後」等觀念，這些都是本於陽明學的基本體用架構而發的說法。透過東廓這些說法，我們可清楚認識到，東廓的確對於陽明思想中的體用觀念是有著清楚與正確地把握的。

三、鄒東廓與聶雙江「體用觀」的差異

其實，鄒東廓的「體用觀」有更多部分，表現在與聶雙江的論辨書信當中，這些書信內容不僅透顯了東廓與雙江體用觀的不同，且更是聶雙江之所以專主「歸寂」一路，而與其他陽明後學的差異所在。因此，透過聶雙江對王陽明「體用觀」的不同認知，更能彰顯東廓所能正確地把握陽明學的「體用觀」之精神所在；若站在聶雙江的角度而言，則正是出於他對王陽明的「體用觀」的無法正確把握，而有別於其他王門後學的特色所在。聶雙江針對東廓之說在寫給東廓的信中提到：

〔註18〕〔明〕鄒守益：〈復黃致齋使君〉，《鄒守益集》，頁497。

> 前書坤復之說，遣詞未瑩，致有寂感二時之疑。夫無時不寂，無時
> 不感者，心之體也；感惟其時，而主之以寂者，學問之功也。故謂
> 寂感有二時者，非也；謂工夫無分於寂感，而不知歸寂以主夫感者，
> 又豈得爲是哉？蓋天下之感皆生於寂，不寂則無以爲感。……夫禪
> 之異於儒者，以感應爲塵煩，一切斷除而寂滅之，誠有於是，詆之
> 爲禪非過也。今乃歸寂以通天下之感，致虛以立天下之有，主靜以
> 該天下之動，又何嫌於禪哉？〔註19〕

此段言論，雙江強調他所謂的「寂感」亦是無二時的，恐東廓誤會其割裂寂
感，但是雙江強調「以寂宰感」、「以體該用」，則是分明認爲先有一個「體」
在先，因此要認識此「寂之體」來主宰「感之用」。〔註20〕但是，東廓認爲並
無先有一個獨立的「體」之存在以認取來主宰「用」，蓋「寂」、「體」必就「感」、
「用」上認取，且此並非二者，而只是對同一個良知本體的不同性質之說明。
東廓在寫給雙江的信中，進一步論述到：

> 學無寂感。寂感，以言乎所指也。譬之日焉，光其體也，照其用也，
> 而以先天後天分，是以體用爲先後也。夫倚於毀則絕物，倚於譽則
> 合汙，倚於出則溺而不止，倚於處則往而不反，倚於寂則不能以有
> 爲爲應迹，倚於感則不能以明覺爲自然。〔註21〕

雖然雙江強調他並非割裂寂感爲二，而是強調「以體該用」、「以寂宰感」的
良知「主宰義」。然而，東廓正是對此點不滿，但就雙江立場而言，他認爲良
知爲「寂體」，因此「寂」、「感」、「體」、「用」雖從存有論角度而言，是「不
離」的，但認取「良知」此「寂體」，以主宰「感」、「用」，在邏輯上並無錯

〔註19〕 〔明〕聶豹：〈答東廓鄒司成四首〉，《聶豹集》，頁 261～262。

〔註20〕 前已論述，聶雙江的「體用觀」較接近朱子的「體用觀」。朱子在周濂溪〈太
極圖說〉：「聖人定之以中正仁義（自注：聖人之道，仁義中正而已矣），而主
靜（自注：無欲故靜），立人極焉。」一句旁注曰：「苟非此心寂然無欲而靜，
則又何以酬酢事物之變，而一天下之動哉！故聖人中正仁義，動靜周流，而
其動也必主乎靜。此其所以成位乎中，而天地日月、四時鬼神，有所不能違
也。蓋必體立、而後用有以行。」朱子所言亦是從「以體該用」、「以靜宰動」
之角度言之。論者溫愛玲認爲，聶雙江的體用思想，存在著「主從」、「先後」、
「內外」的邏輯關係，溫愛玲：〈從聶雙江到羅念菴良知學之研究——以王門
諸子「以知覺爲良知」與「分裂體用」的論題爲脈絡〉（台南：成功大學碩士
論文，2005 年 6 月），頁 84～108。

〔註21〕 〔明〕鄒守益：〈雙江聶子壽言〉，《鄒守益集》，頁 113。

誤。〔註22〕但是從東廓承繼自陽明的體用觀來看，並不如此，因爲體、用不過是同一「知行本體」的兩面，「體」並無相對上，較「優越」於「用」的意義之存在。因此，東廓雖不滿雙江「倚於寂」，但爲了避免因反對「倚於寂」，而被誤認爲站在「倚於感」的立場，因此他重申與強調「倚於寂則不能以有爲爲應迹，倚於感則不能以明覺爲自然。」〔註23〕因此，東廓又說：

> 收視是誰收？斂聽是誰斂？即是戒懼工課。天德王道，祇是此一脈。所謂去耳目支離之用，全圓融不測之神，神果何在？不睹不聞，無形與聲，而昭昭靈靈，體物不遺，寂感無時，體用無界，第從四時常行、百物常生處，體當天心，自得無極之眞。〔註24〕

〔註22〕　林月惠析論到：「雙江在工夫層面上，堅持寂感二分的思路，心之體是寂，情之用是感，特別偏重良知是『虛寂』的『本體義』，與其對『感』的『主宰義』，故力主在心體上用功，『歸寂』爲要。至於『感通』，則是歸寂後自然而有的『效驗』，並強調感應上著不得力。要言之，『歸寂以通感』正是雙江的工夫論。而王門諸子則承陽明將寂感綰攝於心之體用的思路，寂是良知之體，感是良知之用，良知即寂即感，良知常寂常感，寂感一體，不可析爲二。如是，王門諸子不僅重視良知是『虛寂之體』的『存有義』，更強調良知『感而遂通』的『活動義』，故良知無分於寂感，工夫亦無分於寂感。……故工夫應就良知之不離人情事物之感應變化上著力，以體認常感而寂之良知本體，此即是『感上做卻歸寂的工夫』。」林月惠：《良知學的轉折：聶雙江與羅念菴思想之研究》，頁458～459。吳宣德則認爲：「根據他們的觀點，一切『感』都不能成爲『良知』的本質屬性，其理由就是：既然是『感』，則便屬於『已發』，而『已發』便不能視爲『本體』。但是，既然有『感』（已發），則應當有一個能導致『感』的『體』存在。即如鏡子之照物，照物即是『感』，即是『已發』；而鏡子之照物，乃在於它本來即有一個單純作爲鏡子存在的本體，無論鏡子是否處在照物狀態，鏡子本身都是固定不變的。鏡子的這個固定不變的本體便是『良知』。可以看出，較之鄒、歐，聶、羅的『良知』論是比較容易理解的。因爲聶、羅正好利用了人們的經驗思維來證明他們的論點，故而至少在使人們理解他們的學說時容易引起共鳴。」吳宣德：《江右王學與明中後期江西教育發展》（南昌：江西教育出版社，1996年），頁118。

〔註23〕　彭國祥指出：「從理論上說，儘管龍溪、東廓、南野、明水、緒山等人一元論的體用思維方式與雙江、念菴等人二元論的體用思惟方式不同，但既然前者的工夫謀求的是超越體用、寂感、未發已發、動靜、理事的二元對立並同時貫穿雙方，就不應當構成後者立足於體、寂、未發、靜與理這種內收靜斂工夫的對立面。不過，由於雙方立場的不同，在實際的論辨中，前者由於要糾正後者的一偏，不免於用、感、已發、動與事方面提揭過重，就很容易被理解爲後者的對立面而似乎成爲立足於用、感、已發、動與事的工夫論。但這實際上並不符合前者工夫論的內涵與自我要求。這是我們應當注意的。」彭國翔：〈陽明後學工夫論的演變與形態〉，《浙江學刊》（2005年第1期），頁34。

〔註24〕　〔明〕鄒守益：〈再簡雙江〉，《鄒守益集》，頁541。

東廓強調「體用無界」，因此對於雙江主張的收視斂聽以認取良知本體，反駁說：「收視是誰收？斂聽是誰斂？即是戒懼工課。」蓋東廓之意，是強調此「收視斂聽」本身便是「戒懼工課」，即是「良知之用」了，如何有離「用」而能言「體」的呢？良知之體用只能是良知同一之展現，因此東廓說：「第從四時常行、百物常生處體當天心，自得無極之眞。」以此來反對聶雙江的倚於寂處以宰感的觀念。

其實，就東廓「譬之日焉，光其體也，照其用也，而以先天後天分，是以體用爲先後也。」此句以「光」與「照」來形容「體」、「用」關係的譬喻，或許可看出陽明、東廓與聶雙江對於良知體用觀念上的差異。以聶雙江的立場來說，他的體用觀，體是「日」而非「光」，他要回溯的良知寂體，可說是那個「日」，因此以「日」之「體」來主宰「照」之「用」，似乎是理所當然的；但對東廓與陽明來說，良知就是「光」就是「照」，並無一個更上的「日」可言說。〔註25〕因此，就東廓秉承陽明良知學上體用觀的立場而言，良知即是「光」即是「照」，就良知之「體」而言是「光」，就良知之「用」而言是「照」，「光」與「照」同存，良知之「體」與「用」爲一物。也就是說，雖然雙江極力強調「日」與「光」是並存的，因此他並未割裂寂感、體用爲二，但是雙江此處的體用觀畢竟是同於程、朱「體用無間」、「體用一源」的觀點〔註26〕——「日」畢竟是「體」，「光」畢竟是「用」，雖「不離」但終判爲「二物」；

〔註25〕 陽明亦曾曰：「無知無不知，本體原是如此。譬如日未嘗有心照物，而自無物不照。無照無不照，原是日的本體。」〔明〕王守仁：〈傳習錄下〉，《王陽明全集》，頁109。可見，陽明做此譬喻時，是著眼於「無照無不照」此一特性來說明「日之本體」，即「良知無知無不知」。而東廓爲了避免人又執著於一個「日」爲本體，因此直接就「光」與「照」，來言「體」與「用」。

〔註26〕 朱子曰：「體用一源者，自理而觀，則理爲體，象爲用，而理中有象，是一源也。顯微無間者，自象而觀，則象爲顯，理爲微，而象中有理，是無間也。……既曰：『有理而後有象』，則理象便非一物，故伊川但言其『一源』與『無間』耳。其實體用顯微之分，則不能無也。」〔宋〕朱熹：〈答何叔京〉三十，《朱子文集》（台北：財團法人德富文教基金會，2000年），卷40，頁1745。朱子又有曰：「假如耳便是體，聽便是用。目是體，見是用。」朱子此說更能說明筆者所言的，聶雙江的體用觀如同「日」和「光」，不同於東廓所說明的陽明之體用觀爲「光」與「照」，因此雙江的體用觀不同於陽明而反類同於程朱。〔宋〕黎靖德編：《朱子語類》，卷一，頁3。與聶雙江在「體用」觀點上契合的羅念菴亦曾說過：「目之明爲體，視爲用，視處別有明在否？明與視何所斷際？若逐外爲用，亦體非其體矣。」〔清〕黃宗羲：〈江右王門學案三〉，《明儒學案》，頁403。

而非陽明就良知而言的「體用為一」之觀點，因此，東廓以「光」與「照」來比喻陽明的體用觀，可說是把握得相當恰當的，也更能說明清楚此間的細微差異所在。

　　承上所論，鄒東廓承王陽明的體用觀，主要表現在與聶雙江的論辨中，而透過東廓以「光」與「照」的譬喻，更能清楚說明陽明以良知本體之「寂」、「感」而言的「體」、「用」關係。因此，東廓相當強調「體用無界」、「寂感無二」、「未發已發不分先後」等觀念。而筆者認為若由東廓的體用比喻來說明的話，雙江的體用觀正如同「日」以主宰「光」、「照」的關係，也正是從東廓不滿於雙江此種良知體用觀展開的論辨，而更能彰顯出東廓正確地把握了陽明體用觀並加以闡發之所在。

第三節　對王陽明「良知學」的深化

　　鄒東廓對於陽明良知學說的深化，主要體現在兩個方面：一為鄒東廓將朱子、陽明以來「心統性情」的說法，進一步直接以「良知」來統合性、情，揭示出陽明學的特色所在；二為相對於陽明，鄒東廓對於「欲」有著較看重的傾向，因此將原本陽明較「虛化」的「欲」充實其內容，援引了傳統儒家與程明道之說，而為「意必固我」與「自私」、「用智」。

一、從「心統性情」到「良知統性情」

　　關於心與性、情三者間的關係，在朱子與陽明等大儒都曾討論過，這可說是宋明理學中的一個基本框架，透過對此三者間關係細微的解釋差異，就足以決定彼此間義理架構的分殊。朱子與陽明皆引張橫渠之語言「心統性情」，然其「心」的定位，卻有所不同，對如何「統」的解說又有所差異，因此也就在根本上決定了朱、王二人哲學架構的不同。〔註27〕而鄒東廓正是在陽明學說的基礎上，從陽明所說的「心統性情」上，進一步直接地以「良知」統性情的。

〔註27〕「心統性情」之說，最早出於張橫渠，而後朱子大加讚賞此說並加以發揮在其義理架構的展示。橫渠曰：「心統性情者也。有形則有體，有性則有情，發於性則見於情，發於情則見於色，以類而應也。」〔宋〕張載：〈性理拾遺〉，《張載集》（台北：漢京文化，1983 年），頁 374。張橫渠雖提出了「心統性情」此一命題，但真正對此命題做深入闡釋的是朱子。

（一）王陽明與朱熹的「『心』統性情」

承上節所論，王陽明言體用觀時，是以「良知」來統攝稱之。另外，陽明又以「性」來指稱「心之體」，「情」來指稱「心之用」，陽明曰：

> 夫喜怒哀樂，情也。既曰不可，謂未發矣。喜怒哀樂之未發，則是指其本體而言，性也。斯言自子思，非程子而始有。執事既不以爲然，則當自子思中庸始矣。喜怒哀樂之與思與知覺，皆心之所發。心統性情。性，心體也；情，心用也。〔註28〕

陽明就「心之未發」言「心之體」爲「性」，「心之所發」言「心之用」爲「情」。陽明的「心統性情」說，雖同朱子承自張橫渠而來，然而此心爲「本心」之義，不同於朱子涵蓋形上與形下而言的「心」〔註29〕；且「性」爲心之本體，「情」爲對心之用的稱呼，實則「性」即「心」即「情」，不同於朱子「心包性情」的哲學架構。〔註30〕王陽明與朱子的「心統性情」思想之差異，追根究柢其實在於對於「心」之內容定位的不同，而此不同決定了整體說法的不同所在。簡言之，陽明之「心」屬於「道德本心」（在陽明即「良知」）；朱子

〔註28〕 〔明〕王守仁：〈答汪石潭內翰〉，《王陽明全集》，頁146～147。

〔註29〕 牟宗三先生認爲朱夫子的哲學架構乃是「理氣二分」、「心性情三分」，在這樣的架構下，朱子的「心」屬於「形而下」的「氣心」。牟宗三先生認爲朱子的「性」是形而上只存有而不活動的「理」，而「心」與「情」皆屬形而下之「氣」，「心」是總說，「氣」是分說。牟先生所謂「只存有而不活動」的意思是說，「性」對朱子來說是存有論意義的一個觀念，是個體之所以爲個體的那個本質，是一個個體能夠挺立起來的根據，朱子所講的「性即理」，就是從「然」、「所以然」這個理路來悟入的。牟宗三：《宋明儒學的問題與發展》（台北：聯經，2003年7月），頁203、205。陳來則認爲朱子所謂「心統性情」之意，乃是指：「心」是標誌思維意識活動總體的範疇，其內在的道德本質是性，具體的情感念慮爲情，心是賅括體用的總體，性情都只是這一總體的不同方面。「統」的一個主要意義是指「兼」、「包」，此系統的「體」，即內在、深微的原理、本質（性），系統的功用是此系統的「用」（情），系統總體則包括體用、兼攝體用。陳來：《宋明理學》（第二版），頁135。照陳來的說明，則朱子的「心」，乃是包括「形而上」（性）與「形而下」（情）之「心」。

〔註30〕 朱子云：「性，本體也；其用，情也；心則統性情，該動靜而爲之主宰也。」（〈孟子綱領〉）、「仁義禮智，性也；惻隱、羞惡、辭讓、是非，情也；以仁愛，以義惡，以禮讓，以智知，心也。性者，心之理也；情者，心之用也；心者，性、情之主也。」（〈元亨利貞說〉），〔宋〕朱熹：《朱熹集》，卷七十四、卷六十七，頁3890、3512。又曰：「性是體，情是用，性情皆出於心，故心能統之。統，如統兵之統，言有以主之也。」〔宋〕黎靖德編：《朱子語類》，卷第九十八，頁2513。

的「心」則既包含道德義的「本心」（在朱子是「性」，是只存有而不活動的），又是具有認知意義的「氣心」。〔註31〕朱、王對「心統性情」之詮釋，可說是出於對此「心」內容的認定不同，而最終導致義理結構之差異。

承上所論，王陽明以此「心」來統攝「性」與「情」，而陽明對於此「心」之內涵又有多方詮釋，陽明曰：

> 知是心之本體。心自然會知。見父自然知孝，見兄自然知弟，見孺子入井，自然知惻隱。此便是良知。不假外求。〔註32〕

> 心之本體即是天理。天理只是一箇。更有何可思慮得？天理原自寂然不動，原自感而遂通。學者用功，雖千思萬慮，只是要復他本來體用而已。〔註33〕

> 良知者心之本體。即前所謂恆照者也。〔註34〕

> 至善者心之本體。〔註35〕

雖然陽明並不以「良知」來直接言「性」爲「良知之體」、「情」爲「良知之用」，但由陽明對於「心」之詮釋：「知是心之本體」、「心之本體即是天理」、「良知者心之本體」、「至善者心之本體」等等論述，可知陽明雖無清楚地揭示「良知之體用爲性情」，只言「心之體用爲性情」，但實則已經間接以良知之體用統合性情了。另外，陽明在論述七情、良知、欲三者之間的關係時，曾說：

> 七情順其自然之流行，皆是良知之用。不可分別善惡。但不可有所著。七情有著，俱謂之欲，俱爲良知之蔽。然纔有著時，良知亦自會覺。覺即蔽去，復其體矣。〔註36〕

陽明說「七情順其自然之流行，皆是良知之用」，又說「七情有著，俱謂之欲」，

〔註31〕 學者劉原池認爲：朱熹的「心有體用」、「心統性情」說，把心分爲形上、形下兩個層次，一方面肯定心的認知作用，另一方面承認有自我超越的本體存在。從心本指知覺這個意義上說，心與性是認知關係，心是能覺，性是所覺。知覺之心並不只是指氣而言，知覺是理氣之合，絕不能簡單地用形而下之氣來解釋。劉原池：〈朱熹對張載「心統性情」說的開展〉，《哲學與文化》第卅二卷第七期（2005 年 7 月），頁 35。

〔註32〕 〔明〕王守仁：〈傳習錄上〉，《王陽明全集》，頁 6。

〔註33〕 〔明〕王守仁：〈傳習錄中〉，《王陽明全集》，頁 58。

〔註34〕 〔明〕王守仁：〈傳習錄上〉，《王陽明全集》，頁 61。

〔註35〕 〔明〕王守仁：〈傳習錄上〉，《王陽明全集》，頁 97。

〔註36〕 〔明〕王守仁：〈傳習錄下〉，《王陽明全集》，頁 111。

實則是指「七情爲良知之用」了，因爲「欲」是七情有「著」時才產生的，「情」本身是也是良知「自然之流行」的，是無惡可說的。因此，在陽明，「情」爲「良知之用」這層意思，陽明也是有的。因爲，陽明論學通常是不加以嚴判分疏的，而是「合一」的論述。看得透時，實則「性」即「良知」即「心」亦是「情」，只是不同方面對同一本體的指稱。因此，陽明說：

> 體即良知之體，用即良知之用。寧復有超然於體用之外者乎？〔註37〕

因爲，陽明學最後的論述核心，畢竟仍是「良知」，陽明雖未直接而清晰地提出「性爲良知之體，情爲良知之用」，但其論體用最終仍是要歸結到「良知者心之本體」的「良知」來的。因此，陽明雖同於朱子承自橫渠之說，但不同於朱子的「心統性情」觀，實則最後歸結處在於「心之本體」的「良知」。〔註38〕只是這一點到了鄒東廓更明白清楚地一語道出罷了。

（二）鄒東廓的「『良知』統性情」

透過上部分的分析，可知以「良知」來統合「性」與「情」，此意雖在王陽明的義理架構已經存在，只是陽明並未直接將此意點明，而是以「本心」來統合「性」、「情」，又說「良知者心之本體」，透過這兩步驟間接地表示以「良知」統合「性」與「情」。而此意在鄒東廓這邊，直接地明白揭示，蓋東廓曰：

> 性即良知之體，情即良知之用，除卻情性，更無良知矣。既曰「發而中節即良知之妙用」，而又曰「及至處事得宜，亦由良知分曉」。「及至」之爲言，則是妙用與處事爲二也。處事得宜，便是中節，除卻處事，更無妙用矣。〔註39〕

東廓曰「性即良知之體，情即良知之用，除卻情性，更無良知矣」，明白地以

〔註37〕〔明〕王守仁：〈傳習錄上〉，《王陽明全集》，頁63。

〔註38〕林月惠指出：「當陽明將體用觀與『體用一源』緊扣良知本體來闡釋時，至少在三方面與朱子有極大的差異。一是以良知爲主所發揮的體用關係，並非異質層的區分，而是良知本身一體兩面的分析，體用關係是同質同層的概念。二是『體用一源』的意涵與朱子不同，朱子強調『體用是兩物而不相離』，但陽明緊扣良知而言的『體用一源』意謂體用爲一，體用意涵相同，體即用，用即體。三是陽明有感於體微（隱微）而難知，用顯而易見，強調『因用以求其體』。如是，陽明強調『即用即體』的進路，有別於朱子的『用不可以爲體』。」林月惠：《詮釋與工夫：宋明理學的超越蘄嚮與內在辯證》，頁153。

〔註39〕〔明〕鄒守益：〈答本固宗兄〉，《鄒守益集》，頁678。

良知之「體」、「用」來統合「性」、「情」兩面，而不再如陽明就「心之體用」言，又言「良知者心之本體」般稍嫌繳繞。須特別強調說明的是，筆者雖用「統合」一詞，但並非意指「良知」、「性」、「情」是分立的三者，而以「良知本體」來統和「性」與「情」二物，而是在陽明學中，所謂「性」與「情」，只是對良知體用的不同說明而已。就良知的「體」而言，我們可以「性」指稱良知，就良知之「用」而言，我們可以「情」來指稱良知。總之，誠如筆者之前所提到的，雖然鄒東廓的「良知統性情」之意，在陽明已有，並不能算是有所創發，然正是從東廓能夠把握陽明的這一點精髓所在，才得以開創出東廓本身能守陽明師說而不逾，又能融合自身的學說特色於其中的基礎所在。

二、對陽明學中「欲」之內涵的具體論述

鄒東廓與王陽明看待「欲」的態度是有所不同的，這個不同也決定了鄒東廓的學術走向，王陽明多只專注於良知能否挺立自作主宰，而不討論「欲」的實質內容；而東廓則對於對治「欲望」有著高度的看重，此必導致他須對「欲」之內容有所說明，而東廓對此的說明，補充進了傳統儒家的「意」、「必」、「固」、「我」之說，與明道〈定性書〉中的「自私」、「用智」等說法，作為「欲」之內容，因此充實了陽明學中「欲」之內容的「具體」論述。

（一）東廓與陽明看待「欲」的態度之異同

東廓對於「去欲」的工夫，非常重視。此來自於他非常推崇周濂溪的「無欲」之說：

> 聖人無欲，君子能寡欲，小人殉於欲，故聖學之要，必自寡欲始。
> 寡之又寡，以至於無，則良知良能，炯然清明，如日月之光，無將
> 無迎，而萬物畢照，歷千古如一日，然後謂之罔極之學。〔註40〕

東廓強調「寡之又寡，以至於無」，此承於周濂溪之說。〔註41〕因此，對於「欲」

〔註40〕〔明〕鄒守益：〈罔極錄序〉，《鄒守益集》，頁307。

〔註41〕周濂溪〈養心亭說〉：「孟子曰：『養心莫善於寡欲。其為人也寡欲，雖有不存焉者，寡矣；其為人也多欲，雖有存焉者，寡矣。』予謂養心不止於寡而存耳，蓋寡焉以至於無，無則誠立明通。誠立，賢也；明通，聖也。是聖賢非性生，必養心而至之。養心之善，有大焉如此，存乎其人而已。」〔宋〕周敦頤：《周敦頤集》，卷十七，頁52。

之內容，他相較於其師陽明，有更加關注這方面論述的傾向，陽明則較強調良知自做主宰的重要性，這也是東廓與陽明師徒二人，最明顯的學說特色之間的差異。〔註42〕陽明對於「欲」之說法，見於：

> 七情順其自然之流行，皆是良知之用。不可分別善惡。但不可有所著。七情有著，俱謂之欲，俱為良知之蔽。然纔有著時，良知亦自會覺。覺即蔽去，復其體矣。〔註43〕

陽明此段說法，在上一段「良知統性情」處，筆者曾論述到，陽明對於「欲」之看法，是建立在以良知為本體的體用觀之基礎上。據此原文，陽明認為，「情」為「良知之用」，「欲」為「情有所著」而來。因此，「欲」雖出於「情」，但與「情」為不同概念；「欲」雖非出於良知自然之發用，然而良知又不能不對「欲」的出現負責。這亦是陽明學相較於宋儒看待「欲」的差異所在，對於宋儒來說，「欲」是惡的，這一點王陽明亦然，不過宋儒往往將「欲」、「惡」歸於「氣」之使然，然而，對陽明而言，「氣」已非討論焦點所在，「氣」本身並不構成善惡之問題，而只討論「欲」的產生，透過將「欲」歸管於「情有所著」使然，而讓良知必須挺身而出，對善惡負全責。〔註44〕鄒東廓對於「欲」的看法，實本於陽明之說而有所深化，而其背後的基礎，正是對於陽

〔註42〕 朱湘鈺亦認為：「為了強調良知之全幅呈露，東廓的重心毋寧是放在『為善去惡』的實功上，以此批評現成良知說不重視為善去惡之功，所可能導致夾雜私意以行的問題。這與陽明著重在顯豁良知本體之靈明，私欲自會消隱的理念，有著明顯的差異處。若粗疏地說，在東廓這裡是把私欲看實了，在陽明、龍溪處則是把『私欲』虛化了。換言之，龍溪等人著重在日用常行間直指良知，強調良知流行的『自然義』；而東廓則注目在欲根習氣與良知之對峙，以突顯出『良知』之『良』義，強化良知之『道德義』。」朱湘鈺：《平實道中啟新局──江右三子良知學研究》，頁50。

〔註43〕 〔明〕王守仁：〈傳習錄下〉，《王陽明全集》，頁111。

〔註44〕 雖然朱子亦說：「人欲便也是天理裡面做出來，雖是人欲，人欲中自有天理。……飲食者，天理也；要求美味，人欲也。」〔宋〕黎靖德編：《朱子語類》（北京：中華書局，1986年3月），頁224。但此「人欲」不同於陽明學收攝於「本心」而言，而是歸於「氣質拘蔽」。學者鍾彩鈞指出：「在陽明，並沒有『氣質拘蔽』的觀念，障蔽本心者，只有私欲，氣質是不成問題的。」另外研究者朱湘鈺認為：「東廓早年將惡之源歸諸『氣習之偏』，以為須克除之，方能復禮，隨著他對良知學的理解，他對氣質的看法也隨之改變，脫離朱學將氣質作為惡之源的傳統說法，而將『吾人良知能作得主宰否』為善惡的標準，氣質轉而成為道德之載體，這可以說符合良知教意義底下對『氣』的定位──『氣』為良知之流行。」朱湘鈺：〈平實道中啟新局──江右三子良知學研究〉，頁87、84～85。

明以「良知」爲本體而言的「性體情用」之體用觀的正確把握而來。

　　除此之外，東廓對於陽明「情有所著」另有一個補充的說法，東廓說：

　　　　哀樂，情也，過則無留也。留於情，惑也；留於情而不忒，其平正
　　　　也。聖賢之心，如大虛應物，無將迎之累，然《蓼莪》之詩，曰「哀
　　　　哀父母」，曰「昊天罔極」。至於「昊天罔極」，則其餘哀，豈曰旦暮
　　　　已乎？夫道明而後欲淨，欲淨而後情正，情出於正，則雖留而不
　　　　害。……三峰朱大夫母氏大安人鍾，從其先大夫官沒於潞河。三峰
　　　　舉於鄉，及成進士，官水部，歷憲部員外，改內臺，每往返其地，
　　　　悲號憤惋，若始喪然。知三峰者，洩其哀而鳴之，有《蓼莪》之遺
　　　　音焉。於戲，觀者可以察情性矣。〔註45〕

東廓言「哀樂，情也，過則無留也」，是說此「情」出於良知自然之發用，「過
則無留」，而又說「留於情，惑也」，此「惑」不同於陽明所說的「情有所著」
時而生的「欲」。東廓進一步說明「留於情而不忒，其平正也」，便是說非所
有「留於情」者皆定爲「欲」，只要它能「不忒」而「平正」，其情雖「留」
而不爲所「留」而「累」。因此，東廓所謂的「情有所留」之「留」，並非等
同於陽明說的「情有所著」之「著」；而東廓的「惑」，也還不構成陽明所言
的「欲」。東廓相對於陽明，在「情」與「欲」之間，補充了一個有「層次」
的說法，當情有所「留」但還不至於「著」時，此時「惑」生，但只要此情
能出於正、無欲之雜，則雖有所留而「惑」但並不害，還不能說此爲「欲」。
東廓此番說詞的背景，乃是出於對三峰每過父母身亡之地，皆號咷痛哭，有
如初喪般的痛苦。東廓認爲三峰此舉是「情出於正，雖留而不害」，其關鍵在
於「道明而後欲淨」、「欲淨而後情正」。東廓此說，陽明亦有類似說法：

　　　　問，「『樂是心之本體』。不知遇大故，於哀哭時，此樂還在否」？先
　　　　生曰，「須是大哭一番了方樂。不哭便不樂矣。雖哭，此心安處即是
　　　　樂也。本體未嘗有動」。〔註46〕

陽明言「雖哭，此心安處即是樂也。本體未嘗有動」，與廓強調「道明而欲淨」，
其實並無不同。因爲「未嘗有動」之本體，即是東廓「道明而欲淨」的無欲
之雜的本體發用。因此，陽明言「情有所著」而生的「欲」，到了鄒東廓基於
對於良知學的正確認識，加以補充了若「道明而欲淨，欲淨而後情正」則「雖

〔註45〕〔明〕鄒守益：〈堂北餘哀詩序〉，《鄒守益集》，頁36～37。
〔註46〕〔明〕王守仁：〈傳習錄下〉，《王陽明全集》，頁112。

留而不害」，則雖有所「留」，亦能是合於良知自然之發用；另外，援引了傳統儒家以及宋儒之說，以「意」、「必」、「固」、「我」及明道的「自私」、「用智」之說，加以深化了陽明學中「欲」的內涵。以下，對鄒東廓此「欲」之內容繼續說明。

（二）「意」、「必」、「固」、「我」之欲

由於東廓對於「去欲」工夫的看重，且往往將「欲」看得較「實」[註47]，因此，他勢必得面對「欲」之內容為何的問題，如此才能加以對治。東廓對於「欲」之內容，闡說的可謂相當細密，他說：

> 良知之清明也，與太虛合德，而其澄澈也，與江河同流，然而有時昏且濁者，則學者諄諄然以無意、無必、無固、無我為戒。意必固我者，一欲而四名也。絕其意必固我之欲，而良知之本體致矣。[註48]

東廓提出「欲」包含四個名稱，即「無意」、「無必」、「無固」、「無我」四者，因此，所謂「欲」就是「意、必、固、我」之欲，「去欲」也就是「絕其意、必、固、我之欲」。[註49] 東廓此說是合於陽明對於「欲」之看法的，因為陽明認為「欲」來自於「情有所著」，而東廓將此所「著」，進一步更精細地援以傳統儒家之說，來詮釋為「意」、「必」、「固」、「我」，即此「意之所發」，一旦有所「意」、「必」、「固」、「我」，則「欲」便產生。東廓此說實則是對陽明之說的一種闡發，因為陽明之說為「情」是「良知之用」亦為「良知之所發」，此發用一有所「著」，則「欲」便生。

〔註47〕 朱湘鈺：〈平實道中啟新局──江右三子良知學研究〉，頁50。

〔註48〕 〔明〕鄒守益：〈敘秋江別意〉，《鄒守益集》，頁48。

〔註49〕 《論語·子罕第九》：「子絕四：毋意，毋必，毋固，毋我。」朱子注曰：「意，私意也。必，期必也。固，執滯也。我，私己也。四者相為終始，起於意，遂於必，留於固，而成於我也。蓋意必常在事前，固我常在事後，至於我又生意，則物欲牽引，循環不窮矣。」朱熹：《論語集注》，《四書章句集注》（長沙：岳麓書舍，2008年1月），頁148。何晏注：「毋意，以道為度故不任意。毋必，用之則行舍之則藏，故無專必。毋固，無可無不可，故無固行。毋我，述古而不自作，處群萃而不自異，唯道是從，故不有其身。」〔清〕阮元校刻：《論語注疏》卷九，《十三經注疏》（北京：中華書局，1980年9月），頁2490。在陽明良知學的架構下，無論東廓是站在何晏還是朱子之說，都可以解釋得通。

（三）「自私」與「用智」

　　另外，東廓本於其私淑於濂溪、明道的思想背景，其對於「欲」之看法，也有受明道影響的一面。東廓曰：

> 學聖之要，濂溪先生所以發孔孟之蘊也。一也者，良知之眞純而無雜者也。有欲以雜之，則二三矣。無欲也者，非自然而無也。無也者，對有而言也。有所忿懥好樂，則實而不能虛；親愛賤惡而辟，則曲而不能直。故《定性》之教曰：「君子之學，莫若廓然而大公，物來而順應。」大公者，以言乎靜虛也；順應者，以言乎動直也。自私用智，皆欲之別名也。君子之學，將以何爲也？學以去其欲而全其本體而已矣。學者由濂溪、明道而學，則紛紛支離之說，若奏黃鍾以破蟋蟀之音也。〔註50〕

東廓對於「去欲」之功與看待「欲」的看法，受到濂溪、明道之影響。其中，東廓又本於明道之說，將「欲」之內容，充實爲「自私」、「用智」。〔註51〕且東廓更進一步對於明道的「自私」、「用智」之說加以闡發：

> 夫時有動靜，學無動靜者也。疲精外騖，汲汲焉以求可成，是用智者也，命之曰動而動；凝神內照，而人倫庶物脫略而不理，是自私者也，命之曰靜而靜；戒愼恐懼，無繁簡，無內外，無須臾之離，以求復其性，是去智與私而大公順應者也，命之曰動而無動，靜而無靜。〔註52〕

值得注意的是，關於明道「自私」、「用智」的說法，王陽明也曾援引過：

> 夫理無內外。性無內外。故學無內外。講習討論，未嘗非內也。反觀內省，未嘗遺外也。夫謂學必資於外求，是以己性爲有外也。是義外也，用智者也。謂反觀內省爲求之於內，是以己性爲有內也。是有我也，自私者也。是皆不知性之無內外也。〔註53〕

東廓將「自私」、「用智」直接當成爲「人欲」的內容看待，不同於陽明談「自私」、「用智」時，主要是要針砭學者有分性爲有內有外，而偏內偏外等看法。

〔註50〕〔明〕鄒守益：〈錄青原再會語〉，《鄒守益集》，頁443。

〔註51〕程明道〈定性書〉曰：「人之情各有所蔽，故不能適道。大率患在自私而用智。自私，則不能以有爲爲應迹；用智，則不能以明覺爲自然。」〔清〕黃宗羲、全祖望：《宋元學案》，頁547。

〔註52〕〔明〕鄒守益：〈南京禮部主客司題名記〉，《鄒守益集》，頁324。

〔註53〕〔明〕王守仁：〈傳習錄上〉，《王陽明全集》，頁76。

不過，在語意方面，東廓同於陽明，東廓言「疲精外騖，汲汲焉以求可成，是用智者也，命之曰動而動；凝神內照，而人倫庶物脫略而不理，是自私者也，命之曰靜而靜」，此說主要是出於東廓所面對的當時之學風，不是偏於動，便是溺於靜，由此而引出東廓之所以提「戒慎恐懼」的爲學宗旨，要來破除倚於動靜任一端之弊的原因。而這更是基於東廓對於陽明就良知之「體」言「靜」，就良知之「用」言「動」，「體用無二界」、「動靜無二時」的正確把握與認識而發。〔註54〕因此，東廓對於「欲」之說法，包括了「意」、「必」、「固」、「我」以及「自私」、「用智」者，這些對於「欲」之內容的深化，又是出於東廓對於陽明良知學的正確契會而來。

第四節　對「致良知」工夫的把握

　　王陽明的「致良知」工夫，同時包含「復良知」與「推擴良知」之意，這兩面工夫意義，其實是二而一的概念。〔註55〕本節要論述的是，鄒東廓在繼承陽明「致良知」學說時，確實能同時把握這兩方面的意義，但東廓在實際論學時，不可諱言的是，的確較偏重於「去欲」面的工夫意義，而這一特色主要來自於東廓相較於陽明對「欲」有較看重的傾向，以及高度推崇周濂溪「無欲」觀念所致。

一、「去欲」以復良知

　　鄒東廓對於「致良知」學說的闡釋，有相當大的比重在於對「去欲」工

〔註54〕　東廓與陽明除了以「體」、「用」言「靜」、「動」之外，也有以「循理」、「從欲」分「靜」、「動」的說法，如鄒東廓曰：「人生而靜，湛然清明。眾欲動之，始汨其眞。從欲爲動，循理爲靜。戒之愼之，以復爾天性。」〔明〕鄒守益：〈書劉靜夫卷〉，《鄒守益集》，頁 786。王陽明曰：「心之本體，固無分於動靜也。理無動者也，動即爲欲。循理則雖酬酢萬變，而未嘗動也。從欲則雖槁心一念，而未嘗靜也。」〔明〕王守仁：〈傳習錄中〉，《王陽明全集》，頁 64。

〔註55〕　牟宗三先生說：「陽明言『致』字，直接地是『向前推致』底意思，等於孟子所謂『擴充』。『致良知』是把良知之天理或良知所覺之是非善惡不讓它爲私欲所間隔而充分地把它呈現出來以使之見於行事，即成道德行爲。……『致』字亦含有『復』字義。但『復』必須在『致』中復。復是復其本有，有後返的意思，但後返之復必須在向前推致中見，是積極地動態地復，不只是消極地靜態地復。」牟宗三：《從陸象山到劉蕺山》（台北：台灣學生書局，1979年8月），頁 229。

夫的強調，此偏重來自於他對「欲」的看重，這也是他與陽明的觀念不同之處。

（一）王陽明與鄒東廓對「欲」看重程度的不同

在上一節中，筆者曾針對陽明與東廓二人對於「欲」看待態度之不同，而影響到鄒東廓將「欲」之內容加以充實做了說明。而在這一部分，筆者要進一步說明的是，正因爲陽明與東廓看待「欲」之態度的不同，而影響了東廓在實際做工夫時，相較於陽明，特別強調「去欲」工夫的實行。

1、王陽明強調良知本身的「自作主宰」義

對於陽明來說，他對於「欲」之內容並沒多所著墨與強調，也可以說「欲」在陽明思想中雖是道德生命的最大阻礙，但並不是根本問題所在。因爲在王陽明的觀念中，「欲」的產生來自於「良知」無法挺立、自作主宰，因此「欲」才生。如此，能否挺立良知，毋寧才是最重要的，而不是去探究「欲」之內容爲何。蓋陽明曰：

> 良知者心之本體。即前所謂恆照者也。心之本體無起無不起。雖妄念之發，而良知未嘗不在。但人不知存，則有時而或放耳。雖昏塞之極，而良知未嘗不明。但人不知察，則有時而或蔽耳。雖有時而或放，其體實未嘗不在也。存之而已耳。雖有時而或蔽，其體實未嘗不明也。察之而已耳。〔註56〕

又說：

> 良知猶主人翁。私欲猶豪奴悍婢。主人翁沉疴在床，奴婢便敢擅作威福。家不可以言齊矣。若主人翁服藥治病，漸漸痊可，略知檢束，奴婢亦自漸聽指揮。及沉疴脫體，起來擺布，誰敢有不受約束者哉？
> 良知昏迷，眾欲亂行。良知精明，眾欲消化。〔註57〕

王陽明雖承認「欲」會「障蔽」良知本體，但良知本體「未嘗不在」、「未嘗不明」，只要能稍一「察」之，良知便能自我做主，則「欲」便自能銷去。陽明認爲良知才是「主人」，私欲只是「奴婢」，作亂的奴婢是誰？如何作亂？這些都不是問題核心所在，因爲一旦「主人」（良知）能夠康復，則「奴婢」

〔註56〕〔明〕王守仁：〈傳習錄中〉，《王陽明全集》，頁61～62。
〔註57〕陳榮捷：《王陽明傳習錄詳註集評》，頁390。

（私欲）自聽命約束。﹝註58﹞王陽明此說所要強調的乃是良知的「主宰義」，良知能否自做主宰才是問題的關鍵。﹝註59﹞

2、鄒東廓對「去欲」工夫的高度重視

「去欲」與「推擴」，是王陽明「致良知」本身就具有的兩個方面的工夫義。不過，相較於「推擴」；「去欲」這一面的工夫義，在東廓有較受重視的地位。「天理」、「人欲」二者之間的對反，雖爲宋明理學家根本上的基調，﹝註60﹞但對於鄒東廓而言，因爲出於對周濂溪的高度推崇，並將濂溪「無欲」工夫，視爲與陽明「致良知」同功。因此，他說：

濂溪元公「一者無欲」之要，陽明先師致良知之規，皆箕疇正傳也。

﹝註61﹞

﹝註58﹞ 王陽明對於良知未嘗不在、未嘗不明，有個生動的比喻。陽明言：「良知在人。隨你如何，不能泯滅。雖盜賊亦自知不當爲盜。喚他做賊，他還忸怩。」陳榮捷：《王陽明傳習錄詳註集評》，頁293。鄒東廓承陽明，亦有類似説法：「平居爲不善，至於無所不至，則小人之良知疑於泯滅無存矣，而一見君子，厭然自愧，掩其不善而著其善。夫不知善之可好也，何爲而著之？不知不善之可惡也，何爲而掩之？見其良知固在也，而病未能致之耳。使小人而能致其良知，知善必爲，無以尚之，知不善必改，不使加乎其身，則幡然爲君子，孰能禦焉！故慎於獨知，以超狂而入聖，不是先師杜撰出來。」﹝明﹞鄒守益：〈浙游聚講問答（費浩然等錄）〉，《鄒守益集》，頁770。因此，並非說在鄒東廓就沒有良知的「自我主宰」之觀念，只是說在實際論學時，師徒二人彼此側重點的不同。

﹝註59﹞ 如牟宗三先生便是本於王陽明的觀念而認爲：「若問：即使已通過逆覺體證而肯認之矣，然而私欲氣質以及種種主觀感性條件仍阻隔之，而它亦仍不能順適調暢地貫通下來，則又如何？曰：此亦無繞出去的巧妙辦法。此中本質的關鍵仍在良知本身之力量。良知明覺若眞通過逆覺體證而被肯認，則它本身即是私欲氣質等之大剋星，其本身就有一種不容已地要湧現出來的力量。」牟宗三：《從陸象山到劉蕺山》，頁230。

﹝註60﹞ 林月惠認爲：「天理、人欲對反不並立，沒有第三種游移於『天理』、『人欲』之間的可能。沒有此善惡二元性的說明，道德實踐工夫也無從建立。在這個意義下，『存天理，去人欲』之『人欲』，在宋明理學論述中有獨特的意涵，它不是泛指一般日常語言使用脈絡下的『欲望』（如飢飽寒煖、口鼻耳目之自然欲望），而是特指『天理』之『闕如』（吾人體現天理而有『過、不及』之狀況，而使天理不能作主），更嚴格地說，即是程明道（顥，1032～1085）所言：『所欲不必沉溺，只有所向便是欲。』因爲吾心一旦有所『陷溺』、『有所向』，即意謂心之放失，不能自作主宰，『惡』因而萌生。故舉凡『私欲』、『私意』、『人欲之私』、『己私』、『私心』、『情識』、『意念』等，都是『人欲』。是以周濂溪肯斷『聖可學』而必以『無欲』（無一毫私欲撓之）。」林月惠：《詮釋與工夫：宋明理學的超越蘄嚮與內在辯證》，頁228。

﹝註61﹞ ﹝明﹞鄒守益：〈贈董謀之〉，《鄒守益集》，頁101。

東廓將濂溪「一者無欲」與陽明「致良知」皆視為「正傳」，當他討論陽明「致良知」工夫時，便往往傾向於從「去欲」的一面談起。雖然這一層意義，在陽明的「致良知」之說也是存在的，陽明曰：

> 人心是天淵。心之本體，無所不該。原是一箇天。只為私欲障礙，則天之本體失了。心之理無窮盡。原是一箇淵。只為私欲窒塞，則淵之本體失了。如今念念致良知。將此障礙窒塞，一齊去盡。則本體已復，便是天淵了。〔註62〕

陽明在此談「致良知」，是從「將此障礙窒塞，一齊去盡」來說，則「致良知」之「致」，實包含著「復良知」之「復」的意思。只是對於王陽明而言，良知能否自己作主，毋寧是更為重要的。東廓與陽明這一點些微的差異，凸顯了師徒兩人學術性格上的不同，這也是東廓既能在不出陽明良知學的架構下，又能有所發揮的施力點所在。

（二）鄒東廓強調「去欲」以「復」良知

承上所論，鄒東廓對於「欲」之內容加以「充實」，並在實際論學中強調對治「私欲」的「去欲」工夫。這些主要表現在東廓對「致良知」工夫的展示當中，「欲」在陽明並沒有如東廓有如此詳密的論說，東廓出於自身對「欲」的看法而說：

> 良知之清明也，與太虛合德，而其澄澈也，與江河同流，然而有時昏且濁者，則欲累之也。故聖學之要，在於無欲。甚矣，子周子之善發聖人之蘊也！聖門之教，學者諄諄然以無意、無必、無固、無我為戒。意必固我者，一欲而四名也。絕其意必固我之欲，而良知之本體致矣。〔註63〕

東廓言「絕其意必固我之欲，而良知之本體致矣」，此「致」可說是「復」，東廓在這邊所談的「致良知」之意，其實也就是「復良知」。強調聖學之要在於「無欲」，絕其「意」、「必」、「固」、「我」之欲，則良知本體便能「致」，便能「復」。同樣的語意，更清楚地表現在鄒東廓談「致良知」為「本體」的「工夫」時，東廓說：

> 先師生平辛苦提出「致良知」三字，本體工夫，一時俱到。而學者

〔註62〕〔明〕王守仁：〈傳習錄中〉，《王陽明全集》，頁95～96。
〔註63〕〔明〕鄒守益：〈敘秋江別意〉，《鄒守益集》，頁48。

各以資習所重，才藝所便，分門立戶，尋枝落節，往往眩其宗旨，疑誤視聽。本體謂之良，則剛健中正純粹精，一毫夾雜不得；工夫謂之致，則復其剛健中正純粹精，一毫因循不得。〔註64〕

又說：

先師一生精力，提出「致良知」三字，本體工夫一時俱到……本體而謂之良，則至明至健，無一毫障壅；工夫而謂之致，則復其至明至健，一毫因循不得。故精察者，不容有蔽也；磨洗者，不容有污也。聖學仙學，雖作用不同，然其本體工夫之無欲，則一而已矣。〔註65〕

東廓言本體為「良」，即「剛健中正純粹精，一毫夾雜不得」、「至明至健，無一毫障壅」，也就是說本體本身就是「無欲」的；言工夫為「致」，即「復其剛健中正純粹精，一毫因循不得」、「復其至明至健，一毫因循不得」，也就是說「致良知」工夫乃是本體的自我之要求，要求回復至本然狀態，要求保持「無欲」之狀態，這也是鄒東廓繼承陽明「本體工夫為一」的義理架構時，論述上的主要立足點。因此，東廓秉此才說：「聖學仙學，雖作用不同，然其本體工夫之無欲，則一而已矣」。換言之，東廓雖有側重在「去欲」以「復良知」的傾向，但此並非是以一個後天的工夫去革除欲蔽，以求得先天的本體；而是出於先天本體為彰顯於現實，而時時對自我的要求，即做去欲工夫的同時，也就是良知本身作用的彰顯。這一點，正是鄒東廓談「本體工夫」的真正義涵，也是從這一點對陽明工夫理論的精確把握，使得鄒東廓的陽明學論述，不會有所偏離走作。

由於鄒東廓對於「欲」的看重與強調，使得他在實際教學與論說上，也往往將「欲」看成是一種須要對治的「病症」來討論，東廓說：

若以貨色名利比諸霧靄魑魅，則有所未穩。形色天性，初非嗜欲，惟聖踐形，祇是大公順應之，無往非日月，無往非郊野鸞鳳。若一有增減，則妻子家事，猶為霧靄魑魅，心體之損益，其能免乎？凡人與聖人，對景一也，無增減是本體，有增減是病症。今日亦無別法，去病症以復其本體而已矣。〔註66〕

〔註64〕 〔明〕鄒守益：〈簡朱鎮山督學〉，《鄒守益集》，頁615。

〔註65〕 〔明〕鄒守益：〈答馬生達世瞻〉，《鄒守益集》，頁557。

〔註66〕 〔明〕鄒守益：〈簡劉獅泉君亮〉，《鄒守益集》，頁579。

東廓在此說明，若以「貨色名利」、「形色天性」來說明「欲」，恐非穩當。他強調直接就本體而言，本體是一毫增減不得的，因此凡有所增減，就是「病症」，也就是「欲」，也是之前筆者討論到的「自私」、「用智」。簡單地說，鄒東廓談本體說「無欲」，言工夫強調「去欲」，而「去欲」是因應本體「本然無欲」的自我要求，非別有一個「去欲」工夫，若有人爲上有意地另尋工夫，此便是「自私」、「用智」，便是「欲」，便不合「本體」。東廓雖極力強調本體與功夫爲一，但如筆者所言的，在實際教學與論說上，東廓爲了強調「遷善改過」、「爲善去惡」的工夫，來針砭時弊，而常將「致良知」說成是一種「對治」的工夫，他說：

> 知病是良知，醫病是致良知。知怠惰則醫以憂勤，知疏略則醫以嚴密，知客氣未消則醫以融化，庶幾可以卻疾而延年。不可外此別求對症之藥。〔註67〕

> 明德之良，原無粗疏，原無夾雜，原無安排，原自廓然大公，原自物來順應。種種爲累，皆是自私用智病症。知得病症，便是良知；醫得病症，便是致良知。若知病症而不能服暝眩以復本體，是忌目之昏而不求復其明，豈有了手期耶？〔註68〕

> 夫橫逆之忿，隱忍而未能懲；貨利聲色之欲，搖動而未能窒；皆習氣之蔽也。然知忿知欲，便是良知；去忿與欲，便是致良知。〔註69〕

東廓說「良知」能「知病」、「知得病症」、「知忿知欲」，而「致良知」就是「醫病」、「醫得病症」、「去忿與欲」。東廓用「未有知病而不醫病」來形容良知的「知行合一」，此言實是針對絕大多數的學者立教，如此也使人不易流入恣情縱欲。

　　不過，鄒東廓對於王陽明「致良知」的傳揚，著重在「去欲」的一面，強調「醫得病症」、「去忿與欲」的「致良知」之意，實是本於對周濂溪「無欲」之學的看重，東廓論曰：

> 學聖之要，濂溪先生所以發孔孟之蘊也。一也者，良知之眞純而無雜者也。有欲以雜之，則二三矣。無欲也者，非自然而無也。無也者，對有而言也。有所忿懥好樂，則實而不能虛；親愛賤惡而辟，

〔註67〕〔明〕鄒守益：〈答東山諸友〉，《鄒守益集》，頁757。
〔註68〕〔明〕鄒守益：〈簡復梅養粹〉，《鄒守益集》，頁573～574。
〔註69〕〔明〕鄒守益：〈簡葉旗峰秋卿〉，《鄒守益集》，頁574。

　　則曲而不能直。故《定性》之教曰：「君子之學，莫若廓然而大公，物來而順應。」大公者，以言乎靜虛也；順應者，以言乎動直也。自私用智，皆欲之別名也。君子之學，將以何爲也？學以去其欲而全其本體而已矣。學者由濂溪、明道而學，則紛紛支離之說，若奏黃鍾以破蟋蟀之音也。〔註70〕

東廓說「君子之學，將以何爲也？學以去其欲而全其本體而已矣」，可說是鄒東廓思想中的核心所在，且東廓將濂溪的「無欲」之學，視爲「發孔孟之蘊」。正是基於此一看法，東廓在接受王陽明的「致良知教」時，很自然地著重由周濂溪「無欲」之學的角度切入來把握，因此他說「一也者，良知之眞純而無雜者也」，將濂溪的「一者無欲」與陽明的「良知」結合在一起，而「去欲」的「致良知」工夫，同時也是「無欲」的良知本體的自我發用，這就是鄒東廓以良知做爲本體而言的「無欲」之學，也是鄒東廓由良知本體而言的「本體工夫」。因此，雖然鄒東廓由於私淑周濂溪，且對於濂溪之學看重與推崇，但是這些只能看做鄒東廓在接受王陽明「良知學」時，自身的「背景知識」，或者說是一個「切入視點」，然就鄒東廓的全幅思想來看，其整體的義理架構是服膺在陽明的良知學底下的。

二、「推擴」以顯良知

　　這一部分則要說明鄒東廓對於王陽明「致良知」工夫中，「推擴」這一面的意義所作的闡發。首先，筆者先就王陽明說明「致良知」工夫「推擴」意義上作一論述，再來討論鄒東廓繼承陽明，對於「致良知」中「推擴」意涵有所論述的相關言詞進行分析。

（一）王陽明以「致知格物說」來展示良知的「推擴」義

　　王陽明對於「致良知」的「推擴義」這一方面的說法，主要表現在他對於「致知格物」的論說上，陽明曰：

　　朱子所謂格物云者，在「即物而窮其理」也。即物窮理，是就事事物物上求其所謂定理者也。是以吾心而求理於事事物物之中，析心與理而爲二矣。若鄙人所謂致知格物者，致吾心之良知於事事物物也。吾心之良知，即所謂天理也。致吾心良知之天理於事事物物，

──────────────

〔註70〕〔明〕鄒守益：〈錄青原再會語〉，《鄒守益集》，頁443。

則事事物物皆得其理矣。致吾心之良知者，致知也。事事物物皆得其理者，格物也。是合心與理而爲一者也。〔註71〕

「格」字之意，有以「至」字訓者。如「格于文祖」，「有苗來格」，是以至訓者也。然格于文祖，必純孝誠敬，幽明之間，無一不得其理，而後謂之格。有苗之頑，實以文德誕敷而後格。則亦兼有「正」字之義在其間。未可專以「至」字盡之也。如「格其非心」，「大臣格君心之非」之類，是則一皆正其不正以歸於正之義。〔註72〕

陽明言「致吾心之良知者，致知也」，而「事事物物皆得其理者，格物也」，實則陽明的「致良知」，不僅包括「致知」，也包括「格物」，因爲「格物」才是「致知」的眞正落實與完成。〔註73〕以下這段引文，王陽明此意表達得更清楚，陽明曰：

蓋鄙人之見，則謂意欲溫凊，意欲奉養者，所謂意也。而未可謂之誠意。必實行其溫凊奉養之意，務求自謙，而無自欺。然後謂之誠意。知如何而爲溫凊之節，知如何而爲奉養之宜者，所謂知也。而

〔註71〕 〔明〕王守仁：〈傳習錄中〉，《王陽明全集》，頁44～45。

〔註72〕 〔明〕王守仁：〈傳習錄中〉，《王陽明全集》，頁47～48。

〔註73〕 牟宗三先生認爲：「『致知』者是對於『吾心之良知』不讓其爲私欲所間隔而把它推致擴充到事事物物上。而所謂把良知推致擴充到事事物物上，並不是把良知之認知活動推致到事事物物上而認知事事物物之理，乃是把『良知之天理』（良知自身即天理）推致擴充到事事物物上而使之『得其理』，『得其理』是得其合於『良知天理』之理。……『格物』者是以良知之天理來正物，並不是以吾人心知之認知活動來窮究事物之理。」牟宗三：《從陸象山到劉蕺山》，頁232。蔡仁厚亦指出：「陽明之格物須帶致知說。致知是致吾心良知之天理於事事物物，以正此事物，成此事物。而格物（正物、成物）實乃本良知以成用，與《中庸》所謂『成己成物』，《易傳》所謂『各正性命』之義相通。據此可知，陽明之格物義是形上學的，不是認識論的。朱子之格物義則含有認識義。……（陽明所謂「心與理一」「心外無理」「心外無物」，亦皆是形上的命題。）故格物即是正物，即是成物。一切事物皆在良知之涵潤成就中，攝物以歸心，而爲心所貫徹，此便是形上的直貫。」蔡仁厚：《王陽明哲學》（台北：三民書局，1974年10月），頁32～33。勞思光先生則說：「若落到面對外界之工夫上說，即涉及陽明所謂之『格』。陽明所謂『格物』即是『正行爲』。因『物』非外在『事物』之義，故若與朱熹之說比較，則可說陽明之『物』亦屬『內』，而朱說之『物』方屬『外』。但若就陽明自己之思想系統看，則說到『格物』時，方涉及此心面對世界之決定；亦可說，只到『格物』，方涉及『對外』也。」勞思光：《新編中國哲學史（三上）》（台北：三民書局，1983年2月），頁408。

未可謂之致知。必致其知如何爲溫凊之節者之知，而實以之溫凊。
致其知如何爲奉養之宜者之知，而實以之奉養，然後謂之致知。溫
凊之事，奉養之事，所謂物也。而未可謂之格物。必其於溫凊之事
也，一如其良知之所知當如何爲溫凊之節者而爲之，無一毫之不盡。
於奉養之事也，一如其良知之所知當如何爲奉養之宜者而爲之，無
一毫之不盡，然後謂之格物。溫凊之物格，然後知溫凊之良知始致。
奉養之物格，然後知奉養之良知始致。故曰，「物格而後知致」。致
其知溫凊之良知，而後溫凊之意始誠。致其知奉養之良知，而後奉
養之意始誠。故曰，「知至而後意誠」。〔註74〕

陽明言「溫凊之物格，然後知溫凊之良知始致。奉養之物格，然後知奉養之
良知始致」，此爲「物格而後知致」；又言「致其知溫凊之良知，而後溫凊之
意始誠。致其知奉養之良知，而後奉養之意始誠」，此爲「知至而後意誠」。
王陽明在此是強調「致良知」工夫的一個「雙向」的過程：即良知之彰顯落
實（物格），就是致良知（知致）的完成；而能夠落實「致良知」工夫（知致），
則其所發之「意」便能本於良知本然之發用而「誠」無不善（意誠）。〔註75〕
王陽明此說，可謂是他對「致良知」工夫理論的一個較精密的分解展示。

（二）鄒東廓以「『推擴』良知」釋「『致』良知」之說

鄒東廓對於「致良知」工夫中，「推擴」意義這一面的闡發，主要體現在
以下四個部分：

1、以「執規矩以出方圓」說明「致良知」

鄒東廓雖然在整體的學術特色上有著重於「去欲」一面之傾向，但在「致
良知」的說法上，他仍保有陽明「推擴」良知的一面。如同之前筆者所提到
的，鄒東廓雖在闡揚良知學思想時，著重於「去欲」的「實功」上，但此並

〔註74〕 〔明〕王守仁：〈傳習錄中〉，《王陽明全集》，頁48～49。
〔註75〕 陳來對於王陽明的「意」與「物」之間的關係有所說明：「『意』具有一種對
　　　　對象的指向性質，物只是作爲意的對象才有意義，是意構成了事物的意義
　　　　（理），事物的秩序來自構成它的意，因而物不能脫離意識結構來定義。……
　　　　意向對象是否實在，意向是否已對象化都是不重要的，重要的是意向行爲本
　　　　身，因爲意向行爲本身決定著作爲對象的物的性質。……對於王守仁來說，
　　　　『物』主要不是指現實的東西，而是指意向之物，即呈現在意識中的東西。」
　　　　又說：「『意之所在便是物』的命題根本正是要把物歸結爲意念，只有把格物
　　　　的物歸結爲意念，才能把『格物』解釋爲『格心』，心外無物的意義就是要人
　　　　在心上做格物功夫。」陳來：《宋明理學》，頁206。

非說，東廓所把握的陽明學說僅限於這一方面，而是說他雖全面地把握了陽明師說，但在實際論學時，他往往特別強調「去欲」這一方面。但他對於「致良知」之說，在「積極」的「推擴義」上仍是有的，關於「推擴以顯良知」此思想的師承，主要體現在他以「良知」爲「規矩」，以應外去出「方圓」的說法上。東廓說：

> 聞諸父師曰：良知也者，天然自有之規矩也；致良知也者，執規矩以出方員也。果能致其良知，常精常明，不爲自私用智之所障，則執規以爲員，執矩以爲方，雖千變萬狀，無往非天德之流行矣。若止以比擬於形跡，點檢於事爲，而大公順應之體，未免於有障，是摹方而倣員者也，將必有所不通。世之學者，不自信其良知爲足以開物成務，而謂必假於外以增益之。果若爾言，則修己以敬可以安百姓，戒慎恐懼可以位育，擴充四端可以保四海，將非聖門簡易之學乎？〔註76〕

> 故善學者，操規矩以出方員；不善學者，執方員以擬規矩。夫無思無爲，常寂常感，天然自有之規矩也。中以言乎體也，和以言乎用也，戒懼以言乎功也，位育以言乎變化也。〔註77〕

> 良知之教，操規矩以出方圓也。……愛敬親長，吾良知也；親親長長以達天下，將非致吾之良知乎？惻隱羞惡，吾良知也；擴而充之，以保四海，將非致吾之良知乎？孰爲禮，孰爲非禮，吾良知也；非禮勿視聽言動，而天下歸仁，將非致吾之良知乎？〔註78〕

鄒東廓強調良知之在人，它是「天然自有之規矩」，因此善惡的判準毋需外求，它就存於人之內在，人具有充分實現道德的主動性與主體性。〔註79〕

〔註76〕〔明〕鄒守益：〈簡陸眞山〉，《鄒守益集》，頁 633。

〔註77〕〔明〕鄒守益：〈諸儒理學語要序〉，《鄒守益集》，頁 80。

〔註78〕〔明〕鄒守益：〈九華山陽明書院記〉，《鄒守益集》，頁 322～323。

〔註79〕朱湘鈺認爲：「東廓融合良知之教與《大學》、《中庸》合一之旨，因此對孟子的主體道德性與《中庸》的存有論思路並沒有如此清晰的辨明，甚至有意泯除彼此之間的差異性，其援《大學》、《中庸》思想入良知說，『不踰矩』之學便足以爲證——『良知即矩』、『矩即良知』，雖然仍是以良知爲首腦的脈絡下說，然良知在踐德過程中，權化爲一客觀之『矩』，以作爲吾人踐德之標竿的概念，以及致知爲一無窮盡的踐德活動，其融入《中庸》的存有論思路，可謂有進於師說者。」朱湘鈺：〈平實道中啓新局——江右三子良知學研究〉，頁 81。

於此，他主要是繼承了陽明「致良知也者，執規矩以出方圓」的說法。

2、「良知」爲「揆事宰物之本」

鄒東廓除了繼承了陽明以良知爲規矩，去「正其不正以歸於正」的向外「推擴義」之外，因爲本身的良知才是道德善惡的判準，外在事物的判準都必須由這個內在的「天然自有之矩」來決定。因此，東廓又有一說：

> 蓋惟自致其良知，不狥毀譽，不拘格式，不求聲名，爲其所爲，欲其所欲，無爲其所不爲，無欲其所不欲，如斯而已矣。後之學者，不知自致其良知以爲揆事宰物之本，往往依憑於外，以爲前卻。故知其不可爲，而眾或悅之，則靡然而從之矣；知其可爲，而眾或非之，則蹜然而辟之矣。古之人所已行而心所不安，亦摹倣而蹈之矣；心之所安而古人未嘗行焉，亦隱忍而弗果矣。嗚呼！良知之在人，猶輕重之有權，長短之有度也。〔註80〕

東廓「自致其良知以爲揆事宰物之本」之說，一方面強調「良知」爲「揆事宰物之本」；一方面又包含「良知」必須去「揆事宰物」，才能眞正落實與彰顯良知的意思。顯見東廓在繼承王陽明「致良知」的「推擴」這一面說法上，同時把握了這兩層意義。

3、「推己及人」即「推擴良知」的表現

再者，鄒東廓以己身良知爲「規矩」去應外出「方圓」，此一「致良知」的「推擴義」，有時東廓還會將它運用在「己所不欲，勿施於人」的觀念上：

> 聖門之教，正是恆久其功，故本體流行，更無壅障。見大賓，承大祭，吾良知也；曰如見如承，祇是時時如此而已。己所不欲，吾良知也；曰勿施於人，祇是時時勿違而已。何等簡易，何等切實，何等就業，何等恆久！〔註81〕

因爲，「己所不欲」是吾「良知」本身的要求；因此，「勿施於人」也只是不違背「良知」而已。東廓將「致良知」的「推擴義」，轉化爲此種「推己及人」的意義，在現實的教育活動上，更容易讓學者們理解與把握，且又能落實陽明學實地工夫的一面而不走作，而有助於傳播其學說。類似的此種說法，其實在陽明也曾提過，陽明曰：

〔註80〕〔明〕鄒守益：〈贈邵文化〉，《鄒守益集》，頁62～63。
〔註81〕〔明〕鄒守益：〈簡歐三溪劉三峰諸同志〉，《鄒守益集》，頁621。

「所惡於上」是良知。「毋以使下」即是致知。〔註82〕

雖然，東廓言「己所不欲，勿施於人」，陽明曰「所惡於上，毋以使下」，但所要說明與強調的重點，皆是在「推己及人」的此種意義上，來說明「致良知」的「推擴義」。

4、良知愈「致」愈「精明」

另外，就此種向外「推擴」的「致良知」意義而言，其實所要強調的是「行」的重要性，意即若無行之於外的表現，良知是無法真正彰顯的。良知之學在現實上的用功落實，一直是鄒東廓所特別強調的面向。東廓言：

> 繼自今率其宗人以求禮之本，充其良知良能以盡事生事存之實，致其愛而愛焉，致其敬而敬焉，愛日致而愈存矣，敬日致而愈著矣，則一舉足，一出言，惴惴然恐辱其身以玷其先也，而況於其奠獻興俯之儀，有弗能肅於禮者乎？〔註83〕

東廓說「致其愛而愛焉，致其敬而敬焉，愛日致而愈存矣，敬日致而愈著矣」，「愛」與「敬」皆是「良知本體」本然具有的，因此，東廓此說是指良知必須透過「致」的工夫，才能越「致」越精明；而「致良知」的工夫，同時也是良知本身的彰顯。必須時時著實去「致」良知，良知才能時時保持「彰顯」的狀態，這就是東廓所要強調的。誠如筆者前面所提過的，陽明的「致良知」實包括了他所討論的「致知」與「格物」兩部分，因為所謂「致良知」工夫，必須對外去「格物」，才能言良知的彰顯與落實。陽明說明的是一個整體「致良知」工夫的展開，而東廓「致其愛而愛焉，致其敬而敬焉，愛日致而愈存矣，敬日致而愈著矣」，所強調的則是良知必須去「致」才能「彰顯」的觀念，雖省略了陽明對於「致良知」工夫義理結構上的分解說明，但在大體上已表達且掌握了陽明「致良知」工夫的全面意義。

三、「戒慎恐懼」即「致良知」

「戒慎恐懼」是鄒東廓學說的宗旨所在，他一生論學皆不離「戒懼」之說，而這並非他個人所獨創，而是在王陽明本身就有的說法，因此可說是東廓繼承陽明學的側重點所在。

〔註82〕〔明〕王守仁：〈傳習錄下〉，《王陽明全集》，頁114。
〔註83〕〔明〕鄒守益：〈廬陵黃氏先祠記〉，《鄒守益集》，頁329。

（一）來自王陽明授以「《學》、《庸》之旨一也」之說

在本章一開始的部分，我們已經說明過鄒東廓特別標舉「戒愼恐懼」作爲論學宗旨，此來自於他當初的問學動機，鄒東廓就教於王陽明並接受了陽明以良知學的義理架構來詮釋的「《大學》、《中庸》之旨合一」的說法：

> 致知者，致吾心之良知於事事物物也。致吾心之良知於事事物物，則事事物物皆得其理矣。獨，即所謂良知也；愼獨者，所以致其良知也；戒謹恐懼所以愼其獨也。《大學》《中庸》之旨，一也。〔註84〕

王陽明言「愼獨者，所以致其良知也；戒謹恐懼，所以愼其獨也」，換言之，在陽明的良知學架構下，「愼獨」、「戒謹恐懼」皆是「致良知」之別名。此後，鄒東廓論學的重心，皆謹守著這最初陽明爲其解惑之說而不移。而關於陽明「愼獨」、「戒愼恐懼」即「致良知」的觀念，並非只有針對東廓問於陽明時而發，這是王陽明本身的良知學中含有的思想。〔註85〕關於「戒愼恐懼」與「良知」、「致良知」的關係，王陽明在多處地方皆曾提過。例如，陽明說：

> 蓋不覩不聞，是良知本體。戒愼恐懼，是致良知的工夫。學者時時刻刻常覩其所不覩，常聞其所不聞，工夫方有箇實落處。久久成熟後，則不須著力，不待防檢，而眞性自不息矣。〔註86〕

> 來書云：夫子昨以良知爲照心。竊謂良知，心之本體也。照心，人所用功，乃戒愼恐懼之心也。猶思也。而遂以戒愼恐懼爲良知，何歟？能戒愼恐懼者是良知也。〔註87〕

陽明明白地說明「戒愼恐懼」就是「致良知」的工夫，又在回答弟子陸原靜時說「能戒愼恐懼者是良知」。蓋陽明所謂的「致良知」不是在「良知」之外，別有一個工夫去「致」，而是說「致良知」也就是「良知」本身的發用，因爲，

〔註84〕〔明〕耿定向：〈東廓鄒先生傳〉，《鄒守益集》，頁1382～1383。

〔註85〕鮑世斌認爲：「王陽明以獨知解釋良知，以愼獨釋致良知，以戒愼恐懼釋愼獨。通過這樣的邏輯推演，將戒愼工夫納入到致良知的工夫當中。王學的基本理論框架是以《大學》爲文本基礎的，這也是自朱子以後的新儒家的一個重要發展趨勢。……如果說致良知說的提出使王陽明找到了《孟子》與《大學》的結合點，那麼他在此進一步以《中庸》戒懼、愼獨之義釋《大學》之致知，也就是以此作爲《中庸》與《大學》的結合點。」鮑世斌：《明代王學研究》，頁158。

〔註86〕〔明〕王守仁：〈傳習錄下〉，《王陽明全集》，頁123。

〔註87〕〔明〕王守仁：〈傳習錄中〉，《王陽明全集》，頁65。

陽明的「良知」本身就是包含「知」與「行」兩面的「知行本體」。〔註88〕換句話說，「戒慎恐懼」不是一個「後天工夫」，而是「先天本體」（良知）本然存在的特質，而在後天彰顯發用出來。這部分日後成爲鄒東廓論學的大頭腦處，東廓學說的整體特色，可說是以「戒慎恐懼」四字貫穿著，而這也是出於他對陽明學最初的信仰與自身對學術的真誠而發。

（二）鄒東廓以「戒慎恐懼」爲「致良知」實功

　　承上所論，鄒東廓在「致良知」的工夫上強調「戒慎恐懼」爲實地工夫，主要是來自於最初陽明對其開釋的說法，而這同時也是王陽明思想中本有的部分，只是日後東廓特別從這方面切入以闡揚師說，並加以發揚光大。東廓曰：

> 戒慎不睹，恐懼不聞，便是致良知工夫。古之人不顯亦臨，無斁亦保，故純一不已，與維天之命同運。今因高明玄妙之論，而遂疑及先師別有徑捷，不輕語人，得非子禽之疑有異聞乎？孔門諸子，亦疑聖人爲有隱，故曰「吾無行而不與二三子」。其自敘用力處，祇在庸德之行，庸言之謹，何嘗有玄妙徑捷？來觀兩不敢字，便是兢兢業業，千古希聖一派血脈。祇從此著實點檢，不苟且放過，便是不負師門，更不必求異聞也。〔註89〕

> 不睹不聞，是指良知本體；戒慎恐懼，所以致良知也。良知一也，自其無昏昧謂之覺，自其無放逸謂之戒懼，自其無加損謂之平等，其名言雖異，其工夫則一。〔註90〕

東廓強調只要著實去做「戒慎恐懼」工夫，便是「致良知」，便是「不負師門」；又說「良知一也，自其無昏昧謂之覺，自其無放逸謂之戒懼，自其無加損謂之平等，其名言雖異，其工夫則一」。可見東廓主要是從「戒慎恐懼」去把握

〔註88〕對此，林月惠有精闢的說明：「陽明所謂的『知行合一』之『知行』，可用『良知良能』來指涉：『知』即是『良知』（體），『行』即是『良能』（用）。故良知（體）必含良能（用），言『知』必含『行』，反之亦然。在這個意義下，『知』、『行』並不是一般所言的『見解』（知識）與『履踐』（行爲），『合一』也不是將知行二者結合，而是指良知本體之兩面向的相即不二：良知之體（知）即良知之用（行）。」林月惠：《詮釋與工夫：宋明理學的超越蘄嚮與內在辯證》，頁160～164。

〔註89〕〔明〕鄒守益：〈簡楊道亨〉，《鄒守益集》，頁677。

〔註90〕〔明〕鄒守益：〈答曾弘之〉，《鄒守益集》，頁522。

陽明的「致良知」工夫的，同時，東廓亦強調「自其無放逸謂之戒懼」，即指「戒懼」乃良知本身之性質，此「戒慎恐懼」工夫是良知本身的發用，做工夫也就是在彰顯良知。因此，鄒東廓由「戒慎恐懼」這一面，來把握王陽明「良知爲知行本體」的義理架構，並做爲論學的宗旨〔註91〕。

而鄒東廓特標「戒慎恐懼」爲「致良知」工夫，此說又能同時統合「致良知」工夫中，「復」與「顯」的兩面。〔註92〕東廓曰：

> 善學者致其心體之精明，戒慎恐懼，以復其初，不使外誘之私得以投閒而病之，則仁義之性，粹然在我，而循良、隱逸、剛介、醇篤，隨其所遇，時而措之，凡古人之輕重長短，不須比擬，不須揣摩，昭昭然在吾權度中矣。〔註93〕

又曰：

> 良知之精明，人人具足，然而或精明或障蔽，則存乎其人。學者果能戒慎恐懼，常精常明，而縱橫酬酢，無一毫間斷，則即此是善，更何所遷？即此非惡，更何所去？一有自私用智之障得以間隔之，則須雷厲風飛，遷而改之，如去目中之塵而復其本體之明，頃刻不能以安，便是實致良知手段。故嘗謂乾乾不息於誠，所以致良知也；懲忿窒欲，遷善改過，皆致良知之條目也。〔註94〕

雖然之前筆者曾提過「去欲」是鄒東廓所特別重視的一面，其言「戒慎恐懼，以復其初」，則「戒慎恐懼」彷彿只是「去欲以復良知」一面的工夫。然而，東廓承陽明「自良知無放逸謂之戒懼」的觀念，此「戒慎恐懼」乃是良知自我之要求，它是良知本然的性質，良知本身便有要求自我保持在「無欲」狀態的特性，因此，「戒慎恐懼」正是良知本身的發用，「去欲」的同時，即是良知的「彰顯」。東廓就是在這樣的思維下，而言「一有自私用智之障得以間隔之，則須雷厲風飛，遷而改之，如去目中之塵而復其本體之明，頃刻不能

〔註91〕 張學智說：「戒懼不僅是心理狀態，也是功夫本身。這一功夫在周敦頤就是主靜，在程朱就是寡欲，在王陽明就是致良知。其名雖異，功夫只是一個。鄒守益認爲自己的『戒懼』包括了王陽明致良知的全部意思，同時也包括了《大學》、《中庸》的全部意思。」張學智：《明代哲學史》，頁168。

〔註92〕 鮑世斌亦認爲：「鄒守益所言戒慎恐懼工夫有二義，一是去除本體之蔽義，二是保養本體精明義，即時時提撕警覺，不使心體稍有所忽，這是第一義的進一步引申。」鮑世斌：《明代王學研究》，頁160。

〔註93〕 〔明〕鄒守益：〈長洲縣儒學鄉賢祠記〉，《鄒守益集》，頁392～393。

〔註94〕 〔明〕鄒守益：〈與董生兆時〉，《鄒守益集》，頁531。

以安，便是實致良知手段。」一有違反良知本身的欲望出現，良知便會「戒慎恐懼」予以掃除，頃刻不能以安，這正是實致良知的工夫。

　　鄒東廓透過對「戒慎恐懼」的提揭與強調，正是爲了凸顯「致良知」的工夫，即良知的彰顯與落實，反對人們將「工夫」看爲外在有礙本體之物；又或者過於強調後天的工夫，而忽視了後天工夫本身又是先天本體的自我要求與彰顯。因此，東廓說：

> 愼獨之義，聖門於《大學》、《中庸》皆揭此二字，此是最切要處看來。愼字從心從眞，天命流行，物與無妄，無不具祇箇眞。人能戒愼恐懼，顧諟明命，便是樸樸實實見在工夫，成己成物，皆從一誠字出。此獨知之眞，無分動靜，十目十手與屋漏，皆靈明獨覺，莫見莫顯。於此須臾不離，乃爲致良知之學。使一毫未眞，便自欺，自欺即是大病。故嘗語南岳同志曰：除卻自欺便無病，除卻愼獨便無學。〔註95〕

東廓強調人若能「戒慎恐懼」，便是樸樸實實地作「見在工夫」，鄒東廓並不言「見在本體」，而只言「見在工夫」，此乃是爲了提醒世人「先天本體」必然要透過「戒慎恐懼」此等後天的工夫彰顯，才得以證明自身的存在。同時，「戒慎恐懼」工夫雖在「後天」落實，但又不離「先天本體」，因爲樸樸實實地去做「見在工夫」，正是因應先天的良知本體要在後天彰顯與發用的自身要求。否則，空空說一個良知本體，只能是僅存於先天而無法在後天落實與證實的懸想之物。

第五節　以「見在本體工程」〔註96〕反對「見成本體」

　　以上我們已經討論了鄒東廓對於陽明師說的繼承與把握，可見東廓卻能彰顯師說而不偏離走作，而在本節，筆者特別要將東廓所提出的一個新詞作一說明。筆者認爲東廓提出的「見在本體工程」一詞，不僅是爲了針砭當時學者倡言「見成良知」之流弊，而要喚醒世人不該忽略當下工夫之外；更重要的是，東廓將此一名詞的提出，正可凸顯他的學說特色與重點所在。

〔註95〕〔明〕鄒守益：〈答洪生謙亨論學〉，《鄒守益集》，頁777。

〔註96〕鄒東廓說：「過去未來之思，皆是失卻見在功夫……精神見在，就業不暇……憧憧往來，朋從爾思，此是將迎病症。思曰睿，睿作聖，此是見在本體。」〔明〕鄒守益：〈復濮工部致昭〉，《鄒守益集》，頁536。

一、鄒東廓對陽明學「本體與工夫爲一」的正確認識

透過上節分析，可知鄒東廓相當強調「致良知」的實地工夫，且因爲他能夠把握王陽明的「良知爲知行本體」的思想，因此亦能夠認識到「工夫並不礙本體」，因爲「工夫」正是本體的自我要求，「工夫」正是本體的彰顯，並非別有一個後天的工夫去求得先天之本體。因此，東廓雖然極力著重在「行」，即對工夫方面的闡釋，但對於陽明「知行合一」的義涵，確實能正確地把握。只是，東廓學說中的鮮明特色在於，東廓因認識到工夫正是本體本身的特徵，把握了本體與工夫爲一的思想，因此，在他強調「工夫」的同時，往往直接地以致良知工夫來取代論述良知本體，也可以說因爲談致良知工夫，便是談良知本體。鄒東廓相當著重在對本體與工夫兩者爲一的論述上，東廓曰：

> 做不得工夫，不合本體；合不得本體，不是工夫。〔註97〕

此意實接續自陽明而來，陽明亦曾說：

> 合著本體的，是工夫。做得功夫，方識本體。〔註98〕

東廓與陽明師徒二人，對於本體與工夫的說法，剛好是一正一反的論述。陽明從正面肯定地說：「合著本體的，是工夫。做得功夫，方識本體。」東廓由反面論述：「做不得工夫，不合本體；合不得本體，不是工夫。」東廓與陽明之意，雖皆包含「本體與工夫爲一」之意，但兩人著重的重心實有所差別。王陽明先談所謂「工夫」是「合著本體」的，再說「做得功夫，方識本體」，此「本體」須去做「合著本體」的「工夫」方能「識」得，則陽明的重點是放在「工夫」純熟後，便識「工夫即本體、本體即工夫」的境界。而東廓的重心則是放在對「工夫」意涵的說明，「做不得工夫，不合本體」，即是說「作得工夫的，必合乎本體」；「合不得本體，不是工夫」，即是說「合乎本體的，才是工夫」，東廓兩句話其實是同一個意思，他所要強調的是「工夫出於本體」，工夫非後天的工夫，而是先天本體在現實中彰顯的工夫。〔註99〕

〔註97〕〔明〕鄒守益：〈再答雙江〉，《鄒守益集》，頁542。

〔註98〕陳榮捷：《王陽明傳習錄詳註集評》，頁390。

〔註99〕楊國榮評論東廓說法時認爲：「在現成良知說那裡，本體作爲既定的、現成的形式而構成了日用常行的起點。與之相對，工夫派之肯定本體對工夫的制約，則以過程論爲其理論前提。從動態的角度看，本體與工夫的關係總是展開爲一個不斷互動的過程，這一互動過程的具體內容表現爲：通過致知工夫而達到對良知的明覺，又以對本體的明覺進一步範導工夫。……從正面看，做不

二、反對倡言「見成本體」，而強調「見在工夫」

因為鄒東廓對於「本體」與「工夫」兩者統一的認識，因此，他不言「見在本體」，而只談「見在本體工程」，即「見在工夫」。〔註100〕東廓曰：

> 故戒懼於未病，謂之性；戒懼於已病，謂之復。復也者，復其天性
> 之本明，非有添於性也。先言戒懼，後言中和。中和自用功中復得
> 來，非指見成的。若論見成本體，則良知良能，桀紂非嗇，堯舜非
> 豐，何以肫肫浩浩淵淵獨歸諸至聖至誠乎？指其明體之大公而無偏
> 也，命之曰中；指其明體之順應而無所乖也，命之曰和。一物而二
> 稱，猶稱子之名曰山，稱子之字曰仰之。稱名以召，則字在其中；
> 稱字以召，則名在其中矣。世之以中和二致者，是靜存動省之說誤
> 之也；以性上不可添戒懼者，是猖狂而蹈大方之說誤之也。〔註101〕

當王龍溪談「見成良知」時，包括兩面意思：一個是良知的「先天性」，一個是良知的「顯在性」，也就是說良知不僅是先天存在的本體，且同時能夠在後天彰顯。〔註102〕而當鄒東廓說「若論見成本體，則良知良能，桀紂非嗇，堯舜非豐，何以肫肫浩浩淵淵獨歸諸至聖至誠乎？」時，東廓所反對的「見成本體」，是指良知「顯在性」的問題，東廓對於良知能否時時於後天中彰顯抱持懷疑，因此他相當強調後天工夫的重要性。即鄒東廓之意，是指桀、紂、堯、舜皆有先天的良知本體，東廓並非否認良知的「先天性」，而是強調此先天的良知本體何以在堯、舜身上能夠彰顯，在桀、紂卻隱沒不顯。東廓強調能夠「戒慎恐懼」，正是良知能否彰顯的關鍵，因此，東廓才說「以性上不可添戒懼者，是猖狂而蹈大方之說誤之也」，因為，「戒懼」正是「性」本身的特質。東廓於此強調的是良知透過工夫的落實才得以彰顯，因為去做工夫正是本體發用彰顯的證明。東廓在另外一處，也對此有進一步說明：

> 後世講來講去，往往自習染之後言之，環視病症，與正學許多妨礙，

> 得工夫，不合本體，也就是由工夫而得本體：合不得本體，不是工夫，則是
> 循本體更進於知。按工夫派之見，本體與工夫的這種動態統一過程，具有無
> 止境的性質。」楊國榮：《良知與心體——王陽明哲學研究》（台北：洪葉文
> 化，1999 年 8 月），頁 324。

〔註100〕吳震：《陽明後學研究》（上海人民出版社，2003 年 4 月），頁 11。關於「見在本體工程」一詞，為東廓所獨創，此容於下一部分再作論述。

〔註101〕〔明〕鄒守益：〈復高仰之諸友〉，《鄒守益集》，頁 549～550。

〔註102〕吳震：《陽明後學研究》，頁 8。

故退然以聖人為不可學,而不察良知本體原與堯舜無異。邇來習聞良知之說矣,復以意見測度,自謂與聖人同體,故遂以任意為率性,而不察許多病症見與堯舜不同。斯二者,其害道均也。孟子千辛萬苦爭箇性善,正是直指本體,使學者安身立命,自成自道,更無寬解躲避去處,中間種種過惡,皆是自欺自畫,原不是性中帶來。其在醫家,真所謂頂門一針矣!夫目之分皂白,心之別是非,其精明一也。離婁之明,非有加於目也,能不失其本明而已矣。堯舜者,性中之離婁也,萬古此天地,則萬古此目;萬古此目,則萬古此明。

故堯舜皆可為,文王皆可師,真是無可疑者。然人人不能皆堯舜與文,何也?病障之也。〔註103〕

東廓此說實是批評倡言「見成本體」之說,因此說「邇來習聞良知之說矣,復以意見測度,自謂與聖人同體,故遂以任意為率性,而不察許多病症見與堯舜不同」,因此,凡人要如同堯舜等聖賢能夠讓本體「精明」,必須要「去病障」。東廓此說,正是要世人毋忘平日「去欲」之工夫,若空言「見在良知本體」而無實實在在地去做工夫除病障,則「往往自習染之後言之」;或者自暴自棄以為聖人是學不來的,而「不察良知本體原與堯舜無異」。鄒東廓針對要破除「見成本體」的迷信又有一譬喻:

所示「太陽當天,哪有魑魅?」足見求仁真切之功。然不知或有雲霧,或有晦蝕,亦須下一轉語否?古人戒慎恐懼,無須臾之離,造次顛沛,出門使民,參前倚衡,正為學者立教,使完此常照之體。〔註104〕

東廓對於有學者提出的「太陽當天,哪有魑魅」的說法,表示懷疑。此句前半「太陽當天」,對東廓來說是沒有問題的,這是良知「先天存在」的問題;但對於後半句「哪有魑魅」,則東廓表示無法認同,這是後天能否「顯在」的問題。因此,東廓強調時時行「戒慎恐懼」之功,以「完此常照之體」,如此才能讓先天良知本體於後天確實地彰顯與證實其自身存在。

三、「見在本體工程」即是「見在工夫」

承上所論,鄒東廓強調「工夫」的落實,因此反對倡言「見成本體」而

〔註103〕〔明〕鄒守益:〈貢院聚講語〉,《鄒守益集》,頁719。
〔註104〕〔明〕鄒守益:〈簡李北石〉,《鄒守益集》,頁672。

忽略先天的良知本體是否能時時於後天「顯在」的問題，因此著重在當下的
工夫落實與彰顯。而東廓對此一「見在工夫」，又稱呼它為「見在本體工程」。
意即當下能去做便當下能彰顯良知本體，此功一疏忽，便失卻良知本體，「過
去未來之思」都只是懸想一個良知本體，而非彰顯良知本體。鄒東廓說：

> 過去未來之思，皆是失卻見在功夫，不免借此以繫此心。緣平日戒慎
> 功疏，此心無安頓處，佛家謂之胡孫失樹，更無伎倆。若是視於無形，
> 聽於無聲，洞洞屬屬，執玉捧盈，精神見在，兢業不暇，那有閑功夫
> 思量過去、理會未來？故憧憧往來，朋從爾思，此是將迎病症。思曰
> 睿，睿作聖，此是見在本體工程。毫釐千里，更祝精察。〔註105〕

此處，東廓之所以要批評「過去未來之思」，反對「憧憧往來，朋從爾思」，
認為這些都是「將迎」之病症〔註106〕，是因為他要強調時時刻刻，當下的工
夫之落實，良知本體唯有透過平日的「戒慎工夫」，才能有所安頓，得以彰顯。
因此，他強調的不僅是「工夫見在」，同時也是「精神見在」，一心一意只在
當下貫徹成聖之道，而不是在過去或者未來去「懸想」一種本體與工夫。東
廓說「思曰睿，睿作聖」，即是說此精神是時時當下保持在「思作聖」的方向
上，此「精神」是「道德化」的精神方向，永遠保持在指向「思作聖」的道
路上，而能時時當下去做工夫，這就是「見在本體工程」。因此，「見在本體
工程」不僅是一種良知本體外在工夫的落實，同時也是內在的精神所向。蓋
鄒東廓所說的「見在本體工程」，強調的是良知本體「當下顯在」的問題，只
要能夠去做「戒慎之功」，即是「見在工夫」。〔註107〕因為，東廓所說的「工

〔註105〕〔明〕鄒守益：〈復濮工部致昭〉，《鄒守益集》，頁536。

〔註106〕「憧憧往來，朋從爾思」一語出於《易經‧咸卦‧九四》，《周易正義》注曰：
「〈憧憧往來朋從爾思〉者，始在於感未盡感極，惟欲思運動以求相應，未能
忘懷息照任夫自然，故有憧憧往來，然後朋從爾之所思也。」〔魏〕王弼、韓
康伯注，〔唐〕孔穎達正義：《周易正義》（台北：新文豐出版公司，2001年6
月），頁283。「憧憧往來，朋從爾思」一語，亦見於受東廓所推崇的明道〈答
橫渠張子厚先生定性書〉當中。明道說：「《易》曰：『貞吉，悔亡。憧憧往來，
朋從爾思。』苟規規於外誘之除，將見滅於東而生於西也，非惟日之不足，
顧其端無窮，不可得而除也。」〔宋〕程顥：〈答橫渠張子厚先生書〉，《二程
集》，頁460～461。可見東廓此說乃是承自橫渠說法而來。

〔註107〕點出鄒東廓「見在本體工程」一詞的吳震亦認為：「所謂『精神見在』、『見在
本體』顯然是指良知本體，而所謂的『見在本體工程』無非就是『見在工夫』
的代名詞。可見，鄒東廓對『見在本體』與『見在工夫』之關係有統一的把
握。」吳震：《陽明後學研究》，頁11。

夫」皆是緊扣著「知行本體」的「行」的一面而言的「工夫」，因此，「見在工夫」正是東廓所謂的「見在本體工程」。可見，東廓提到「見在」一詞時，他指的是「當下顯在」，本體不能顯現，便不能說「見在本體」，要彰顯本體，便要做「見在本體工程」，即「見在工夫」，因爲此工夫正是本體的顯現，舍此戒慎工夫之外，別無本體可言。因此，他的「戒慎恐懼」、「主敬」等工夫學說思想，正是在這樣的基礎上開展開來的。

第四章　論學重心——鄒東廓的「見在本體工程」理論

　　在上一章章末我們提到鄒東廓所強調的「見在本體工程」、「見在工夫」，鄒東廓認爲沒有不談工夫，而能完整地敘述本體的；沒有不落實工夫，而能說本體得以彰顯的。蓋鄒東廓能夠體認到王陽明「本體工夫爲一」的良知學義理架構，但在實際論學時，東廓因有感於當時學者往往有倚於「體」、溺於「寂」，而割裂體用、寂感，以及倡言「見成良知」而忽略了良知是否眞能時時「顯在」的問題。因此，鄒東廓往往強調「工夫」一面的重要性。但是，東廓所強調的「工夫」，非爲後天去求得先天本體的「工夫」，而是指先天本體在後天彰顯的「工夫」，此鄒東廓稱爲「見在本體工程」。〔註1〕首先，筆者在討論鄒東廓的「見在本體工程」理論之前，將先針對「見在本體工程」一詞進行定義的界說；接著，深入分析鄒東廓所強調的「見在本體工程」主要有二：包括論學的大宗旨——「戒愼恐懼」，以及在良知學架構下重新理解與詮釋的「主敬」之說。最後，要說明的是，鄒東廓還從天道的自強不息，來強調良知本體之工夫亦是不息的。

〔註1〕論者王偉民説：「陽明『良知説』的要義，不在於良知的性質是無還是有，是靜還是動，而在於『心與理一』，在於人們的所作所爲不是以外面的要求爲依據，而是以內心良知的眞切發見爲依據：不是踐行外在的準則，而是踐行自心的良知；不是在『門面格式』上維持，而是自身實際的受用。説鄒守益是王學宗子，主要還是因爲他恪守和闡揚了良知説的這一要義。」王偉民：〈破「門面格式」，做「實際學問」〉，《中國哲學史》（2008 年第 4 期），頁 106。

第一節　所謂「見在本體工程」

在討論鄒東廓的「見在本體工程」學說時，首先得對何謂「見在本體工程」釐清定義。在上一章的末節，筆者已討論過鄒東廓的「見在本體工程」一詞，爲東廓所獨創，在其他陽明學者那邊皆未曾提及。在本節，筆者所要進一步深入闡釋的是，「見在本體工程」除了等同於「見在工夫」，即鄒東廓的「戒愼恐懼」、「主敬」等工夫之外，對於其義理架構可否給予一個更周密的界說。筆者認爲此可從後人所討論的「本體工夫」一詞來切入，說明鄒東廓的「見在本體工程」，如此或許較能夠掌握東廓所把握與發揮的陽明學特色所在。雖然「本體與工夫爲一」是陽明學義理架構中的核心，但王陽明與陽明後學，包括鄒東廓皆不曾說過「本體工夫」一詞。〔註2〕學者杜保瑞曾提出「本體工夫」一詞並做過說明：

> 本體工夫的意思是說工夫是在主體的心性情中發出的，儒家工夫的根本意旨也就是本體工夫，是主體的心行的修養事業，不是在身體上鍛鍊的活動，不只是誠意正心是本體工夫，而是不論是格物致知還是修身齊家治國平天下，都是心理修養意義的本體工夫，只是所對的對象不同，事物的層次不同，因此有不同的概念，但是根本意義都是心理修養活動，也就是都是本體工夫。……一切儒家的工夫實踐之學都是本體工夫之學，即工夫即本體，即本體即工夫，所有工夫都是本體工夫，不論下學上達，頓悟漸修。〔註3〕

杜保瑞從儒家所從事的皆是「心理修養活動」這一層意義來說明「本體工夫」，以及所有工夫，皆是由主體的心性情發出而言。筆者在此引用杜保瑞的「本體工夫」一詞來說明鄒東廓的「見在本體工程」，但是筆者所要聚焦討論的是，鄒東廓收攝於「良知本體」的「本體『工夫』」、「見在本體『工程』」。這方面，在研究陽明後學的學者中，包括岡田武彥和吳宣德都曾討論過，岡田武彥將鄒東廓歸爲「修證派」，並指出：

〔註2〕鄒東廓說：「做不得工夫，不合本體：合不得本體，不是工夫。」王陽明曰：「合著本體的，是工夫。做得功夫，方識本體。」雖然不論陽明或者東廓皆強調「本體工夫爲一」，但並未提出「本體『工夫』」一詞，然筆者認爲這個詞，亦能借用來彰顯鄒東廓所把握的陽明學之學說特色所在，因爲此「工夫」不只是道德的修養活動，而是良知本體的「自我彰顯」，將工夫緊緊地收攝爲良知本體自發而進行論述，是鄒東廓論學的最重要立足點。

〔註3〕杜保瑞：〈朱熹經典詮釋中的工夫理論〉，《揭諦》第11期（2006年6月），頁31。

修證派的工夫是本體的工夫，而不是與本體相對的工夫。所謂本體
的工夫就是「用功於本體」上；所謂與本體相對的工夫，則可以說
是「用功而求本體」。〔註4〕

筆者認爲岡田武彥「用功於本體上」一說，仍無法清楚說明鄒東廓的工夫理
論，更確切地說，應該是「應於本體本身的自我要求而作工夫」、「工夫是本
體的自我彰顯」，如此說法才能眞正把握住陽明學工夫論特色與鄒東廓所著力
之處。因此，筆者認爲吳宣德的說明較能清楚表達鄒東廓的工夫特色，吳宣
德在評論鄒東廓以及學說思想與鄒接近的歐陽南野時言：

在鄒、歐那裡，格物致知之作爲追求「良知」本體的手段，並不意
味著格物致知具有徹底的工具特徵，恰恰相反，雖然在理論上格物
致知被看作一種「手段」，但實際上，格物致知本身即是「良知」的
自然要求。因此，在鄒、歐那裡，格物致知即是「良知」的現實表
現形式。〔註5〕

吳宣德說明鄒東廓所討論的格物致知等「工夫」正是「良知本體」的「現實
表現形式」，是良知的「自然要求」。筆者認爲此說能夠切中核心，關於鄒東
廓的「見在本體工程」理論，筆者認爲應該從這角度來理解之。

因此，筆者在此借用杜保瑞所說的「本體工夫」一詞，來理解鄒東廓的
「見在本體工程」，但是就內涵而言，不同於杜保瑞所說的那般廣義，筆者聚
焦於鄒東廓思想，給予較嚴格的狹義解釋，認爲就鄒東廓而言，吳宣德的說
法可較清楚說明鄒東廓的「見在本體工程」意涵，即鄒東廓收攝於「良知本
體」而言的「本體『工夫』」。本節筆者將針對鄒東廓思想中關於「見在本體
工程」理論的義理結構進行分析，東廓的「本體工夫」可從兩個面向來審視：
一爲所謂「工夫」，是本體自我之要求，而非後天去求得先天本體的工夫；二
是鄒東廓所謂的「工夫」，是就良知本體本身具有的「警惕」性質而言之，是
良知本身具備之性質的表現。

一、工夫爲本體自我之要求

其實，鄒東廓並非一開始就能精準地把握住陽明學「本體與工夫爲一」

〔註4〕岡田武彥：《王陽明與明末儒學》（上海：上海古籍出版社，2000年），頁152。
〔註5〕吳宣德：《江右王學與明中後期江西教育發展》（南昌：江西教育出版社，1996
　　　年），頁156。

的義理架構，他做工夫的心路歷程，其實是有個轉折進程的。王龍溪曰：

> 東廓會中常以所得次第示人，云：「自聞教以來，始而戒懼於事爲，
> 未免修飾支持，用力勞而收功寡；已而戒懼於念慮，未免滅東生西，
> 得失者半，已而戒懼於心體，始覺有用力處，亦始覺有得力處。」
> 蓋事爲者，念慮之應跡，心則念慮之本也。本立則念慮自立而事爲
> 自當，此端本澄源之功，聖學之則，所謂以身爲教者也。吾契與諸
> 友聚處，舍此亦無可相講者矣。〔註6〕

鄒東廓接受了王陽明的《大學》、《中庸》合一之旨後，以「戒慎恐懼」爲學
問宗旨，但是用力處在不同階段有所不同，一開始是在「事爲」上做工夫，
但感到「用力勞而收功寡」；再來在「念慮」上做工夫，卻又感到「滅東生西，
得失者半」；最後才在「心體」上做工夫，始覺有用力處與得力處，因爲「心
爲念慮之本」，此爲「端本澄源」之功。也因此，岡田武彥才會說，鄒東廓的
工夫是「本體的工夫」，也就是「用功於本體上」。岡田武彥的說法雖不能說
錯誤，但此說法，容易令人有所誤解，以爲仍是將工夫和本體視爲二者，即
便說「用功於本體上」，然而「工夫」與「本體」仍如同兩件。鄒東廓也說過：

> 戒慎恐懼之學，不放縱，亦不拘迫。放則忘，拘則助。曰其所不睹
> 不聞，「其」字當深玩。正指性命本體；曰不可須臾離，離則過不及
> 矣。〔註7〕

又說：

> 近來講學，多是意興，於戒懼實功全不著力，便以爲妨礙自然本體，
> 故精神泛浮，全無歸根立命處。間有肯用戒慎之功者，止是點檢於
> 事爲，照管於念慮，不曾從不睹不聞上入微。〔註8〕

東廓言「『其』字當深玩。正指性命本體」是指「戒慎乎其所不睹，恐懼乎其
所不聞」，即「戒慎恐懼」於「『其』本體」，東廓認爲須注意「其」就是指「本
體」，因此「戒慎恐懼」之功，實不能離本體，此功是在本體上做工夫。且又
說戒慎恐懼須「從不睹不聞入微」，「不睹不聞」即指「良知本體」。但是，不
能忽略的一點是，東廓此「工夫」雖是在「本體上做工夫」，但仍是出於「良

〔註6〕 〔明〕王畿：〈漫語贈韓天敍分教安成〉，《王畿集》（南京：鳳凰出版社，2007
年3月），頁468。

〔註7〕 〔明〕鄒守益：〈答汪周潭中丞問學〉，《鄒守益集》（南京：鳳凰出版社，2007
年3月），頁776。

〔註8〕 〔明〕鄒守益：〈簡余柳溪〉，《鄒守益集》，頁551。

知本體」；也就是說，此「工夫」不僅是在「本體上做工夫」，且是「出於本體『自身』的工夫」。因為，東廓強調此「戒慎恐懼」是「不忘不助」的，即合乎良知本體的本然狀態。另外，鄒東廓還曾說過：

> 故天命謂性，指降衷也；戒慎不睹，恐懼不聞，指實功也。自矩之大公曰中，自矩之順應曰和，自大公順應之，裁成輔相，發育而峻極曰位育。〔註9〕

東廓說「故天命謂性，指降衷也；戒慎不睹，恐懼不聞，指實功也」，所謂「實功」，即是吳宣德所說的「現實表現形式」，是「天降之衷」即「良知」的「現實表現形式」。東廓所說的「實功」，不僅是指「落實良知的工夫」、「實地的工夫」、「實際的工夫」；且更重要的是，他說明的是「戒慎恐懼」乃是「現實上的工夫」，也就是良知本體在現實中表現的工夫，此工夫若沒有表現出來，其實本體是無法彰顯，無法表現自身存在的，即本體的存在非如此是無法證明的。因此，鄒東廓在他的詩文中，留下了這麼一句話：

> 箇箇人心有仲尼，自垢自浴果誰主？〔註10〕

鄒東廓此句詩文，精要地展現了他的學說思想，即「良知」有自我要求時時洗滌自己的特性，這就是為何我們說此「工夫」雖是「在本體上做工夫」，但又是「出於本體自身的工夫」。因為，「良知本體」能夠「自垢自浴」。正如同，鄒東廓寫信反駁聶雙江「以體該用」、「以寂宰感」之說時說的：

> 收視是誰收？斂聽是誰斂？即是戒懼工課。〔註11〕

因為「戒懼工課」，正是良知自我要求表現的「實功」。蓋鄒東廓所指稱的「工夫」，皆是本於陽明學「知行合一」、「本體工夫為一」而言的「工夫」，且鄒東廓強調自身所提出的「工夫」是出於「本體自身要求」。這對當時有「以工夫防礙自然」、「良知見成，不犯做手」；或者因過於強調工夫，而導致以為「先天本體」需要「後天工夫」才能求得之偏的學風，不啻是一劑針砭之藥方。

二、強調良知本體的「警惕」義

在上一部分，筆者討論的是鄒東廓所言之「工夫」乃是出於「本體自身之要求」，而在此要繼續說明的是，這種出於本體自身之要求的「工夫」，從

〔註9〕　〔明〕鄒守益：〈復古書院贈言〉，《鄒守益集》，頁98。

〔註10〕　〔明〕鄒守益：〈浴佛日勉諸同志〉，《鄒守益集》，頁1233～1234。

〔註11〕　〔明〕鄒守益：〈再簡雙江〉，《鄒守益集》，頁541。

另一方面來說，同時也是本體的「性質」。鄒東廓說明他的「工夫論」時，往往強調良知本體「警惕」的一面，因爲這種「工夫」，是出於良知本體本身具備的「警惕」特性，而自我要求去實行工夫。東廓對於「工夫」乃是良知本身「性質」的此種觀念，最直接且清楚地論述，可見於以下這段話：

> 良知本體，原自精明，故命之曰覺；原自眞實，故命之曰誠；原自警惕，故命之曰敬，曰戒懼。不須打併，不須挽和，而工夫本體，通一無二，更何生熟先後之可言？〔註12〕

此段話，鄒東廓就良知本體的各種特性進行說明，其中他透過良知「原自警惕」的特質，來說明他所強調的「主敬」、「戒懼」等工夫，因此，他才說「工夫本體，通一無二」，就是說「工夫」不僅是來自於「本體」，且正是本體自身的性質，並非是說工夫純熟後才能達到本體與工夫合一的境界，因爲做工夫的同時就已經是本體警惕性質的表現了，因此，東廓說「何生熟先後之可言」。〔註13〕

鄒東廓在這樣的思想基礎上，回應有人認爲「工夫有礙自然本體」時說：

> 諸君試驗心體，是放縱的，是不放縱的？若是放縱的，添箇戒懼，卻是加了一物；若是不放縱的，則戒懼是復還本體。年來一種高妙，開口談不思不勉、從容中道精蘊，卻怕戒懼拘束，如流落三家村裏，爭描畫宗廟之美、百官之富，於自家受用，無絲毫干涉。〔註14〕

東廓此說在強調良知本體，本來就是「不放縱」的，因此「戒懼」也只是「復還本體」，是回歸本體自然的展現，並不能說戒懼「加了一物」或者是「拘束本體」。〔註15〕另外一面，鄒東廓又認爲季彭山（本，1484～1563）過於強調

〔註12〕〔明〕鄒守益：〈答詹復卿〉，《鄒守益集》，頁650。

〔註13〕勞思光先生亦說：「細察東廓之意，則所謂『戒慎恐懼』乃緊扣良知之常明及流行講，不似伊川『主敬』，只是『主一』，偏於形式意義。蓋東廓之工夫，係先肯認良知之主宰，然後就此主宰性說『戒慎恐懼』，說『敬』；故東廓說『敬』，總以『良知之精明』解之，不能離開『良知』說也。」勞思光：《新編中國哲學史（三上）》（台北：三民書局，1983年2月），頁439。

〔註14〕〔明〕鄒守益：〈冲玄錄〉，《鄒守益集》，頁743。

〔註15〕蔡仁厚先生曾分析區分過質疑者與王陽明兩方對「敬畏」認知意義上的不同，蔡仁厚說：「問者之所謂『敬畏』，不是指《中庸》『戒慎不睹，恐懼不聞』的戒慎恐懼，卻反而是就《大學》『心有所恐懼，有所憂患』的恐懼憂患而言。心既有所恐懼憂患，有所好樂忿懥，則其心便已爲外物所牽累而不平不正矣。這個時候的敬畏，只是緊張、強制，所以愈用敬畏，則愈不灑落。反之，若就《中庸》之戒慎恐懼而言，則所謂『敬畏』，只是存養吾心良知之天理，常

警惕，卻忽略了「警惕」乃是出於良知本體「自然」的表現，因此說：

> 警惕變化、自然變化，其旨初無不同者。不警惕，不足以言自然；
> 不自然，不足以言警惕。警惕而不自然，其失也滯；自然而不警惕，
> 其失也蕩。〔註16〕

鄒東廓爲了糾正季彭山，因此強調所謂「警惕」，其實正是「自然」的表現，兩者並無不同，「警惕」與「自然」並不是相對立的，因爲「警惕」正是本體「自然」之性質的展現。〔註17〕

　　總而言之，鄒東廓所言的「見在本體工程」，是指收攝於良知本體「警惕」性質而言，時時當下去落實展現的工夫，此「工程」並非後天去「建構」本體之意，亦非後天別有一個「工夫」去「尋得」本體。而是說此「工程」正是「良知本體之表現」，因此實實在在去做工夫，便時時保有良知本體不蒙蔽之狀態，時時能讓良知本體呈顯。在這樣的意義之下，我們說鄒東廓的「見在本體工程」，是一種收攝爲良知本體自然表現的「本體『工夫』」。

第二節　論學宗旨——「戒愼恐懼」之學

　　「戒愼恐懼」是鄒東廓論學的核心宗旨，東廓此一學說的提出，除了挽救學者談「見成良知」所導致的流弊之外，且對於只談工夫，而忽略良知本體自然義的說法，也有糾正的效果。但是，無可諱言的是，鄒東廓強調「戒愼恐懼」之學，這使得他論學著重在不敢放縱的工夫特色，此爲予人的鮮明印象。這與他的學術性格，當然是具有直接的相關，東廓曰：

> 孔子何等天縱，及十五便志於學，然忘食忘憂，未嘗少懈。觀其自

> 保其昭明靈覺，勿使昏昧放逸，便自然無所牽擾，而灑脫自在；如此，則『敬
> 畏』與『灑落』自能相貫而一致。」蔡仁厚：《王陽明哲學》（台北：三民書
> 局，1974 年 10 月），頁 187。蔡仁厚先生此段說法，來自於王陽明曾經在回
> 答舒國用「敬畏之增，不能不爲灑落之累」疑問中說過：「孰謂『敬畏之增，
> 乃反爲灑落之累』耶？惟夫不知灑落爲吾心之體，敬畏爲灑落之功，歧爲二
> 物而分用其心，是以互相抵牾，動多拂戾而流於欲速助長。是國用之所謂『敬
> 畏』者，乃大學之「恐懼憂患」，非中庸『戒愼恐懼』之謂矣。」〔明〕王守
> 仁：〈答舒國用〉，《王陽明全集》，頁 190～191。

〔註16〕〔明〕鄒守益：〈再簡季彭山〉，《鄒守益集》，頁 519。

〔註17〕陳榮捷先生說：「東廓將戒懼與自然收於良知本體上來談，實本於陽明的『良
　　　　知教』而來。」陳榮捷：《王陽明傳習錄詳註集評》（台北：台灣學生書局，
　　　　1983 年 12 月），頁 416。

> 責自修，曰不敢不勉，不敢盡。連說「不敢」字，是何等警惕，何
> 等敬畏！吾儕之學，祇是一「敢」字便壞了。若能以不敢爲心，常
> 戒常懼，常若對越神明，何學不成？〔註18〕

又說：

> 致良知之説，欲以主忠信明之，使學者孜孜謹言慎行，以盡進德居業
> 之實，不騖於多言，不墮於高妙，此於先師之訓，最爲有功。〔註19〕

透過東廓言「吾儕之學，祇是一『敢』字便壞了」此等論說，顯見他的思想
特色在於糾正世人過於放縱的學風，認爲聖學應當是「不騖於多言，不墮於
高妙」，警惕敬畏，不敢有一絲一毫的放縱，親力親爲地著實去用功，這才是
眞正能夠有功於「先師之訓」者。

因此，鄒東廓就是在這樣的思想基礎上，特別提出以「戒愼恐懼」爲論
學宗旨，本節針對「戒愼恐懼」此論學宗旨，分爲三部分進行論述：首先，
東廓所說的「戒愼恐懼」工夫，非後天之工夫，而是先天良知本體的性質；
再者，「戒愼恐懼」工夫，在東廓學說中，並不只是消極的防治，而可說是他
整個工夫論的統稱；最後，也是鄒東廓與王陽明論學的一個差異所在，在於
鄒東廓因強調「戒愼恐懼」之工夫，以此來統合學說，因此有以「戒愼恐懼」
取代陽明「良知」爲學說宗旨的傾向，甚至有時以「戒懼」來取代「良知」
做爲對本體的稱呼。

一、「戒愼恐懼」是良知本然的性質

在上一節談「本體工夫」的部分，筆者已討論過鄒東廓所言的「工夫」，
皆是收攝於良知本體「警惕義」以言之。這一部分，對於鄒東廓將「戒愼恐
懼」此一工夫，收攝於良知本體而言的論說，再做一深入闡述。鄒東廓說：

> 不睹不聞，是指良知本體；戒愼恐懼，所以致良知也。良知一也，
> 自其無昏昧謂之覺，自其無放逸謂之戒懼，自其無加損謂之平等，
> 其名言雖異，其工夫則一。〔註20〕

> 良知之本體，本自廓然大公，本自物來順應，本自無我，本自無欲，
> 本自無揀擇，本自無昏昧放逸。若戒愼恐懼不懈其功，則常精常明，

〔註18〕〔明〕鄒守益：〈濮致昭錄會語〉，《鄒守益集》，頁 773。
〔註19〕〔明〕鄒守益：〈答季彭山〉，《鄒守益集》，頁 592。
〔註20〕〔明〕鄒守益：〈答曾弘之〉，《鄒守益集》，頁 522。

無許多病痛。特恐工夫少懈，則為我、為欲、為昏、為放，雖欲不
揀擇，有不可得爾。〔註21〕

之前我們已經談過，「戒慎恐懼」即「致良知」的工夫，而東廓在此又說「自
其無放逸謂之戒懼」，也就是說，自良知本體「無放逸」之特性言「戒懼」，
而此同時又是工夫，其言「工夫則一」，其所指之「工夫」就是「戒慎恐懼」。
東廓說明了良知「本自無昏昧放逸」的特色，因此若能「戒慎恐懼不懈其功」
自然能夠「常精常明」。其「戒慎恐懼」之工夫，皆是緊扣著良知「不昏昧」、
「不放逸」的特色來說。因此，明儒徐階（1503～1583）評論東廓學說時說：

> 然予以為自孔孟沒，正學不傳，陽明先生出，始一袪卑陋支離之蔽，
> 而學者乃或失其宗旨，競談玄虛而忘實踐，便於無所拘檢，而以戒
> 懼為窒於自然。非公力排過之，其風靡波蕩，不入於王何之為不止，
> 故公於斯道，立坊樹準，有大功焉。〔註22〕

徐階認為當時學風為「競談玄虛而忘實踐」，因此「以戒懼為窒於自然」，而
東廓提出「戒慎恐懼」為論學宗旨，可謂「立坊樹準，有大功焉」，對於東廓
學說給予高度評價。徐階此說不僅能夠掌握住東廓學說與當時學風之間的關
係，且亦能認識到東廓學說所強調的「戒懼」與「自然」並不相礙，能守陽
明之學。「戒懼」之所以不礙「自然」，在於「戒懼工夫」是「良知本體」「自
然」的表現，因為良知本不昏昧放逸。〔註23〕東廓認為：

> 故戒懼於未病，謂之性；戒懼於已病，謂之復。復也者，復其天性
> 之本明，非有添於性也。先言戒懼，後言中和。中和自用功中復得
> 來，非指見成的。若論見成本體，則良知良能，桀紂非嗇，堯舜非
> 豐，何以肫肫浩浩淵淵獨歸諸至聖至誠乎？指其明體之大公而無偏
> 也，命之曰中；指其明體之順應而無所乖也，命之曰和。一物而二
> 稱，猶稱子之名曰山，稱子之字曰仰之。稱名以召，則字在其中；
> 稱字以召，則名在其中矣。世之以中和二致者，是靜存動省之說誤

〔註21〕　〔明〕鄒守益：〈復石廉伯郡守〉，《鄒守益集》，頁 511～512。
〔註22〕　〔明〕徐階：〈明故南京國子監祭酒禮部右侍郎諡文莊鄒公神道碑銘〉，《耿天
　　　　臺先生文集》卷十四，收入《鄒守益集》，頁 1380。
〔註23〕　《傳習錄》中記載：「問，「『不睹不聞』，是說本體，『戒慎恐懼』，是說功夫
　　　　否」？先生曰，「此處須信得本體原是不睹不聞的，亦原是戒慎恐懼的。戒慎
　　　　恐懼，不曾在不睹不聞上加得些子。見得真時，便謂戒慎恐懼是本體，不睹
　　　　不聞是功夫。」鄒東廓的「戒慎恐懼」之學，可謂是對於陽明此一說法的更
　　　　進一步闡述。〔明〕王守仁：〈傳習錄下〉，《王陽明全集》，頁 105。

　　　　之也：以性上不可添戒懼者，是猖狂而蹈大方之說誤之也。〔註24〕

東廓以「戒懼」來貫穿「未病」、「已病」，言「戒懼於未病，謂之性；戒懼
於已病，謂之復」，意即「戒懼」是「性」本然之狀態，因此「未病」時，
是本然性體呈露之時，此時是「戒懼」；而當「已病」時，此時本體會自然
而然有一股要求自己復歸本然狀態的力量，此時「戒懼」雖是要「復」本
體的工夫，但於本體並無有所增損。因此，東廓說「以性上不可添戒懼者，
是猖狂而蹈大方之說誤之也」。〔註25〕不論「未病」、「已病」，不論本體有

〔註24〕　〔明〕鄒守益：〈復高仰之諸友〉，《鄒守益集》，頁549～550。
〔註25〕　雖然鄒東廓一再強調「戒懼」工夫，乃是本體隨時保持自身不受欲望障蔽的
　　　　「本體工夫」。不過，研究者吳宣德則認為「江右王學」的理論存有邏輯上的
　　　　矛盾，他認為：「如果說『良知』是為人所先天具有、且必然能夠支配人的道
　　　　德意識和道德行為，那麼『良知』本身之會受到障蔽就是一個值得懷疑的問
　　　　題。毫無疑問，如果『良知』或『本心』即具有規定人的行為之價值取向的
　　　　功能，那麼任何個人的私意或私欲都不可能雜入人的行為當中。理由就是：
　　　　在人的任何意識產生或行為發生時，『良知』或『本心』實際都已經對其道德
　　　　性進行了自動的選擇。『良知』和『本心』的這種功能即為江右王門所大加
　　　　強調的『自然明覺』、『虛靈順應』性。然而，在江右王門的觀念裡，『良知』、
　　　　『本心』還是敵不過『人欲』，『人欲』依然能使此『良知』或『本心』受到
　　　　障蔽。人欲之能夠影響到人的先天的道德本質，實際上是因為『良知』或『本
　　　　心』沒有發揮其應有的作用。既然如此，『良知』或『本心』就不是如王門學
　　　　者所宣稱的那樣能夠自然而能地控制人的內心意識和外在行為以使它們免致
　　　　不善。因此，當江右王門學者在強調『良知』的功用時，他們事實上忽略了
　　　　道德教育與修養為什麼必需的問題；而當他們強調道德教育與修養之存在價
　　　　值時，他們又忽略了『良知』本身的特性。江右王門對『良知』同道德教育
　　　　與修養之關係的論述就是建立在這樣一種矛盾的前提之下的。」吳宣德：《江
　　　　右王學與明中後期江西教育發展》，頁200。換言之，照東廓學說，既然能戒
　　　　懼於「未病」，就不該出現有「已病」的狀態。不過，吳宣德此一質問不僅鄒
　　　　東廓或者他所說的「江右王學」無法回答，就算整個陽明學都不能回答此一
　　　　質問。與此類似的看法，楊國榮甚至認為此為最終導致王學分化的原因，楊
　　　　國榮說：「王陽明的致知過程論以良知的先天預設為其邏輯前提，這就使它難
　　　　以避免內在的理論張力：一方面，良知作為先驗之知，其內容不僅是通過天
　　　　賦而一次完成的，而且具有終極的性質，後天的致知不能對它作任何損益；
　　　　另一方面，達到良知（對良知的自覺把握）又必須經歷一個『無窮盡』的過
　　　　程：『致』突出了過程性，而良知的天賦性又排斥了過程。王陽明通過強調主
　　　　體對良知的自覺意識的過程性而掩蓋了良知本身的封閉性，從而暫時使這一
　　　　矛盾隱而未彰，但這並沒有從根本上解決矛盾。事實上，在先驗論的範圍內，
　　　　良知的天賦性（封閉性）與致知的過程性的矛盾是不可能完全解決的。正是
　　　　先天之知與後天之致（致知過程）的以上張力，從另一個側面賦予了王學以
　　　　二重性，並最終導致了王門後學的分化。」楊國榮：《王學通論──從王陽明
　　　　到熊十力》（上海：華東師範大學出版社，2003年9月），頁84～85。

無遭受蒙蔽，「戒懼」乃是本體不變的本性。因此，東廓又言：

> 須是戒慎不睹，恐懼不聞，直從天命之性，精明眞純，自本自根，
> 無須臾玩愒，則人倫以察，庶物以明，凡千聖六經之蘊，粲然如指
> 諸掌，由是寫出胸中所蘊，不費推測，不藉窮索，方是修辭立誠之
> 學。近來深信瑟僩之學，眞是武公接續聖門正脈工夫，即此是主宰，
> 即此是照管，即此是流行，即此是片段，須臾有息，便非良知本體。
> 〔註26〕

東廓此段亦是以「戒慎恐懼」來貫穿，言「自本自根，無須臾玩愒」，因爲唯
有「戒慎恐懼」才能彰顯良知本體，因此，東廓說「即此是主宰，即此是照
管，即此是流行，即此是片段」「須臾有息，便非良知本體」，因爲良知本體
是無時無刻不戒慎恐懼的，「戒慎恐懼」不僅是良知作主宰的表現，也是良知
照管事物的態度，是良知於現實中流行的工夫，只要一離開「戒慎恐懼」的
狀態，便已失卻良知主宰，便已非良知本體的呈顯。〔註27〕鄒東廓便是在這
樣一個緊扣著良知本體性質的基礎上，來展開他的「戒慎恐懼」工夫理論的。

二、「戒慎恐懼」爲所有工夫的統稱

在第三章，談鄒東廓步入王門的契機時，我們已經提過，鄒東廓之所以
以「戒慎恐懼」做爲他論學的宗旨，與王陽明以良知學揭示「《大學》、《中庸》
之旨合一」有直接的關係，這也是鄒東廓信奉以及闡揚良知教的出發點。本
部分要討論的是，鄒東廓因重視工夫方面的實地學問，不僅以「戒慎恐懼」
爲論學的宗旨，且「戒慎恐懼」在他的工夫學說當中，所代表的是所有工夫
的統稱。王陽明以「致良知」爲宗旨，到了鄒東廓多只談「戒慎恐懼」，這是
因爲對於鄒東廓而言，「戒慎恐懼」即「致良知」，它並非只是「致良知」工
夫底下的一個條目，而是所有工夫的統稱。

湛甘泉弟子呂巾石（懷，1493～1573）曾評論過東廓學說曰：

〔註26〕〔明〕鄒守益：〈復濮致昭冬卿〉，《鄒守益集》，頁536～537。
〔註27〕戴君仁認爲鄒東廓「戒懼」與羅念菴「主靜」無異，戴君仁說：「戒懼亦說本
體。心體本不放縱，它自然地知戒懼，能戒懼，即是它的體段本是收斂的，
此與念菴主靜無異。」戴君仁：〈論江右王門〉，《陽明學論文集》（台北：華
岡出版有限公司，1972年2月），頁154。然而，戴君仁忽略了東廓與念菴的
義理架構有別，東廓的「戒懼」是就良知性質而言，它不同於念菴言「主靜」，
是具有「以體該用」、「以寂宰感」等特色。

> 東廓鄒先生，陽明先生嫡派也。嘉靖戊子，懷受業甘泉先生，得侍先
> 生於南膳之郎署。庚子，又從史宮選於坊局。每聞先生開示學者，必
> 以肫肫暤暤、戒慎不離爲教，此其所以發明師說者，至矣。〔註28〕

呂巾石說鄒東廓「以肫肫暤暤、戒慎不離爲教，此其所以發明師說者，至矣」，
細查東廓的學說思想，東廓的確是從「戒慎恐懼」這一面來把握以及發明王
陽明良知學的。「戒慎恐懼」一詞最早出現在《中庸》，可謂中國傳統儒家本
身就具有的工夫理論。〔註29〕而此一工夫理論，直至宋明理學家，包括朱子
與陽明兩大儒，都曾討論過。〔註30〕王陽明曾說：

> 必欲此心純乎天理，而無一毫人欲之私。此作聖之功也。必欲此心
> 純乎天理，而無一毫人欲之私。非防於未萌之先，而克於方萌之際
> 不能也。防於未萌之先，而克於方萌之際。此正中庸戒慎恐懼，大
> 學致知格物之功。舍此之外，無別功矣。〔註31〕

在陽明學說中，是以「致良知」來統合「致知格物」、「戒慎恐懼」等工夫的，
雖然「致知格物」、「戒慎恐懼」即「致良知」，即便放在王陽明本身的學說中，
都可視爲是一同等地位的工夫；〔註32〕但是，對於陽明而言，他並不以「戒

〔註28〕 〔明〕呂懷：〈東廓鄒先生文集序〉，載光緒三十年刻本《東廓鄒先生遺稿》
卷末，今收入於《鄒守益集》，頁 1340。

〔註29〕 《中庸》：「道也者，不可須臾離也，可離非道也。是故君子戒慎乎其所不睹，
恐懼乎其所不聞。」朱子注曰：「道者，日用事物當行之理，皆性之德而具於
心，無物不有，無時不然，所以不可須臾離也。若其可離，則爲外物而非道
矣。是以君子之心常存敬畏，雖不見聞，亦不敢忽，所以存天理之本然，而
不使離於須臾之頃也。」〔宋〕朱熹：《四書章句集注》（長沙：岳麓書舍，2008
年 1 月），頁 26。鄭玄注曰：「小人閒居爲不善，無所不至也。君子則不然，
雖視之無人，聽之無聲，猶戒慎恐懼自脩正，是其不須臾離道。」《禮記正義》
卷五十二，頁 397。

〔註30〕 朱子說：「『戒慎』一節，當分爲兩事，『戒慎不睹，恐懼不聞』，如言『聽於
無聲，視於無形』，是防之於未然，以全其體；『慎獨』，是察之於將然，以審
其幾。」又說：「然聖人亦未嘗不戒慎恐懼。『惟聖罔念作狂，惟狂克念作聖。』
但聖人所謂念者，自然之念：狂者之念，則勉強之念耳。」〔宋〕黎靖德編：
〈中庸一・第一章〉，《朱子語類》（北京：中華書局，1986 年 3 月），卷六十
二，頁 1502、1500。蓋朱子的「戒慎恐懼」工夫的提出，主要是要學者「勉
強爲之」以防範未然，最終是要達至「自然爲之」的境界；不似鄒東廓將「戒
慎恐懼」作爲良知本體性質來說明。

〔註31〕 〔明〕王守仁：〈傳習錄中〉，《王陽明全集》，頁 66。

〔註32〕 關於陽明以「致良知」來統攝「致知格物」的說法，陽明曰：「知如何而爲溫
清之節，知如何而爲奉養之宜者，所謂知也。必致其知如何爲溫清之節者之

慎恐懼」或者「致知格物」爲論學宗旨，而只以「致良知」一語來涵蓋之。
與此不同，鄒東廓則以「戒慎恐懼」來統攝「致知」、「格物」工夫，東廓曰：

> 戒慎恐懼，便是慎；不睹不聞，莫見莫顯，便是獨。自戒懼之靈明
> 無障，便是致知；自戒懼之流貫而無虧，便是格物。〔註33〕

鄒東廓以「戒懼之靈明無障」言「致知」，「戒懼之流貫無虧」言「格物」，不
同於陽明以「致良知」釋「致知格物」所言之說法：

> 若鄙人所謂致知格物者，致吾心之良知於事事物物也。吾心之良知，
> 即所謂天理也。致吾心良知之天理於事事物物，則事事物物皆得其
> 理矣。致吾心之良知者，致知也。事事物物皆得其理者，格物也。

〔註34〕

此間差異在於，因爲王陽明是在提出「致良知」之後，才提出這些說法來充實
良知學的內涵；而鄒東廓是在接受王陽明以良知學統攝《大學》、《中庸》之旨，
得到「愼獨者，所以致其良知也；戒謹恐懼，所以愼其獨也」等說法後，進入
王學殿堂的，此爲鄒東廓與王陽明言工夫，之所以偏重處有所差異的根本原因
所在。〔註35〕因此，鄒東廓認爲「戒懼」乃是一切工夫的首要工夫，東廓說：

知，而實以之溫清。致其知如何爲奉養之宜者之知，而實以之奉養，然後謂
之致知。溫清之事，奉養之事，所謂物也。必其於溫清之事也，一如其良知
之所知當如何爲溫清之節者而爲之，無一毫之不盡。於奉養之事也，一如其
良知之所知當如何爲奉養之宜者而爲之，無一毫之不盡，然後謂之格物。溫
清之物格，然後知溫清之良知始致。奉養之物格，然後知奉養之良知始致。
故曰，『物格而後知致』。致其知溫清之良知，而後溫清之意始誠。致其知奉
養之良知，而後奉養之意始誠。故曰，『知至而後意誠』。」另外，王陽明亦
明白只出：「戒愼恐懼，是致良知的工夫。」〔明〕王守仁：〈傳習錄下〉，《王
陽明全集》，頁123。另外，周志文認爲，「戒愼恐懼」對於陽明仍只是消極防
範的工夫，而認爲：「鄒守益的說法較之陽明更爲積極，陽明在使用戒愼恐懼
這一詞的時候，與其他學者相似的是大多將之放在消極防範的意義上。」周
志文：〈鄒守益與劉宗周〉，《佛光人文社會學刊》第一期（2001年6月），頁
178。筆者認爲並非如此，筆者認爲王陽明的學理中，「戒愼恐懼」已是「致
良知」之內容，已可說與「致良知」處於同等的地位，陽明也已經明說「戒
愼恐懼是致良知工夫」了，如此並不能說有「消極」或者「積極」的工夫之
別。

〔註33〕〔明〕鄒守益：〈浙游聚講問答〉（費浩然等錄），《鄒守益集》，頁770～771。

〔註34〕〔明〕王守仁：〈傳習錄中〉，《王陽明全集》，頁45。

〔註35〕王崇峻說：「陽明是以『致良知』統攝諸說，他隨時針對不同情境在本體、發
用處指點。守益論學，則多以『戒懼』貫之，如明月散在江湖，雖同是月，
境界終有不同。」王崇峻：〈明儒鄒守益的講學與論學〉，《孔孟學報》第69
期（1995年3月），頁231。

公之學，蓋本諸《中庸》。觀其揭示橫渠，闡明聖蘊，秦漢以來，識
此義者寡矣。夫天命之性，天地萬物一源者也。以一己爲憂樂者，
凡民之自私而用智也；以天下爲憂樂者，大人之大公而順應也。故
自其性之大公，命之曰中；自其性之順應，命之曰和；自其大公順
應之裁成輔相，命之曰位育；自其立大公而擴順應，命之曰戒懼。
〔註36〕

鄒東廓說：「故自其性之大公，命之曰中；自其性之順應，命之曰和；自其大
公順應之裁成輔相，命之曰位育；自其立大公而擴順應，命之曰戒懼。」東
廓此言顯然是認爲，「戒懼」才能「大公順應」，才能回歸「性體」、《中庸》
所言「天命之性」「中和」的狀態，戒懼工夫是一切的先決條件。〔註37〕東廓
在另外一處，則將此意順向地表達得更爲清楚：

戒懼中和，眞是位育根本。……不能戒懼以學，則不能大公以中；
不能大公以中，則不能順應以和。〔註38〕

因此，「戒愼恐懼」可說是鄒東廓學說中，所有工夫的統領。但是研究者鮑世
斌則根據以下這段引文：

夫良知之教，乃從天命之性指其精明靈覺而言。《書》謂之明命，《易》
謂之明德，而惻隱、羞惡、辭讓、是非，無往而非良知之運用。故
戒愼恐懼以致中和，則可以位天地，育萬物；而擴充四端，則可以
保四海，如運諸掌。……

良知之明也，譬諸鏡然。廓然精明，萬象畢照，初無不足之患，所
患者未能明耳。好問好察，以用中也；誦詩讀書，以尚友也；前言
往行，以蓄德也；皆磨鏡以求明之功也。及其明也，只是原初明也，
非合天下古今之明而增益之也。……博文格物，即戒愼擴充一箇工
夫，非有二也。〔註39〕

〔註36〕〔明〕鄒守益：〈後樂亭說〉，《鄒守益集》，頁475。
〔註37〕岡田武彥指出：「東廓的立場，雖遵從了陽明的致良知說，而不拘執於歸理於
心，但存在著關注心之根源的性的傾向。所以他說，德性是天命之性，性字
從心從生。心之生理，精明眞純，是發育萬物，峻極於天的本體存在。東廓
私淑周子和程明道，具有承認與陽明同一的宋儒立場和遵從宋學的明儒立場
的傾向，其緣由正在於此。」岡田武彥：《王陽明與明末儒學》，頁149。
〔註38〕〔明〕鄒守益：〈簡呂巾石司成書〉，《鄒守益集》，頁562。
〔註39〕〔明〕鄒守益：〈復夏太僕敦夫〉，《鄒守益集》，頁493。

而認爲說：「戒懼以致中和」是消極工夫，「擴充四端」是積極工夫，並且說東廓認爲這二者是一回事，是一個工夫。〔註40〕另外，研究者張學智也持類似看法，認爲：鄒東廓的戒懼以致中和，是負面功夫；擴充四端，是正面功夫。戒懼是「格其非心」，擴充四端是致良知，致良知即格物。〔註41〕然而，筆者認爲，「戒愼恐懼」是東廓一切工夫理論的根本，更是所有工夫的統稱，既已明言「戒愼恐懼即致良知工夫」，則此工夫不應該說是「負面」或者「消極」，而有另外一個「正面」、「積極」工夫與之並立。若此，則「戒愼恐懼」就不足以做爲涵蓋鄒東廓工夫理論的論學宗旨，否則鄒東廓何不「擴充四端」與「戒愼恐懼」並提，卻在更大多數時候只單提一個「戒愼恐懼」？或者何不以「擴充四端」爲論學宗旨呢？東廓之所以以「戒愼恐懼」爲論學綱領，爲工夫理論的最重要工夫，其必定在義理結構上能夠涵蓋與統合所有工夫。

之前，筆者曾討論到鄒東廓認爲，戒愼恐懼則能致中和，即能回歸以及保持「天命之性」的靈明狀態，即「良知」的本然狀態。因此，「戒愼恐懼」實則是首要工夫，因爲此「戒愼恐懼」是在本體上做工夫，保持本體的戒愼恐懼之狀態，如此才能「常精常明」，而良知精明，則良知自然就能彰顯。也就是說，能「戒愼恐懼」自然能「擴充四端」，捨「戒懼」工夫，別無工夫可談。因此，我們才說，對於鄒東廓而言，「戒愼恐懼」不僅是首要工夫，且更是所有工夫的統稱。以下，筆者對此再做進一步論述，蓋東廓曰：

> 良知之精明，人人具足，然而或精明或障蔽，則存乎其人。學者果能戒愼恐懼，常精常明，而縱橫酬酢，無一毫間斷，則即此是善，更何所遷？即此非惡，更何所去？一有自私用智之障得以間隔之，則須雷厲風飛，遷而改之，如去目中之塵而復其本體之明，頃刻不能以安，便是實致良知手段。故嘗謂乾乾不息於誠，所以致良知也；懲忿窒欲，遷善改過，皆致良知之條目也。〔註42〕

也就是說，鄒東廓認爲「戒愼恐懼」是「實致良知之手段」，能戒愼恐懼，也

〔註40〕然鮑世斌另外又補充說明：「在王陽明的工夫理論中本有擴充至極的積極工夫，也有存理去欲的消極工夫。雖然鄒守益以戒愼恐懼爲論學宗旨，其主要思想內容是存理去欲的消極工夫，但他在戒愼恐懼的宗旨中依然容納了王學的積極工夫。」鮑世斌：《明代王學研究》（成都：巴蜀書社，2004 年 11 月），頁 161～162。

〔註41〕張學智：《明代哲學史》（北京：北京大學出版社，2000 年 11 月），頁 162。

〔註42〕〔明〕鄒守益：〈與董生兆時〉，《鄒守益集》，頁 531。

就是所有工夫的貫徹。鄒東廓重視「去欲」一面之工夫，並不表示說他否定良知本身「彰顯」、「擴充」一面的意義，而是因爲在他的觀念中，只要能時時「戒愼恐懼」，行「去欲」之工夫，保持良知精明，則如此良知自然時時彰顯，因此才說「即此是善，更何所遷？即此非惡，更何所去？」我們說過，「戒愼恐懼」是王陽明思想中，本就具有的質素，鄒東廓從這一面繼承了陽明學，並不能說這是鄒東廓自身的創發；但不同的是，鄒東廓提出陽明學「戒懼」的這一面，並作爲工夫的綱領與統稱，這是他的特色所在。其實，以「戒懼」來統合功夫的這一層意義，在陽明並非是全然沒有的，王陽明曰：

> 戒懼克治，即是常提不放之功，即是必有事焉。豈有兩事邪？〔註43〕

> 其工夫全在必有事焉上用。勿忘勿助，只就其間提撕警覺而已。若是工夫原不間斷，即不須更說勿忘。原不欲速求效，即不須更說勿助。〔註44〕

王陽明強調他所謂工夫只在「必有事焉」上，只是就其間「提撕警覺」而已，而不須說「勿忘勿助」，因此，所謂「戒懼克治」只是「常提不放之功」。也就是說，「戒愼恐懼」對於陽明而言，是一種時時保持良知精明的心理狀態，若做爲工夫的統稱，也是從「就其間提撕警覺」這一面的意義上來說的。鄒東廓繼承了王陽明的這一面而言：

> 如惡惡臭，如好好色，眞誠惻怛，以充其良知之量，是必有事焉，集義以養氣之功也。爲善而弗純，去惡而弗盡，是怠棄其良知者也，故謂之忘；有所作好，有所作惡，計功欲速，並其根而拔之，是戕賊其良知者也，故謂之助。〔註45〕

> 戒愼恐懼，勿忘勿助，聖門相傳修道集義之妙劑也。〔註46〕

可以看出，鄒東廓雖然繼承了陽明「提撕警覺」的一面言「戒愼恐懼」，但他除了說「必有事焉」之外，也談「勿忘勿助」，此或許是出於面對當時學風有以爲工夫防礙自然的毛病，或者是過於強調工夫，而忽略工夫本出於良知自然的毛病而發。另外，鄒東廓與王陽明對「戒愼恐懼」論述的不同，還在於陽明多只在說明「戒愼恐懼」爲一種「必有事焉」上的心理狀態與態度，但

〔註43〕 〔明〕王守仁：〈傳習錄中〉，《王陽明全集》，頁68。

〔註44〕 〔明〕王守仁：〈傳習錄中〉，《王陽明全集》，頁83。

〔註45〕 〔明〕鄒守益：〈青原嘉會語〉，《鄒守益集》，頁442。

〔註46〕 〔明〕鄒守益：〈復古堂記〉，《鄒守益集》，頁415。

東廓將其視爲一種實致良知的手段工夫，且做爲工夫的統稱來看待。〔註47〕
因此，鄒東廓說：

> 果能戒愼恐懼，常精常明，不爲物欲所障蔽，則即此是善，更何所遷？
> 即此非過，更何所改？一有障蔽，便與掃除，如雷厲風飛，復見本體，
> 所謂聞義而徙，不善而改，即是講學以修德之實。其謂落在下乘者，
> 祇是就事上點檢，則有起有滅，非本體之流行耳。先師之教，幸未廢
> 墮者，正賴此心此理之同然。須不牽文義，不墮支節，不騖高遠，平
> 平蕩蕩，就人倫日用間實用其力，庶幾有光明時。〔註48〕

鄒東廓之所以認爲「戒愼恐懼」可以做爲所有工夫的首要，以及統稱，在於
此工夫緊扣著良知本體，非是落於事上與思慮上的「下乘者」，因此既然良知
本體能時時做戒愼恐懼之功，使保持於精明之狀態，自然更無其他工夫可談
了。也因此，鄒東廓才認爲先師之教，能夠不致廢墮，正在於良知本能夠行
戒愼恐懼之功，這是有根有據的，每個人都能夠落實的良知本體工夫。王陽
明的「良知學」，到了鄒東廓手上，說是「戒懼之學」也不爲過，鄒東廓認爲
「良知」只是個本體名，但眞正能表現良知意義，說明致良知工夫的是「戒
愼恐懼」。因此，鄒東廓以「戒懼」來統合所有工夫曰：

> 戒懼之功，是聖門兢兢業業一派源流。自戒懼之精明爲知，自戒懼
> 之流貫爲行，自戒懼之擬定爲敬，自戒懼之裁制爲義。名目雖異，
> 工夫則一。世之分門立戶，尋枝落節，皆不免於二之。何等易簡！
> 何等切實！〔註49〕

又說：

> 戒愼恐懼，便是愼；不睹不聞，莫見莫顯，便是獨。自戒懼之靈明
> 無障，便是致知；自戒懼之流貫而無虧，便是格物。故先師云：子
> 思子撮一部《大學》作《中庸》首章，聖學脈絡，通一無二，淨洗
> 後世支離異同之窟。〔註50〕

〔註47〕 張學智說：「戒懼不僅是心理狀態，也是功夫本身。這一功夫在周敦頤就是主
　　　　靜，在程朱就是寡欲，在王陽明就是致良知。其名雖異，功夫只是一個。鄒
　　　　守益認爲自己的『戒懼』包括了王陽明致良知的全部意思，同時也包括了《大
　　　　學》、《中庸》的全部意思。」張學智：《明代哲學史》，頁168。
〔註48〕 〔明〕鄒守益：〈答徐子弼〉，《鄒守益集》，頁508～509。
〔註49〕 〔明〕鄒守益：〈復李南屏〉，《鄒守益集》，頁609。
〔註50〕 〔明〕鄒守益：〈浙游聚講問答（費浩然等錄）〉，《鄒守益集》，頁770～771。

王陽明以良知本體與致良知工夫來談的「知行合一」與「致知格物」，到了鄒東廓，一併以「戒懼」來統籌言之，自「戒懼」之「精明無障」與「流貫無虧」言「知」、「行」與「致知」、「格物」；從「戒懼」之「擬定」與「裁制」言「敬」、「義」，因此，鄒東廓才說「名目雖異，工夫則一」，所有工夫都能自「戒懼」來說。筆者基於以上這些理由，才認爲「戒愼恐懼」對於鄒東廓而言，不僅是首要工夫，且更是所有工夫的統稱，而對於鄒東廓而言，除此工夫之外，其實再也別無工夫可說了。

三、以「戒懼眞體」指稱「良知本體」

　　筆者已經論述過，「戒愼恐懼」與良知學的關係乃是王陽明所發，非鄒東廓之獨創，但是直到鄒東廓出，才將王陽明良知本「警惕」這方面的意涵，透過「戒愼恐懼」之功，表現出來，且將良知學中「警惕」一面的體系更將完密地加以申述。而在這一部分，筆者所要進一步討論的是，「戒懼」對於陽明，不論是表達一種心理狀態，或者是一種對治的工夫，又或是表達良知警惕狀態，都不似鄒東廓這般，將「戒懼」提高爲整體學問的最高統籌地位，甚至有逕以「戒懼」來指稱「良知本體」的現象，這相較於陽明，是有所不同的。〔註51〕鄒東廓說：

> 世之豪傑，孰不欲發育萬物，峻極於天？祇是欠缺中和。孰不欲立大本，經綸大經？祇是欠缺戒懼。戒懼之功，或合或離，則廉以婪隳，禮以縱弛，清以清撓，裁以繁遺，革以利尼，甦以忍愁，防以隨懈，平以猛偏；往往斂叢怨而蠧官箴。戒懼不離，炯然靈明，視於無形，聽於無聲，三千三百，無往非眞體之貫徹。以言乎戒懼之瑟僴，謂之恂慄；以言乎戒懼之赫喧，謂之威儀；是以有斐不諼，而樂利懷逾百世。〔註52〕

鄒東廓說「三千三百」，都是「眞體」的貫徹，而此「眞體」即「戒懼眞體」，

〔註51〕朱湘鈺亦認爲：「在東廓的思想中，戒懼爲諸多概念的樞機，甚至可以做爲良知的代名詞，這使得從朱子以降，將『戒懼』放在工夫論中參究的命題，且只是眾多工夫之一的角色，提升到本體論的層次，較陽明猶有進者，是東廓以戒懼爲首要工夫。」朱湘鈺：〈平實道中啓新局──江右三子良知學研究〉（台北：台灣師範大學國文研究所博士論文，2006年），頁58。

〔註52〕〔明〕鄒守益：〈贈永豐浚侯考績序〉，《鄒守益集》，頁238～239。

因此東廓說「以言乎戒懼之瑟僩，謂之恂慄；以言乎戒懼之赫喧，謂之威儀」。
鄒東廓在另一處也說：

> 古人發育峻極，只從三千三百充拓，不是懸空擔當。三千三百，只
> 從戒懼眞體流出，不是枝節檢點。〔註53〕

鄒東廓對於「三千三百」的看法，不說「『良知』之流行」，而說「『戒懼』之
流行」，不說「『良知』本體」，而曰「『戒懼』眞體」。這些現象，都表現出鄒
東廓爲了強調警惕爲學的重要，而有以「戒懼」取代「良知」，做爲「本體名」
的傾向。因此，「戒懼」不僅是統合了所有的工夫，流貫表現爲「三千三百」，
它甚至直接就是對本體的稱呼，「戒懼」不僅是工夫，也是本體，這是出於鄒
東廓爲了凸顯良知本體「提撕警覺」的一面，而以「戒懼眞體」來指稱「良
知本體」。

第三節　良知學架構下的「主敬」

　　在本章第二節部分，筆者討論過鄒東廓的「戒愼恐懼」，乃是就良知本然
性質而言。而在這一部分所要討論的，關於鄒東廓的「主敬」思想亦然，東
廓的「主敬」之說，乃是把「敬」作爲良知本體的特徵、性質來看待，已不
同於程朱一系談「主敬」工夫的意義了。因此，就這一點來看，雖然王陽明
不談「敬」，鄒東廓主張「主敬」之說，其思想並不能因此說帶有「由王返朱」、
「回歸程朱」的傾向，蓋一樣都是「主敬」，其義理架構卻顯然有別，此不可
不察。〔註54〕

〔註53〕〔明〕鄒守益：〈龍華會語〉，《鄒守益集》，頁731。
〔註54〕因爲陽明曾說過：「大學工夫即是明明德。明明德只是箇誠意。誠意的工夫只
　　　　是格物致知。若以誠意爲主，去用格物致知的工夫，即工夫始有下落。即爲
　　　　善去惡，無非是誠意的事。如新本先去窮格事物之理。即茫茫蕩蕩，都無著
　　　　落處。須用添箇敬字，方才牽扯得向身心上來。然終是沒根源。若須用添箇
　　　　敬字，緣何孔門倒將一箇最緊要的的字落了，直待千餘年後要人來補出？正
　　　　謂以誠意爲主，即不需添敬字。所以舉出箇誠意來說。正是學問的大頭腦處。
　　　　於此不察，眞所謂毫釐之差，千里之繆。大抵中庸工夫只是誠身。誠身之極
　　　　便是至誠。大學工夫只是誠意。誠意之極便是至善。工夫總是一般。今說這
　　　　裏補箇敬字，那裏補箇誠字，未免畫蛇添足。」〔明〕王守仁：《傳習錄下》，
　　　　《王陽明全集》，頁38～39。後來學者也多根據陽明這段話，而認爲東廓主張
　　　　「主敬」是有向程朱回歸的傾向。其實，陽明這段話所表示的是，他所反對
　　　　的是在程朱體系下所談的「主敬」工夫，認爲這是「畫蛇添足」，但若就東廓

一、由良知警惕義言「敬」

首先，必須指出的是，「主敬」工夫作爲東廓思想中的一部分，與其所主張的「戒愼恐懼」之意同，其實並非別有一個工夫，「主敬」與「戒愼恐懼」並非是兩種工夫，它們都是發自良知的「本體工夫」。在東廓思想中，「敬」與「戒懼」都是指良知本體之性質而言，因此，它們都是「本體工夫」。以下這段引文，我們在上一部份「戒愼恐懼」的思想中已經討論過：

> 良知本體，原自精明，故命之曰覺；原自眞實，故命之曰誠；原自警惕，故命之曰敬，曰戒懼。不須打併，不須挽和，而工夫本體，通一無二，更何生熟先後之可言？〔註55〕

就是說無論是「戒懼」或是「敬」，它們都是因良知原自「警惕」之性質來命名的，並非後天離本體之外的一個功夫。因此，「敬」作爲東廓談良知本體之性質的名稱，它同時又包括兩個意思：一是良知本體能自我作主即是「敬」；一爲本體能夠「敬」，也就是作「戒愼恐懼」的「本體工夫」。

（一）良知作主即是「敬」

我們曾討論，東廓認爲「戒愼恐懼」是良知本然的性質，因此當人們能夠去行「戒愼恐懼」之工夫時，其實正是在彰顯良知本體。這是鄒東廓論工夫時，回扣本體的一個特色，而對於他的「主敬」之說亦然。東廓曰：

> 心有主宰，便是敬，便是禮；心無主宰，便是不敬，便是非禮。〔註56〕

> 敬也者，良知之精明而不雜以塵俗也。〔註57〕

鄒東廓說所謂「敬」，就是「心有主宰」，也就是本心能夠作主，即良知作主就是「敬」。而東廓描述這種「良知作主」的「敬」之境界時，說「良知之精

站在陽明學的義理架構中所說的「主敬」而言，則並未超出陽明學的基本體系之外。如林月惠便說：「東廓之言『敬』，乃是從良知『不睹不聞、戒愼恐懼』而來，是從『性分』（本體）上立言，此與程、朱『居敬窮理』、『涵養需用敬』之『敬』含義不同。陽明、東廓之『敬』，從本體上說，強調良知精明，不睹不聞；就工夫言，則主張戒愼恐懼、愼獨之功。而伊川、朱熹之『敬』，不從本體或道德主體之自覺言，而是實然之心的『主一』狀態，故陽明對朱熹之『敬』有所批判。」林月惠：《良知學的轉折：聶雙江與羅念菴思想之研究》（台北：國立台灣大學出版中心，2005年9月），頁651。

〔註55〕〔明〕鄒守益：〈答詹復卿〉，《鄒守益集》，頁650。
〔註56〕〔明〕鄒守益：〈答林掌教朝相〉，《鄒守益集》，頁506。
〔註57〕〔明〕鄒守益：〈簡呂涇野宗伯〉，《鄒守益集》，頁515。

明而不雜以塵俗」，即「敬」是良知本然之狀態，所以它是「精明」的，不雜以一絲一毫塵俗的，是「無欲」的。東廓從工夫與境界兩方面來表達所謂「敬」，就「工夫」面來說，「敬」是「心有主宰」，讓良知作主；就境界來說，能達到「敬」，則自然能夠「精明」而「無欲」。

（二）「敬」即「戒慎恐懼」之功

另外，鄒東廓除了就良知作主來言「敬」之外，同時它又是「戒慎恐懼」的另一說法，同他談「戒慎恐懼」時一樣，都是良知自然而然的表現，因此，所謂的「主敬」工夫，也只是「戒慎恐懼」工夫的另一個稱呼而已。東廓便說：

> 敬也者，良知之精明而不雜以私欲也。故出門使民，造次顛沛，參前倚衡，無往非戒懼之流行，方是須臾不離。〔註58〕

> 古人為政，具在方策，居敬行簡，乃是第一義。果能出門如見大賓，使民如承大祭，則精神凝定，志氣清明，必不至妄撻一人，必不至輕決一事，必不至偏聽一言，必不至重押一票，必不至久淹一囚。事上使下，從前先後，交左交右，若舟之有舵、裏外應手；若馬之有御，緩急從心。中間種種病症，皆以輕忽之心乘之耳。……更祝日懋戒慎，以致中和，裁成輔相，皆是修己以敬作用，非由外鑠也。〔註59〕

據東廓之意，所謂「敬」除了是良知「精明無欲」的狀態境界，它落實在工夫上，便是「戒懼之流行」，是本體工夫的彰顯，東廓嘗言「本體工夫，一物兩稱」，便是此意。因此，東廓又說「日懋戒慎，以致中和，裁成輔相，皆是修己以敬作用，非由外鑠也」，這就是說「戒慎」之功，即是「修己以敬」的作用，「戒慎」與「敬」其實並無不同，都是就良知本體而言的「本體工夫」，「戒慎」與「主敬」是同一個工夫。另外，其實在鄒東廓的「主敬」思想中，有保留了「敬畏」的意思，此種「敬畏」的態度，使人在日常生活，實際的學說修練中能夠不狂妄，而有所走作。但此「敬畏」依然是同於東廓就《中庸》「戒慎恐懼」所言的「本體工夫」，「敬畏」之態度是良知彰顯的表現，此意在王陽明已發，王陽明曾說過：

〔註58〕〔明〕鄒守益：〈簡呂涇野宗伯〉，《鄒守益集》，頁515。
〔註59〕〔明〕鄒守益：〈簡徐郢南大尹〉，《鄒守益集》，頁551。

> 君子之所謂敬畏者，非恐懼憂患之謂也，戒慎不睹，恐懼不聞之謂
> 耳。君子之所謂灑落者，非曠蕩放逸之謂也，乃其心體不累於欲，
> 無入而不自得之謂耳。夫心之本體，即天理也。天理之昭明靈覺，
> 所謂良知也。君子戒懼之功，無時或間，則天理常存，而其昭明靈
> 覺之本體，自無所昏蔽，自無所牽擾，自無所歉餒愧怍，動容周旋
> 而中禮，從心所欲而不踰：斯乃所謂眞灑落矣。是灑落生於天理之
> 常存，天理常存生於戒慎恐懼之無間。孰謂敬謂之心反爲灑落累耶？
> 〔註60〕

所以說，「敬畏」其實就是就良知本然狀態而言的「戒慎恐懼」，即「戒慎恐懼」之工夫，並不與「灑落」相妨礙，因爲所謂「灑落」只是「心體不累於欲」，而「無欲」自然而然也就能夠做到「戒慎恐懼」，從心所欲而不踰矩，這才是眞正的「灑落」。因此，陽明說「孰謂敬畏之心反爲灑落累耶？」，可見陽明並非完全不談「敬」，只是陽明言「敬」時所表達的「敬畏」之意，實又是與其主張「戒慎恐懼」的立場是一致的，皆只是收攝於良知本體的「致良知」之功。所以，鄒東廓的「主敬」思想，可說與陽明思想上是有所淵源與內在連繫的，並非可說全然是他基於個人思想背景，而援引程朱「主敬」之說加以改造，以融入陽明學之體系中的。

二、「修己以敬」即「致良知」

「敬」在東廓是指本體同時也是工夫，它是本體本身的性質，是本體本身對自己的要求，因此作工夫的同時也就是良知彰顯之時。在指稱本體時，鄒守益以一個「敬」字來表示「良知之精明而不雜以私欲」的本然狀態；在說明工夫時，他提出了「修己以敬」〔註61〕：

> 聖門之教，祇在修己以敬。敬也者，良知之精明而不雜以私欲也。
> 故出門使民，造次顛沛，參前倚衡，無往非戒懼之流行，方是須臾

〔註60〕〔明〕王守仁：〈年譜三〉，《王陽明全集》，頁1291。

〔註61〕「修己以敬」語出《論語・憲問》：「子路問君子。子曰：『修己以敬。』」孔注曰「敬其身」。《論語注疏》，頁58。朱子注曰：「修己以敬，夫子之言至矣盡矣。」〔宋〕朱熹：《四書章句集注》，頁218。可見，不論是最初的孔子或者是後來的朱子，「敬」都做爲一種外在的工夫與態度來看待，而鄒東廓將其收納爲本心特質，不僅是外在工夫也是內在本質，並有一個精密的義理範式之展開。

不離。聖學之篇，以一者無欲爲要，而定性之教，直以大公順應，
學聖人之常。濂洛所以上接洙泗，一洗支離纏繞之習，正在於此。
〔註62〕

以爲聖門要旨，祇在修己以敬。敬也者，良知之精明而不雜以塵俗
也。戒愼恐懼，常精常明，則出門如賓，承事如祭。視民之有財，
若吾家之蓄積也，烏得而不節？視民之有技，若吾家之秀也，烏得
而不愛？視民之有力，若吾家之蚤作而暮息也，烏得而不時？故道
千乘之國，直以敬事爲綱領。信也者，敬之不息者也，非敬之外復
有信也。節用愛人，使民以時，即敬之流行於政者也。〔註63〕

對東廓而言，「修己以敬」與「戒愼恐懼」實爲同一個工夫，而「戒懼之流行」
是以「戒懼」說明本體彰顯與貫徹於日用工夫，須臾不離於日用常行之中，
這就是筆者之前所提到的「戒懼」本體透過「自強不息」之特徵表現爲工夫
上的意義。此意同樣說明在「敬」上面，東廓說：「信也者，敬之不息者也」
又說「節用愛人，使民以時，即敬之流行於政者也」，則「敬」之須臾不離於
日用常行之中，就良知警惕面而言的「敬」之特徵，自強不息地自我要求彰
顯於日用中。因此，「戒愼恐懼」與「修己以敬」既然都是指同一個工夫，而
工夫只有一個，那就是「致良知」，東廓說：

知是知非，便是良知；行是去非，便是致良知。良知之不致，正以
出入於公私、紛擾於利欲也。故向所講論，皆提出修己以敬。敬也
者，良知之精明而不雜以私欲也。戒愼恐懼，常精常明，則廓然大
公。良知之體，物來順應；良知之用，始乎爲士，終乎爲聖；始
乎致曲，終乎能化；始乎尚絅，終乎篤恭。更無二工夫、二效驗也。
天理人欲，同行異情，此正毫釐千里之幾。從良知精明流行，則文、
武之好勇，公劉、大王之好貨色，皆是天理。若雜之以私欲，則桓、
文之救魯救衛、攘夷安夏，皆是人欲。先師所謂「須從根本求生死，
莫向支流論濁清」，喫緊爲人，正在於此。如舉業一事，言行相顧，
便是天理；行不顧言，便是人欲。〔註64〕

〔註62〕　〔明〕鄒守益：〈簡呂涇野宗伯〉，《鄒守益集》，頁515。
〔註63〕　〔明〕鄒守益：〈簡胡鹿崖巨卿〉，《鄒守益集》，頁507。
〔註64〕　〔明〕鄒守益：〈答余汝定〉，《鄒守益集》，頁516～517。

> 曰修己以敬，曰主忠信，曰思誠，曰忠信篤敬，皆致良知之別名也。
> 〔註65〕

無論是「戒慎恐懼」，還是「修己以敬」，在鄒東廓觀念中都是「行是去非」的工夫，也就是「致良知」。蓋鄒東廓的全部工夫皆不離「良知」立論，全部的工夫皆只是一個「致良知」工夫，而所有工夫同時又是指稱同一個「良知本體」的本身性質。鄒東廓所繼承的陽明「致良知」之思想，可分為兩面，一為「推擴良知」，即「行是」；一為「復良知」，即是「去非」，但這不是兩個工夫，而是同一個工夫的兩面。

另外，筆者在討論鄒東廓的「戒慎恐懼」之學時討論過，鄒東廓往往將「戒慎恐懼」工夫，取代良知本體的地位以言「流行」，如東廓所說的：

> 三千三百，無往非真體之貫徹。以言乎戒懼之瑟僩，謂之恂慄；以言
> 乎戒懼之赫喧，謂之威儀；是以有斐不諼，而樂利懷逾百世。〔註66〕

同樣的，鄒東廓在說明「主敬」的工夫意義時，亦有將「敬」取代「良知」所作的說明：

> 以為聖門要旨，祇在修己以敬。敬也者，良知之精明而不雜以塵俗
> 也。戒慎恐懼，常精常明，則出門如賓，承事如祭。視民之有財，
> 若吾家之蓄積也，烏得而不節？視民之有技，若吾家之秀也，烏得
> 而不愛？視民之有力，若吾家之蚤作而暮息也，烏得而不時？故道
> 千乘之國，直以敬事為綱領。信也者，敬之不息者也，非敬之外復
> 有信也。節用愛人，使民以時，即敬之流行於政者也。〔註67〕

東廓所言的「敬之流行於政者」，一方面表現了「主敬」工夫的貫徹於「政」，且同時也表面了「本體」的流貫於事事物物。正是在這方面，東廓將其就本體彰顯來言工夫的「本體工程」理論與「本體之流行」做了「一體」的論述，意即「主敬」工夫即「敬之流行」，「致良知」即「良知之流行」〔註68〕。

〔註65〕　〔明〕鄒守益：〈答季彭山〉，《鄒守益集》，頁592。
〔註66〕　〔明〕鄒守益：〈贈永豐浚侯考績序〉，《鄒守益集》，頁238～239。
〔註67〕　〔明〕鄒守益：〈簡胡鹿崖巨卿〉，《鄒守益集》，頁507。
〔註68〕　筆者所謂「一體」之意，是為了凸顯其並非「統一」或者「合一」，若說「統
　　　　　一」、「合一」，無論多麼周全地解釋，彷彿仍是二者之間的彌合。因此，說「一
　　　　　體」，就是指工夫即本體，本體即工夫。

三、「克己復禮」即「修己以敬」

在上一部分中，我們已經說明過鄒東廓是如何將「修己以敬」詮釋爲「致良知」工夫的，在這一部分，要進一步說明的是，東廓更進一步將傳統儒家的「克己復禮」等同爲「修己以敬」〔註69〕，如此一來，則不論「修己以敬」或者「克己復禮」，都被鄒東廓視爲「致良知」工夫來看待。〔註70〕

（一）「克」爲「修治」之意

鄒東廓在「修己以敬」之外，又提出「克己復禮」之工夫，名稱雖不同，但在東廓的義理架構中，所指其實是同一工夫。首先，東廓對於「克己復禮」之「克」先重新定義：

> 克者，修治之義也。禮者，天然自有之敬也。克己復禮，其修己以
> 敬乎！〔註71〕

以上這段話，東廓已對「克己復禮」與「修己以敬」之間的關係，做了全盤而精要的說明，不過筆者爲論述的條理，首先先解釋「克」之意義。鄒東廓將「克己復禮」的「克」解爲「修治」之義，不同於朱子解爲「勝也」，即「勝於私欲」之意。〔註72〕而「禮」是「天然自有之敬」，也就是本具於良知本體的「敬」，如此「禮」也就是「敬」。因此，東廓說「克己復禮」就是「修己以敬」。釋「克己」之「克」爲「修身」之「修」，這是鄒東廓重新理解「克己復禮」與「修己以敬」之間關係的第一步。

（二）「己」爲合道德主體與身心而言的「己身」

鄒東廓已經對「克己復禮」之「克」與「修己以敬」之「修」做了連繫，接下來，鄒東廓對於「己」必須要作一番詮釋，如此才能說明「克己復禮」等同於「修己以敬」工夫。因此，東廓進一步解釋所謂「己」者：

〔註69〕「克己復禮」出自《論語・顏淵第十二》：「顏淵問仁。子曰：『克己復禮爲仁。一日克己復禮，天下歸仁焉。爲仁由己，而由人乎哉？』」朱熹：《四書章句集注》，頁179。

〔註70〕林月惠亦指出：「表面上，東廓雖以《論語》本文的『修己以敬』來解釋『克己復禮』，但事實上，他是以『致良知』爲綱領，來連結『克己復禮』與『修己以敬』。」林月惠：《詮釋與工夫：宋明理學的超越蘄嚮與內在辯證》，頁230。

〔註71〕〔明〕鄒守益：〈克復堂記〉，《鄒守益集》，頁365。

〔註72〕〔宋〕朱熹：《四書章句集注》，頁180。邢昺則疏曰：「馬曰，克己，約身。孔曰，復反也。」〈顏淵第十二〉，《論語注疏》，頁46。

> 常考聖門所說「己」字，未有以爲私者。曰君子求諸己，曰古之學者
> 爲己，曰正己而不求於人，皆指此身而言。此章凡三言「己」字，而
> 訓詁不同，似亦未安。故常謂克己復禮，即是修己以敬工夫。敬也者，
> 此心之純乎天理而不雜以人欲也。雜之以欲，便爲非禮。非禮勿視聽
> 言動，便是修己以敬之目。除卻視聽言動，便無身矣。〔註73〕

此表明他在這一點上，並不贊同朱子釋「己」爲「身之私欲」之意〔註74〕，
而將「己」當作「此身」，也就是包括道德主體與身心活動的「整全我」。〔註
75〕此中，東廓又提到「非禮勿視聽言動」是「修己以敬」，因爲「敬」是「純
乎天理而不雜以人欲也」，「敬」即是「禮」，「雜之以欲」即是「非禮」。

（三）將「禮」收攝爲「天然自有之敬」、「天然自有之中」

之前筆者已經提過，鄒東廓認爲：

> 克者，修治之義也。禮者，天然自有之敬也。克己復禮，其修己以
> 敬乎！〔註76〕

「禮」，除了是「天然自有之敬」，東廓也有另一類似的說法：

〔註73〕〔明〕鄒守益：〈簡復馬問庵督學〉，《鄒守益集》，頁529。
〔註74〕朱熹：《論語集注》，《四書章句集注》，頁180。又其實東廓在早期思想中，對
於「己」的解釋仍是接近於朱子的，東廓在〈廣德州新修復初書院記〉中說：
「昔者孔顏之授受，千聖心法之要也，而其言曰『克己復禮爲仁』，其目曰非
禮勿視聽言動。己者，氣習之偏也；禮者，天然自有之中也。去其氣習之偏，
無或過焉，無或不及焉，以適於中行，而希聖希天之功全矣。」表示東廓早
期思想仍未反對朱子之解，但隨著對陽明學思想的深入，漸漸地能以良知學
的架構思維來詮釋傳統儒家之說。〔明〕鄒守益：〈廣德州新修復初書院記〉，
《鄒守益集》，頁316。朱湘鈺亦認爲東廓思想是隨著對陽明學的日益深入體
會，而越能正確把握陽明學的。所以東廓早期思想對「良知」本體的把握比
較偏重在「復性」說的理路之下，這從他最早興建的書院之名稱——「復初」，
便可窺得其意。朱湘鈺在說明東廓早期思想的未臻成熟時指出：「審視東廓此
時所主張的良知，在本體的掌握上，似乎只是一『二元式』的思維——去惡
存善、無惡即善，良知爲一澄瑩清明之體，但是否具有『知善知惡』以『爲
善去惡』的充拓發用，從文獻上看不出良知具有『破惡』力道——一種自不
容己湧現的震動力，這同時也顯現東廓對良知本體的理解尚有扞格。」朱湘
鈺：〈平實道中啓新局——江右三子良知學研究〉，頁51。
〔註75〕朱湘鈺認爲鄒東廓所謂的「己」，是含融道德主體與身心感官活動的「整全
我」。參見朱湘鈺：〈平實道中啓新局——江右三子良知學研究〉，頁71～74。
〔註76〕〔明〕鄒守益：〈克復堂記〉，《鄒守益集》，頁365。

> 禮也者，天然自有之中也。上帝以降，而蒸民受之……。〔註77〕
>
> 禮者，天然自有之中也。去其氣習之偏，無或過焉，無或不及焉，
>
> 以適於中行，而希聖希天之功全矣。〔註78〕

東廓說「禮」是「天然自有之敬」、「天然自有之中」，如此，原本具有外在規範義的「禮」也就在此種邏輯下，化爲良知本體的自然要求。〔註79〕因此，鄒東廓才能說：

> 聖門修己以安百姓之功，祇是一敬字。果能實見敬字面目，則即是
>
> 性分，即是禮文，又何偏內偏外之患？若歧性分、禮文而二之，則
>
> 已不識敬，何以語聖學之中正乎？〔註80〕

外在的「禮文」也是內在「性分」的現實化表現，兩者並無分別，因爲「禮」就是內在的「天然自有之敬」，因此，敬的表現自然也就是禮。所以，鄒東廓又說：

> 心有主宰，便是敬，便是禮；心無主宰，便是不敬，便是非禮。〔註81〕

東廓將宋儒以來並無本體義的「敬」與外在的禮文之「禮」，皆收攝於良知本體，成爲指稱良知本體性質的不同稱謂，「敬」是良知、「禮」是良知、「戒愼恐懼」亦是良知；「修己以敬」、「克己復禮」、「戒愼恐懼」即是「致良知」。可以看出，鄒東廓透過王陽明的「良知學」，對於宋儒之說，以及先秦儒家工夫理論進行重新的詮釋，使其合於良知學之架構，豐富了陽明學的養分。

（四）對「三千三百」外在禮制的重視

　　承上所論，鄒東廓除了極力將「禮」透過「天然自有之敬」的解釋，收攝於良知本體，並以此將「克己復禮」與「修己以敬」工夫等同起來。但在這種詮說過程中，也表明了東廓相當重視與強調外在禮制的規範，所以東廓才要如此著重在對「三千三百」乃是「戒懼之流行」，「禮」即是「天然自有

〔註77〕〔明〕鄒守益：〈好學篇贈五臺徐柱史〉，《鄒守益集》，頁198。

〔註78〕〔明〕鄒守益：〈廣德州新修復初書院記〉，《鄒守益集》，頁316。

〔註79〕鄒東廓又說：「孰爲禮，孰爲非禮，吾良知也；非禮勿視聽言動，而天下歸仁，將非致吾之良知乎？」〔明〕鄒守益：〈九華山陽明書院記〉，《鄒守益集》，頁322～323。

〔註80〕〔明〕鄒守益：〈簡方時勉〉，《鄒守益集》，頁504。

〔註81〕〔明〕鄒守益：〈答林掌教朝相〉，《鄒守益集》，頁506。

之敬」,「禮文」即是「性分」等解說上。〔註82〕因爲如此地詮釋,才得以爲外在規範建立「正當性」與「合法性」的論述,才能使人得以遵從。

雖然,鄒東廓強調「禮」是「天然自有之敬」、「天然自有之中」,是內在於「良知」,但同時此「禮」又是外在客觀化的「禮制規範」。東廓曰:

> 仁也者,人之精神命脈也。古之君子無終日之間違仁,造次於是,顛沛於是,舉富貴貧賤無所搖奪,故所履中正,而禮行焉;所樂和平,而樂生焉。禮樂之文,非自外至也,由中出者也。猶人之精神命脈,完固而凝定,則粹然見面盎背,以施於四體,無弗順正而充盈者矣。故冠笄之禮,所以重男女之始也;婚娶之禮,所以謹夫婦之交也;喪祭之禮,所以愛親敬長也;雜儀,所以正家也;鄉約,所以睦鄰也;皆仁之推也。若徒以崇其儀節,肆其聲容,
> 而無忠信惻怛以主之,是精脈枯竭而肢體爪髮徒存,終亦必亡而已。
> 〔註83〕

東廓說明「禮樂之文,非自外至也,由中出者也」,在此東廓所著重的是對外在禮制規範的說明,因爲此「禮樂之文」非「自外至也」,是「中出者也」,那麼可說就是良知本體的現實形式。可見鄒東廓所謂的「禮」,同時包括內外兩義,在內爲良知本體之性質,於外的表現同時就是「禮制規範」,「禮制規範」即「禮」(天然自有之敬)的現實表現形式。鄒東廓透過這樣的論述,爲外在的「禮制規範」找到合法性與正當性,又力求將「內在之禮」與「外在之禮」兩者合爲一體。〔註84〕因此,鄒東廓很注重鄉約、家規、祠堂規等等

〔註82〕 朱湘鈺便說:「東廓在不違師說的前提下,對於吾人踐履過程中,因氣質、物欲等的干擾,導致失卻主宰(踰矩)的現實面甚爲措意,因此他一方面接受陽明將『理則』內化爲吾人良知之主宰的主觀面,一方面在踐德的過程中,將『理』『權化』爲一客觀的標準,扮演著軌範與制約的角色,帶有客觀化的色彩。」參見朱湘鈺:〈平實道中啓新局──江右三子良知學研究〉,頁78。

〔註83〕 〔明〕鄒守益:〈諭俗禮要序〉,《鄒守益集》,頁23~24。

〔註84〕 此不同於孔子學說中「攝禮歸義」之「禮」的概念,《禮記·禮運》記曰:「禮也者,義之實也……仁者,義之本也」。《禮記正義》,頁198。而據勞思光先生的說法,所謂「禮」有廣狹二義,狹義指「儀文」而言,廣義指「節度秩序」。不論是廣義或者狹義,皆稍不同於鄒東廓既收攝爲內在本心所言之「禮」,又是同於外在「禮制規範」之「禮」。此外,勞先生又指出,所謂「攝禮歸義」,「義」是「禮」之實質,「禮」是「義」之表現。「禮」爲一「秩序性」觀念,一切秩序之具體內容,可依「理」(即孔子所說的「義」)而有所改變。而此「義」所代表的「正當性」,又是出於「仁」(人心)。即「禮」雖

這些外在規矩的制定；但同時又強調這些「外在規範」乃是有根有本的，皆為「仁之推」也，否則「若徒以崇其儀節，肆其聲容，而無忠信惻怛以主之，是精脈枯竭而肢體爪髮徒存，終亦必亡」。

鄒東廓對規約的制定甚為注重，其中甚至訴諸於鬼神的力量，要人遵守規約，如他在〈祠堂規〉與〈立里社鄉厲及鄉約〉當中提到：

> 若背棄禮法，率之而不從，則祖考必怒而殛之！無日不信，捷如影響。嗚呼！遵禮守法而祖宗其佑，所謂栽者培之也；背禮棄法而祖宗其殛，所謂傾者覆之也。天之於人也，非有厚薄；祖考之於子孫也，非有愛憎；特在由禮與不由禮之別爾。為吾宗者，其尚克念克敬，以自求多福乎！〔註85〕

> 為善之人，宗族愛之，鄉黨敬之，鬼神且相之，義聲光於祖宗，餘休及於子孫，如蕩蕩大路，舉足皆安。為惡之人，宗族惡之，鄉黨怨之，國法加之，鬼神且殛之，如火坑水窟，舉足皆焚溺之苦。有人於此，棄大路而趨水火也，則眾必笑其瞀矣。瞀於目則笑之，瞀於心而不笑，何也？教戒不明也。教戒明，則三尺童子知出入於大路矣，而猶有冥行妄奔以死於水窟水坑者，吾不信也。〔註86〕

東廓說：「若背棄禮法，率之而不從，則祖考必怒而殛之！」「為善之人，宗族愛之，鄉黨敬之，鬼神且相之……為惡之人，宗族惡之，鄉黨怨之，國法加之，鬼神且殛之，如火坑水窟，舉足皆焚溺之苦。」等等這些言語，表達了祖靈和鬼神對子孫鄉民的賞罰，皆是出於「禮」與「不禮」，這使得鄒東廓的禮制觀念，

出於人心，但它仍是外在的表現，而非指人心本身。而朱子亦承先秦儒家之說，言「禮者，天理之節文。」此「禮」字亦是「天理的表現形式」，而非「天理本身」。因此，可見，鄒東廓所論述的「禮」之概念，皆與先秦儒學以及朱子皆稍有不同，對東廓而言，他所謂的「禮」，既是與孔子所說「攝義歸仁」中的那個「仁」，是屬於同一層次的概念，又是「攝禮歸義」中之「禮」的概念，東廓所作的論述，可說是將「禮」一字通內通外打為一體。參見勞思光：《中國哲學史（一）》，頁108～118。即便是王陽明，此「禮」都仍只是指外在的行為表現，陽明曰：「大學所謂厚薄，是良知上自然的條理。不可踰越，此便謂之義。順這箇條理，便謂之禮。知此理，便謂之智。終始是這條理，便謂之信。」陽明此說是以良知學為基礎，順著傳統儒家「攝禮歸義」的邏輯言，良知之條理是「義」，順此條理則是「禮」，換言之，「禮」是合於「義」的表現。〔明〕王守仁：〈傳習錄下〉，《王陽明全集》，頁108。

〔註85〕〔明〕鄒守益：〈祠堂規〉，《鄒守益集》，頁790。
〔註86〕〔明〕鄒守益：〈立里社鄉厲及鄉約〉，《鄒守益集》，頁790～791。

又帶有結合宗教民俗以潛移默化的教育效用。不過由此也可看出，在鄒東廓對於外在禮制規範的高度看重之下，使得良知本體自然而然不容已要顯豁的道德力量，這一方面強調良知「自然主宰義」的色彩相對淡化了許多。〔註87〕如東廓認為「教戒不明也。教戒明，則三尺童子知出入於大路矣，而猶有冥行妄奔以死於水窟水坑者，吾不信也。」又東廓在給子孫的〈家約〉中也說：

> 夫父母與妻子孰重？兄弟與奴僕孰親？道義與利欲孰安？流俗與古人孰得？令名與羞辱孰榮？爾等明目聰耳，博古通今，可不思自擇耶？吾室雖陋，恆有餘寬；產雖薄，恆有餘富；官雖黜，恆有餘貴。彼方醉飽自驕墦間，彼方囁嚅自甘奴顏，彼方萋菲自蹈鬼域，吾夙夜戒懼，屢薄臨深，蘄以求內纘祖考，外副師友，仰對古憲，俯俟來哲，爾等勿以吾為迂也。《顏氏家訓》曰：「凡人不能教子女者，亦非欲陷於罪惡，但重於詞，恐傷其顏色，不忍楚撻，慘其肌膚耳。」當以疾病為諭，安得不用湯藥針艾之？今我為此約，以代藥餌。吾子孫其永永服食，以卻疾延年，自求多福。〔註88〕

〔註87〕 朱湘鈺便指出：「陽明意在指出『求諸其心一念之良知，權輕重之宜』，以良知做為權衡事物的判準，只要『有個頭腦』自能『臨事無失』，自能『為之準則』，此『準則』可以『史無前例』，可以『不見經傳』，所強調的是良知的『創造性』，今東廓言『三千三百』此具有社會客觀性的既定準則為良知之發用，則著重在外在客觀理則的面向，師徒兩人所著重的層面、傾向有所不同，這一點雖細微，然卻不可不辨。」朱湘鈺：〈平實道中啓新局──江右三子良知學研究〉，頁84～85。師徒兩人的差異，由陽明此段言論便可看出，相較於東廓著重在外在規範上的制約與教育來豁醒良知的做法，陽明則主於良知本體曰：「若謂粗知溫清之儀節，而遂謂之能致其知。則凡知君之當仁者，皆可謂之能致其仁之知。知臣知當忠者，皆可謂之能致其忠之知。則天下孰非致知者邪？已是而言，可以知致知之必在於行，而不行之不可以為致知也明矣。知行合一之體，不益較然矣乎？夫舜之不告而娶，豈舜之前已有不告而娶者為之準則，故舜得以考之何典，問諸何人，而為此邪？抑亦求諸其心一念之良知，權輕重之宜，不得已而為此邪？武之不葬而興師，豈武之前已有不葬而興師者為之準則，故武得以考之何典，問諸何人，而為此邪？抑亦求諸其心一念之良知，權輕重之宜，不得已而為此邪？使舜之心而非誠於為無後，武之心而非誠於為救民，則其不告而娶，與不葬而興師，乃不孝不忠之大者。而後之人不務致其良知，以精察義理於此心感應酬酢之間。顧欲懸空討論此等變常之事，執之以為制事之本，以求臨事之無失。其亦遠矣。其餘數端，皆可類推。則古人致知之學，從可知矣。」〔明〕王守仁：〈傳習錄中〉，《王陽明全集》，頁50。

〔註88〕 〔明〕鄒守益：〈家約〉，《鄒守益集》，頁871。

從東廓所撰寫給子孫閱覽遵守的家約中，其用詞之強烈，可看出東廓對於教育的高度重視，東廓引用了《顏氏家訓》之言，並說明「今我爲此約，以代藥餌。吾子孫其永永服食，以卻疾延年，自求多福。」可見，東廓的前提是認爲大多數的人都需要外在規範的制約，來使良知本體不受蒙蔽而能彰顯，這與他質疑良知能否於後天時時彰顯，而強調實作工夫以落實良知本體的學說立場是一致的。

第四節　「自強不息」的本體工夫

　　鄒東廓的工夫理論，強調「戒愼恐懼」，著重在「去欲」的工夫上，此工夫往往予人「消極對治」的印象，然而我們已經討論過，鄒東廓的「工夫」乃是「本體工夫」，是時時保持良知本體「警惕」的「本體工夫」，從這一層面來審視，才能眞正認識到鄒東廓所談的工夫乃是積極彰顯良知本體的工夫，而非後天對治欲望的消極工夫。〔註89〕而鄒東廓的「本體工夫」之所以富有積極性的意義，還在於鄒東廓對於工夫乃是「自強不息」的本體工夫這一方面意義的提出與重視，而東廓將「自強不息」視爲人「法天」的工夫，蓋東廓的良知觀當中還有一個「天命之性」的概念，人能行「自強不息」之功，除了能彰顯良知，同時也是「天之德」的展現。〔註90〕鄒東廓說：

> 於穆不已，天之德也；純亦不已，聖之所以合天也；自強不息，學
> 者之所以希聖也。……故夫修於大庭而屋漏棄之，愼於大節而細行
> 忽之，銳於首途而末路怠之，皆息也。息則與天不相似矣。故曰：
> 君子不動而敬，不言而信，戒愼乎其所不睹，恐懼乎其所不聞，則

〔註89〕 張學智說：「鄒守益所言戒愼恐懼工夫有二義，一是去除本體之蔽義，二是保養本體精明義，即時時提撕警覺，不使心體稍有所忽，這是第一義的進一步引申。」張學智：《明代哲學史》，頁160～161。

〔註90〕 岡田武彥便認爲：「東廓的立場，雖遵從了陽明的致良知說，而不拘執於歸理於心，但存在著關注心之根源的性的傾向。所以他說，德性是天命之性，性字從心從生。心之生理，精明眞純，是發育萬物，峻極於天的本體存在。東廓私淑周子和程明道，具有承認與陽明同一的宋儒立場和遵從宋學的明儒立場的傾向，其緣由正在於此。」又說「鄒東廓，從其對所謂良知是天理的自覺來看，是不拘泥於把理作爲心之理的，他對作爲心之本原的性頗爲關心，其結果，便產生了既承認陽明心學，又承認宋學性宗立場的傾向。」岡田武彥：《王陽明與明末儒學》，頁149、240。

無須臾之息，而天德純矣。天德純而王道出矣。此千聖相傳之心法
也，而世之從事焉者寡矣。〔註91〕

東廓此論，表示「天之德」下貫於人，而人法天「於穆不已」、「自強不息」
等特性，如此才能「合天」，才能「成聖」。因此，若「戒懼」有一刻止息，
則便不同且背離於天，便不能真正彰顯「天之德」，不能表現良知本體。鄒東
廓關於這方面的言論相當地多，另外還見於以下這些言論中：

不息者，其天機也；息也者，其人為也。沙石壅之，則水或息矣；
物欲壅之，則吾心或息矣。善學者瀹之決之，排之鑿之，罔俾物欲
壅吾天機，將天地同德，日月同明，四時同序。〔註92〕

天道無停機，故元亨利貞以時行而萬物生；良知無停機，故仁義中
正以時出而萬化成。知天人之無停機，可與語惜陰矣。戒慎不睹，
恐懼不聞，通乎晝夜，靈光瑩徹，雖造次顛沛不可離，乃能無惡於
志而合德於天。〔註93〕

天地之性，人為貴。人之所以貴者，曰性，性之所以為性者，曰仁
義禮智信。能盡是五者於天地之間，則仰不愧，俯不怍，而可以為
人。……鈞人之形也，則鈞人之性也，而至於為虎狼蜂蟻之罪人，
何也？物欲累之也。學之道，所以閑其物欲，而反其天地之性，以
求無忝於為人而已矣。昔者聖人之論好學，曰不求安飽，敏事慎言，
就正有道而已；其稱顏子，亦曰「不遷怒，不貳過」而已，是聖人
之學可考也。故曰：「學而時習之。」學者，學此也；習者，習此也。
習而日時，不息之功也。學之病莫大乎息，習則物欲行而天理泯矣。
天理與物欲，互為消長者也，無兩立之勢。故君子戒慎恐懼之志，
由聞以至於不聞，由見以至於不見，由言以至於不言，由動以至於
不動，一也，無須臾之離也。道不離人，人不離道，人與道凝，然
後可以踐形而無忝，夫是之謂善。〔註94〕

鄒東廓強調，「天道」或說「天機」、「天地之性」以及在於人自身的「良知」，
都是「無停機」，也就是「不息」的，因此，一有「止息」，就是「人為」的，

〔註91〕〔明〕鄒守益：〈康齋日記序〉，《鄒守益集》，頁25。
〔註92〕〔明〕鄒守益：〈不息亭說〉，《鄒守益集》，頁476。
〔註93〕〔明〕鄒守益：〈惜陰說〉，《鄒守益集》，頁735。
〔註94〕〔明〕鄒守益：〈學說〉，《鄒守益集》，頁434。

並不是「天理」、「良知」的自然表現，而當一有止息時，物欲便產生，唯有不息，才時時是天理的展現，天理與物欲無兩立之勢，只在息不息之間，天理一息即是物欲。鄒東廓便是透過這樣的論述，來賦予「戒慎恐懼」合理性與積極性。其實，陽明對於「戒慎恐懼」之功「不息」這方面，也有過相同論述，陽明曰：

> 無欲故靜。是「靜亦定，動亦定」的「定」字，主其本體也。戒懼之念是活潑潑地。此是天機不息處。所謂「維天之命，於穆不已」。一息便是死。非本體之念即是私念。〔註95〕

另外還說：

> 戒懼亦是念。戒懼之念，無時可息。若戒懼之念稍有不存，不是昏聵，便已流入惡念。自朝至暮，自少至老，若要無念，即是己不知。此除是昏睡，除是槁木死灰。〔註96〕

王陽明此意，乃是表達「戒懼之念」便是良知本體之念，是「天機不息處」，因此，此念一息便是死，便是私念發生處。只是，我們說過「戒懼」工夫一直不是王陽明論學的主軸所在，因此關於這方面的論述，王陽明也只有略略帶過，然而，鄒東廓便是在這個基礎上來進行論述的，將王陽明戒懼不息之功這方面的思想，透過自身的體會與理解，說明地更加完備。〔註97〕需要指

〔註95〕〔明〕王守仁：〈傳習錄下〉，《王陽明全集》，頁91。

〔註96〕但衡今認為：「本節教言，為陽明學正眼法藏。收歛則無餘蘊。推致可無窮盡。修齊治平，節目事耳。」參見陳榮捷：《王陽明傳習錄詳註集評》，頁142。

〔註97〕鮑世斌說：「東廓以《周易》『天行健，君子以自強不息』來解釋『戒慎恐懼』，從而使『戒慎恐懼』獲得積極工夫的意義，這是一個很有意義的補充，對於抑制用謹其言、慎其行的戰戰兢兢之義來解釋『戒慎恐懼』而造成的過於強調其消極工夫、因而有可能偏離陽明宗旨起到了一定的平衡作用。『戒慎恐懼』與『自強不息』在東廓思想中如車之兩輪、鳥之雙翼，是不可割裂的。」鮑世斌：《明代王學研究》，頁162。另外，研究者鄭曉偉、孫立軍也指出：「考《中庸》『戒慎恐懼』一語，歷來學者多從消極防範的意義上加以疏解，王守仁也不例外。他在〈答陸原靜〉中說：『防於未萌之先而克於方萌之際，此正《中庸》戒慎恐懼、《大學》致知格物之功。』守益正是根據《周易》自強不息的觀點來解釋《中庸》戒慎恐懼這一概念的，故說『戒慎恐懼』『則無須臾之息』，其『自強不息』之意甚明。這樣，原來只有消極防範之義的『戒慎恐懼』說不但有繼承師說的一面，而且更有發明師說的一面。」鄭曉偉、孫立軍：〈論鄒守益的戒懼說〉，《安徽文學》（2006年第9期），頁15。其實，透過王陽明的言論，我們可以知道，「戒慎恐懼」對於王陽明也並非全然只是「消極」上的意義，陽明亦強調「不息」之意，只是對於陽明此並非其論學主軸，而是他浩瀚思想中的一個部分，而這一部分日後被鄒東廓提揭出來，予以發揚光大。

出的是，鄒東廓的「自強不息」並非只與「戒慎恐懼」之功結合起來論述而已，包括他所提出的所有「本體工夫」，都同樣包含這一特色，這從義理架構來說，乃是出於本體本是不息的，因此工夫亦是不息的，因為本體便是要表現工夫，工夫便是本體的展現。這同樣地表現在鄒東廓的「主敬」說當中，鄒東廓曰：

> 丹書之戒，曰敬勝怠者吉，怠勝敬者滅。聖非無怠也，莊敬日強，則集義以復天明；狂非無敬也，安肆日偷，則狗欲以陷鬼域。故福自我求，辱自我作，罔念克念，只在敬怠勝負之微。請擇於二者！〔註98〕

東廓此言是說明，「敬」與「怠」是相對反，無兩立之勢的。因此，只要有絲毫怠惰，便已不敬，便非良知本體，「主敬」之功亦是頃刻不容止息的。東廓的理學思想，亦流露在他的詩文當中，關於「戒懼」之功頃刻「不息」，可見於以下這段：

> 清溪雪夜駕歸舟，別緒繾綣夜未休。萬象森然皆度內，一毛不挂是真修。一毛不挂是真修，戒懼寧容頃刻休？不信化機原浩浩，大江日夜自東流。〔註99〕

透過這段詩文，「一毛不挂是真修，戒懼寧容頃刻休？」，更能清楚表達出鄒東廓兢兢業業，絲毫不敢走作、背離良知本體的為學精神。另外，比較特別的是，鄒東廓在予人祝壽時，往往透過自己的學說思想來表達祝賀之意，因此，在他觀念中，人之「壽」與其道德修養，是有關係的。如鄒東廓曰：

> 天道於穆不已，故曰貞觀；日月東西環而不窮，故曰貞明；聖學自強而不息，故曰貞壽。壽也者，自其貞體之常運常照言之也。若弗運弗照，以紕繆其天，則雖逾百齡，而茫然不足以語壽。陽明夫子以致良知覺天下，其諸以無極之貞，精明流行，與天同運，與日月同明，俾後知後覺咸升於壽域乎！〔註100〕

鄒東廓曰：「聖學自強而不息，故曰貞壽。壽也者，自其貞體之常運常照言之也」，也就是說，所謂「壽」者，是能保持「貞體」常運常照，才能稱的上「壽」。

〔註98〕〔明〕鄒守益：〈寄示善兒〉，《鄒守益集》，頁748。
〔註99〕〔明〕鄒守益：〈順之周司諫趨別池口李古原及直卿仁卿胡士選柯元進汝邦汝家丁惟寅諸友夜話舟中〉，《鄒守益集》，頁1274。
〔註100〕〔明〕鄒守益：〈貞壽篇〉，《鄒守益集》，頁109～110。

所以，東廓才說「若弗運弗照，以紕繆其天，則雖逾百齡，而茫然不足以語壽」，即若沒有保持「貞體」「常運常照」的狀態，則即便活的歲數很長，也不足以眞正稱爲「壽」，評斷的標準在於，在人生的歲月中，是否能夠時時刻刻保持「貞體」「常運常照」，即「良知」「常精常明」。所以說，所謂「學」，正是要在人生的過程中學習「壽」，保持良知隨時精明之狀態，如此才能與自己壽命匹配，眞正稱的上是「壽」者。因此，東廓曰：

> 天地以貞觀壽，日月以貞明壽，聖哲以貞學壽。學也者，以希聖而希
> 天也，故曰乾，天也，乾其乾者，終日對越在天也。夕而惕若，乾乾
> 之功，通晝夜而不息也。故純亦不已與於穆同運而代明。〔註101〕

東廓認爲聖哲就是能「以貞學壽」之人，學就是學「希聖希天」，就是「乾」，所以在人生的壽年中，所爲所學的一切，不過就是要「純亦不已與於穆同運而代明」，因此工夫就是要「夕而惕若，乾乾之功，通晝夜而不息也」，如此德性與壽命能夠匹配，才能眞正稱爲「壽」。鄒東廓便是透過這種「自強不息」的爲學之功，賦予了「壽」之積極進取的意義，並以此來爲人祝壽的。透過以上的分析，我們可以知道，鄒東廓不論強調戒愼恐懼，或者主敬思想，皆不離兢兢業業，片刻不敢稍離，自強不息的爲學態度，這正是鄒東廓的學術關懷與畢生精神所在，如此才得以針砭時人過於放縱，倡言良知卻不知戒懼學習的風氣。

〔註101〕〔明〕鄒守益：〈崇玄壽言〉，《鄒守益集》，頁287。

第五章　學說流衍──鄒東廓的家學及後學思想

　　本章所要討論的東廓家學與後學子弟之思想，旨在於探討其思想的獨特性與鄒東廓之間的關聯性，而並非要探討其思想的全貌，在此先說明與界定此一論述焦點與範圍。

第一節　鄒東廓的家學思想──對東廓學說的承接與轉變

　　本節所要討論的，包括東廓之子鄒穎泉〔註1〕與東廓之孫鄒聚所〔註2〕、鄒四山〔註3〕、鄒瀘水〔註4〕等人對於東廓之思想的繼承，以及個人思想上特別的發揮。沈佳《明儒言行錄》中記載：

> 文莊謹承師說，諄切於戒慎恐懼，實致於子臣弟友，以底於全歸，其道至大而其學至近。子穎泉太常，孫聚所憲僉，纘承家學，一遵文莊之旨。〔註5〕

另外，王塘南（時槐，1522～1605）亦記曰：

〔註1〕　鄒善（1521～1600），鄒東廓之季子，字某，號穎泉。

〔註2〕　鄒德涵（1538～1581），鄒東廓之孫，鄒穎泉之長子，字汝海，號聚所。

〔註3〕　鄒德溥（？），鄒東廓之孫，鄒穎泉之次子，字汝光，號四山。

〔註4〕　鄒德泳（？），鄒東廓之孫，鄒穎泉之季子，號瀘水。

〔註5〕　〔清〕沈佳：〈鄒守益言行錄〉，《明儒言行錄》卷八，文淵閣《四庫全書》史部，今收於《鄒守益集》（南京：鳳凰出版社，2007年3月），頁1398。

> 惟吾吉鄒文莊公親受學於會稽之門，退而以開示從游之士，一遵師
> 說，終其身無異詞。諄諄乎戒慎恐懼，致力於子臣弟友，以底於全
> 歸，其道至大而其學至近如此。嗣君穎泉太常、孫聚所憲僉，纘承
> 家學，一遵文莊公之旨，蓋三世一揆，所謂本於秉彝之良，徵於人
> 倫踐履之實者，如出一口。至剿掠二氏，決堤防而談世外，在海內
> 容有之，而獨鄒氏家學，粹然一出於正。愚竊謂會稽之學得傳於後
> 世者，誠以一脈之真，賴鄒氏一門以存，其功其巨也。〔註6〕

沈佳說：「子穎泉太常，孫聚所憲僉，纘承家學，一遵文莊之旨。」王時槐也
說：「愚竊謂會稽之學得傳於後世者，誠以一脈之真，賴鄒氏一門以存，其功
其巨也。」可知大致上當時學者皆認為東廓的家學，從子輩穎泉至孫輩聚所，
皆能秉持東廓之說而不移，更對於其能傳陽明之學給予相當高的評價。其中，
對於理學思想造詣較深也留有較多相關言論著作的是鄒聚所。本節按其長幼
之序逐一對其思想言說，加以析論之。

一、鄒穎泉

鄒穎泉對於東廓學說的繼承，表現在「主敬」工夫上，然而其「主敬」
是偏向程、朱一系的「收斂身心」之意，因此在實際工夫上，主張「默坐澄
心」以悟本體的「靜坐」工夫。

（一）著重「收斂身心」的「主敬」工夫

黃宗羲在《明儒學案》提及東廓之子鄒穎泉時說：

> 鄒善恪守父說，以戒懼主敬、收斂身心以達靜定為宗。〔註7〕

可見，黃宗羲認為穎泉「戒懼主敬，收斂身心以達靜定為宗」之說是恪守父
說的。之前，筆者曾論述到，東廓的「主敬」之說是將「敬」收攝於良知本
體，作為知行本體之意義的。而東廓此種由宋儒而來的「主敬」之說，又是
本於對周敦頤「主靜」、「無欲」的吸收而來，此「主靜」是「去欲」、「無欲」
之工夫，非指「靜坐」而言。不過，在穎泉，「靜坐」以及「收斂身心」的工
夫作法被稍稍提了上來，他說：

〔註6〕〔明〕王時槐：〈鄒氏學脈序〉，《友慶堂合稿》卷三，《四庫存目叢書》集部
第一一四冊，今收於《鄒守益集》，頁1352。

〔註7〕張學智：《明代哲學史》（北京：北京大學出版社，2000年11月），頁168。

和靖謂：「敬有甚形影，只收斂身心，便是主一。如入到神祠中致敬時，其心收斂，更著不得毫髮事，非主一而何？」此最得濂、洛一脈。〔註8〕

穎泉繼承家父「主敬」之思想，並且亦認爲此最能得周敦頤、程顥此一道統脈絡。然而，在東廓，「主敬」是針對於良知本體中的「無欲」自我工夫之要求而言，並不說「收斂身心」，其言「主一」也是從本體工夫上的「無欲」、「無適」來說，並不強調帶有外在「專一」工夫義的「收斂身心」。穎泉又說：

先儒謂：「學成於靜。」此因人馳於紛擾，而欲其收斂之意。〔註9〕

穎泉雖然大致上繼承東廓之說，從周敦頤「無欲故靜」與程顥「定性」之說來談「主敬」，不過穎泉稍微側重於「收斂」之意，這使得他相較於東廓，在「敬」的說法上面，稍有偏於程朱一脈之說的傾向，朱子說：

敬不是萬事休置之謂，只是隨事專一，敬畏，不放逸耳。〔註10〕

朱子的「主敬」之說，是貫動靜而言的「專一」之「敬」以對治「身心散漫」，是涵養的工夫。不過，穎泉所強調「收斂身心」的「主敬」或說「主靜」工夫，雖不如鄒東廓在良知學架構下重新建構一套「主敬」論述，而較接近於程、朱，但也不能因此說穎泉違背東廓之說，因爲東廓在其他地方也曾表達過「檢束嚴整，不輕以放肆」的「敬」之工夫，東廓曾於〈族譜後序〉中寫道：

先大夫之訓曰：「人生一世，如輕塵棲弱草，苟不立節義，是虛生矣。人性常檢束嚴整，則不輕以放肆；常要惺惺法則，自然日就規矩。不可斯須忘敬之一字。」嗚呼，此戰戰兢兢，集木臨淵之道也！夙興夜寐，無忝爾所生。凡我兄弟，其相與勗之！教誨爾子，式穀似之！凡我孫子，其引而弗替，則我大夫尊尊親親之澤，庶幾日永而普乎！〔註11〕

且在寫給穎泉的信中也強調了「敬」的重要：

丹書之戒，曰敬勝怠者吉，怠勝敬者滅。聖非無怠也，莊敬日強，

〔註8〕　〔清〕黃宗羲：〈江右王門學案一〉，《明儒學案》（北京：中華書局，1985年10月），頁344。

〔註9〕　〔清〕黃宗羲：〈江右王門學案一〉，《明儒學案》，頁344。

〔註10〕　〔宋〕黎靖德編、朱熹著：〈學六持守〉，《朱子語類》（北京：中華書局，1986年3月），卷十二，頁211。

〔註11〕　〔明〕鄒守益：〈族譜後序〉，《鄒守益集》，頁41。

則集義以復天明；狂非無敬也，安肆日偷，則徇欲以陷鬼域。故福
自我求，孽自我作，罔念克念，只在敬怠勝負之微。請擇於二者！
〔註12〕

東廓在寫給穎泉的信中，將「敬」與「怠」之間的關係，拉到如同「天理」、
「人欲」，「良知」、「人欲」對反不並立的高度來說明，強調隨時主「敬」的
工夫，不是「敬」便是「怠」，「怠」就是「狂」，就是「徇欲以陷鬼域」。可
見，「敬」之思想可說是鄒東廓家族中的一個思想傳統，雖然鄒東廓將之納入
良知學體系重新予以詮釋，但此一從「敬」而來的「戰戰兢兢」之家學特徵，
卻仍流露在東廓之後的子孫學說思想身上。如此看來，鄒穎泉著重在「收斂
身心」一意來說明「主敬」不僅不能因此說違背東廓學說，甚至該說這是東
廓自己所造成的影響，因為雖然在他自身的義理架構中，「敬」被賦予「良知
之精明不雜以塵俗」的「本體工夫為一」之意涵，但在寫給子孫的信中，為
了具體地說明其學說精神，期望家學能夠心心念念不離戒懼，因此「敬」往
往只就現實上的「工夫」意義來強調與說明，而不再著重於展示自身背後的
那整個良知學下的義理架構。〔註13〕

（二）主張「默坐澄心」以識本體

因此，在側重於「收斂身心」的情況下，原本東廓所不強調亦不主張的
「靜坐」工夫，卻受到穎泉相對的重視，穎泉說：

〔註12〕〔明〕鄒守益：〈寄示善兒〉，《鄒守益集》，頁748。
〔註13〕又譬如，鄒東廓在「鄉約」、「家規」一類的文章中，為了要貫徹道德教育，
甚至援引祖先、神明有賞善罰惡之意志來警惕子孫。如東廓在〈祠堂規〉中
曰：「若背棄禮法，率之而不從，則祖考必怒而殛之！無曰不信，捷如影響。
嗚呼！遵禮守法而祖宗其佑，所謂栽者培之也；背禮棄法而祖宗其殛，所謂
傾者覆之也。天之於人也，非有厚薄；祖考之於子孫也，非有愛憎：特在由
禮與不由禮之別爾。為吾宗者，其尚克念克敬，以自求多福乎！」〔明〕鄒守
益：〈祠堂規〉，《鄒守益集》，頁790。〈立里社鄉厲及鄉約〉中說：「為善之人，
宗族愛之，鄉黨敬之，鬼神且相之，義聲光於祖宗，餘休及於子孫，如蕩蕩
大路，舉足皆安。為惡之人，宗族惡之，鄉黨怨之，國法加之，鬼神且殛之，
如火坑水窟，舉足皆焚溺之苦。有人於此，棄大路而趨水火也，則眾必笑其
瞽矣。瞽於目則笑之，瞽於心而不笑，何也？教戒不明也。教戒明，則三尺
童子知出入於大路矣，而猶有冥行妄奔以死於水窟水坑者，吾不信也。」〔明〕
鄒守益：〈立里社鄉厲及鄉約〉，《鄒守益集》，頁790～791。由此可看出，鄒
東廓一方面要強調與說明道德規條（教戒）的重要性，另一方面又訴諸於祖
先鬼神的賞善罰惡之權威力量。

> 學莫要識仁。仁，人心也。吾人天與之初，純是一團天理，後來種
> 種嗜慾，種種思慮，雜而壞之。須是默坐澄心，久久體認，方能自
> 見頭面。子曰：「默而識之。」識是識何物？謂之默則不靠聞見，不
> 倚知識，不藉講論，不涉想像，方是孔門宗旨，方能不厭不倦。是
> 故必識此體，而後操存涵養始有著落。〔註14〕

潁泉談「默坐澄心」，將此工夫視爲得以收斂身心，認識本體的一個入門工夫。
因此他言「靜」時，雖也掌握了承東廓所而來的「無欲故靜」、「定性」之說，
但他因強調「默坐澄心」以默視本體，又說：

> 所謂「靜」亦有二：有以時言者，則動亦定、靜亦定之動靜是也；
> 有以體言者，則不對動說，寂以宰感，翕聚以宰發散，無時不凝結，
> 亦無時不融釋，所謂無欲故靜，即程門之定是也。〔註15〕

因此，自然導向「寂以宰感，翕聚以宰發散」之說，此說反倒較接近於聶雙
江與羅念菴的「主靜歸寂」一路了，雙江言：

> 夫學雖靜也，靜非對動而言者。「無欲故靜」四字，乃濂溪所自著。
> 無欲然後能寂然不動，寂然不動，天地之心也，只此便是喜怒哀樂
> 未發時氣象。然豈初學之士可一蹴能至哉？其功必始於靜坐。靜坐
> 久，然後氣定，氣定而後見天地之心，見天地之心而後可以語學。
> 即平旦之好惡而觀之，則原委自見，故學以主靜焉，至矣。〔註16〕

雙江雖也持「主敬」之說，且也認識到「靜不對動而言」、「無欲故靜」，然其
「主敬」之說，主要是爲了他的「歸寂」之說而服務，透過「持敬」，把捉吾
心，以存養本心，而認爲「靜坐」是初學者入門之法。潁泉強調「默坐澄心」
以識本體，就這一點而言，潁泉實已不同於東廓。東廓秉承陽明而來，合體
用寂感於一體的良知說，反對以「時」分先後而言的「寂」、「感」說法，因
此，反對先有一個存在的「寂」之「體」來主宰「感」之「用」，蓋「寂感」
乃是就良知「體用」而立說的。〔註17〕

〔註14〕〔清〕黃宗羲：〈江右王門學案一〉，《明儒學案》，頁344。
〔註15〕〔清〕黃宗羲：〈江右王門學案一〉，《明儒學案》，頁346。
〔註16〕〔明〕聶豹：〈答亢子益問學〉，《聶豹集》（南京：鳳凰出版社，2007年3月），
　　　　頁255。
〔註17〕林月惠指出：雙江在工夫層面上，堅持寂感二分的思路，心之體是寂，情之
　　　　用是感，特別偏重良知是「虛寂」的「本體義」，與其對「感」的「主宰義」，
　　　　故力主在心體上用功，「歸寂」爲要。至於「感通」，則是歸寂後自然而有的
　　　　「效驗」，並強調感應上著不得力。要言之，「歸寂以通感」正是雙江的工夫

因此，就「戒懼主敬」同於東廓立學宗旨而言，可以說「恪守父說」，但其中他所重視「收斂身心」的「主敬」之意，則傾向於程朱之說，但亦不能因此說他背離東廓之學，因「檢束嚴整」的「主敬」思想，乃是鄒氏的一個思想傳統，且是東廓重實際工夫，而必然在工夫上會有此走向的反映；另外，就「收斂身心以靜定爲宗」的工夫路樹，則可說已不盡同於東廓了，反倒接近於雙江、念庵一派以「靜坐」爲入門的「主靜歸寂」之法了。

二、鄒聚所

鄒聚所同其父穎泉，都不排斥「靜坐」工夫，這是明顯不同於東廓之處。除此之外，其學說架構並不出於陽明、東廓之外，且同東廓般，皆相當強調「去欲」等工夫，著重在良知本體的落實。

（一）家學之轉手──主張「守靜」以「攝心」

鄒聚所爲東廓之孫，對於理學造詣甚深，深得東廓賞識喜愛。可說是東廓家學中，於理學思想最有深究者。黃宗羲記曰：

> 先生受學於耿天臺，鄉舉後卒業太學。……然穎泉論學，於文莊之
> 教，無所走作，入妙通玄，都成幻障，而先生以悟爲入門，於家學
> 又一轉手矣。〔註18〕

梨洲言其受學於耿天台（1524～1596）〔註19〕，因此以悟爲入門，於家學又一轉手。然而，此「悟」之「體」並未偏離東廓之說。蓋聚所自言其靜坐以悟本體的經驗曰：

> 聞天臺先生以識仁爲宗，遂閉門靜坐一月猶不得，則與諸友人究析

論。而王門諸子則承陽明將寂感縮攝於心之體用的思路，寂是良知之體，感是良知之用，良知即寂即感，良知常寂常感，寂感一體，不可析爲二。如是，王門諸子不僅重視良知是「虛寂之體」的「存有義」，更強調良知「感而遂通」的「活動義」，故良知無分於寂感，工夫亦無分於寂感。……故工夫應就良知之不離人情事物之感應變化上著力，以體認常感而寂之良知本體，此即是「感上做卻歸寂的工夫」。林月惠：《良知學的轉折：聶雙江與羅念菴思想之研究》（台北：國立台灣大學出版中心，2005 年 9 月），頁 458～459。

〔註18〕〔清〕黃宗羲：〈江右王門學案一〉，《明儒學案》，頁 333。

〔註19〕耿定向，字在倫，黃安（今湖北紅安）人。明朝官員，辭官後居天台山，學者稱天台先生。

辯難。一夕，夢文莊公試以萬物一體論，醒而若有悟，自是稍稍契

會天臺先生之旨。〔註20〕

此言可說是承東廓所私淑的明道的「識仁」之學而來〔註21〕，「仁體」在東廓
與「良知本體」並不衝突；「轉手」之處，在於聚所贊成以「靜坐」為入門工
夫，此不同於東廓，其主張「靜坐以悟本體」的原因，在於想藉由「靜坐」
之功，來放下一切念頭，包括「欲障」、「理障」。這些言論在他回答學生「靜
存」之功時有所記載：

> 先生問康曰：「近日用功何如？」康曰：「靜存。」曰：「如何靜存？」
> 康曰：「時時想著個天理。」先生曰：「此是人理不是天理，天理天
> 然自有之理，容一毫思想不得。所以陽明先生說：『良知是不慮而知
> 的』，易曰：『何思何慮』，顏淵曰：『如有所立卓爾』。說『如有』，
> 非真有一件物在前，本無方體，如何可以方體求得到。是如今不曾
> 讀書人，有人指點與他，他肯做還易得，緣他止有一個欲障；讀書
> 的人又添了一個理障，更難擺脫。你只靜坐，把念頭一齊放下，如
> 青天一般絕無一點雲霧作障，方有會晤處。」〔註22〕

「理障」之說，陽明已發。〔註23〕主張放下一切念頭，讓本體自然呈現，此
說並不能說是違背陽明學。〔註24〕但是，畢竟東廓言「靜」亦是就「無欲」、

〔註20〕〔明〕鄒德涵：《鄒聚所先生外集》，收於《四庫全書存目叢書》（台南：莊嚴
　　　　文化，1996 年），集部 157，別集類，頁 436。

〔註21〕程顥〈識仁篇〉：「學者須先識仁。仁者，渾然與物同體，義、禮、智、信皆
　　　　仁也。識得此理，以誠敬存之而已，不須防檢，不須窮索。」

〔註22〕〔明〕鄒德涵：《鄒聚所先生語錄》，收於《四庫全書存目叢書》，集部 157，
　　　　別集類，頁 497。

〔註23〕陳九川記：「庚辰往虔州再見先生，問近來功夫雖若稍知頭腦。然難尋箇穩當
　　　　快樂處。先生曰，『爾卻去心上尋箇天理。此正所謂理障。』」〔明〕王守仁：
　　　　〈傳習錄下〉，《王陽明全集》，頁 93。

〔註24〕陽明早期學說亦曾主張過「靜坐」之法，不過後來因人或有溺於靜之弊，而專提
　　　　「致良知」，認為識得「良知」，則無論「靜處體悟」或者「事上磨鍊」皆無礙。
　　　　陽明曰：「吾昔居滁時，見諸生多務知解口耳異同，無益於得。姑教之靜坐。一時
　　　　窺見光景，頗收近效。久之，漸有喜靜厭動，流入枯槁之病。或務為玄解妙覺，
　　　　動人聽聞。故邇來只說致良知。良知明白。隨你去靜處體悟也好。隨你去事上磨
　　　　鍊也好。良知本體，原是無動無靜的。此便是學問頭腦。我這箇話頭，自滁州到
　　　　今，亦較過幾番。只是致良知三字無病。醫經折肱，方能察人病理。」〔明〕王守
　　　　仁：〈傳習錄中〉，《王陽明全集》，頁 104～105。可見陽明也並非全然反對「靜坐」，
　　　　只是重點要能識良知本體，若能識得良知本體，則靜坐亦無礙，亦不會有溺於靜
　　　　之弊了。但在東廓，是承陽明的「致良知」之教，而不再提「靜坐」之法的。

「主敬」而言，並不言「靜坐」之法。回到梨洲所給予鄒聚所的評語——「先生以悟爲入門，於家學又一轉手」，可知聚所的個人體悟，以及他在實際教學上，主要還是藉由「靜坐」來放下一切「欲障」、「理障」，來悟得本體的。

然而，贊成以「靜坐」爲入門之法，此說其父穎泉已發。不過聚所有更進一步防範使人偏溺於靜的言說：

> 論學則曰：學有四難，一曰辨路之難，二曰專志之難，三曰見徹之難，四曰好庸之難。論攝心守靜，則曰此亦是方便法門，借方便法門以入道則可，守是方便以爲究竟則不可。〔註25〕

其強調「守靜」是爲了「攝心」的方便法門，不能爲究竟法門，恐人有溺於靜之弊。從東廓之子穎泉至東廓之孫聚所，其皆不反對「靜坐」爲工夫的思想看來，實稍有不類於東廓，而反較近似於聶雙江、羅念菴的「主靜歸寂」的思考方式，此種現象是清楚可見的。

（二）同東廓學說，重視「去欲」的本體工夫

大體上說來，鄒聚所的整體思想大致上並未離開良知學的立場，也未背離東廓強調本體工夫義的學說立場，聚所言「去欲」之本體工夫時說：

> 先生曰：「學者須要在知體上用功」，聞者疑之。康解之曰：「世間爲學之人，有在聞見上用功者，有在意識上用功者，有在事爲上點檢者，有在念慮上防閑者，凡此皆非知體上用功者也。陽明先生致良知之脈正是如此。」或謂康曰：「掃去浮雲便見天體，當在浮雲上用功，豈在天體上用功？」康曰：「掃去浮雲須是風行天上。」〔註26〕

因此，聚所同東廓一樣，皆有強調「去欲」工夫的一面，且其論欲內容亦同於東廓而說：

> 絕其意必固我之私者，方算得無欲之學。〔註27〕

可見，他清楚認識，此工夫是在「本體」上用功，而非在「欲」上用功，且亦同東廓強調「見在工夫」，而不言「見在本體」，他說：

〔註25〕〔明〕鄒德涵：《鄒聚所先生外集》，收於《四庫全書存目叢書》，集部157，別集類，頁439。

〔註26〕〔明〕鄒德涵：《鄒聚所先生語錄》，收於《四庫全書存目叢書》，集部157，別集類，頁513。

〔註27〕〔明〕鄒德涵：《鄒聚所先生語錄》，收於《四庫全書存目叢書》，集部157，別集類，頁508。

> 千年萬年只是一個當下，信得此個當下，便信得千個萬個，常如此
> 際何有不仁不義無禮無智之失。孟子所謂擴充即子思致中和之致，
> 乃是無時不然不可須臾離，意思非是從本心外要加添些子，加添些
> 子便非本心。〔註28〕

此工夫便是不可須臾離的「本體工夫」，因此每一個「當下」都要時時發用，
一不發用，一不做工夫，此良知本體便無法彰顯，但做工夫又非有增於本體，
而只是彰顯本體，只是本體本身的發用。這一點，聚所是完全守著東廓之學的。

　　而在遵守著「良知」為本體的宗旨之下，聚所進一步將陽明「知行合一」
之說法落實而言：

> 康問知行合一之說，先生曰今人說知只是聞見之知，不是真知。若
> 是真知，必行了方見得。〔註29〕

此說主要是針對當時學風，有以「聞見之知」為「良知」的弊端而發，因此
聚所將陽明的「知行合一」從「知行本體」的角度〔註30〕，以另一種言說方
式說明：「若是真知，必行了方見得。」偏重在「行」的方面，要人著實去做
工夫，因為做得工夫的同時，便掌握了良知本體；但若只空泛地在言說上論
良知本體，便只是聞見之知。然聚所在此種意義下言「知行合一」，實則是強
調「行」之意，此為秉承東廓所傳一貫之學風。

　　從穎泉到聚所，可以看出其對理學造詣較深的子孫二人，事實上除了主
張「靜坐」為入門之法，而稍不同於東廓之說外，其大致上都能掌握東廓以
「戒慎恐懼」為宗旨與側重於工夫層面，在良知學架構下論學的思想特色。
不過細微來說，聚所反倒較其父穎泉更能掌握東廓的思想面貌，而不似穎泉
較有偏於守靜之嫌。

〔註28〕〔明〕鄒德涵：《鄒聚所先生語錄》，收於《四庫全書存目叢書》，集部157，
　　　　別集類，頁516。

〔註29〕〔明〕鄒德涵：《鄒聚所先生語錄》，收於《四庫全書存目叢書》，集部157，
　　　　別集類，頁508。

〔註30〕關於陽明「知行合一」說，研究者林月惠有清楚之說明，他指出：陽明所謂
　　　　的「知行合一」之「知行」，可用「良知良能」來指涉：「知」即是「良知」（體），
　　　　「行」即是「良能」（用）。故良知（體）必含良能（用），言「知」必含「行」，
　　　　反之亦然。在這個意義下，「知」、「行」並不是一般所言的「見解」（知識）
　　　　與「履踐」（行為），「合一」也不是將知行二者結合，而是指良知本體之兩面
　　　　向的相即不二：良知之體（知）即良知之用（行）。林月惠：《詮釋與工夫：
　　　　宋明理學的超越蘄嚮與內在辯證》，（台北：中央研究院中國文哲研究所，2008
　　　　年12月），頁160。

三、鄒四山

相對於東廓其他子孫，鄒四山在理學方面的相關論述是比較少的，但從他留下的一些文章中，仍可看到陽明學或者東廓學說的影子。在《易》方面，他「以心統易」，言「心之易」；其言「性體」、「良知」時，皆認為不能離「戒慎恐懼」，脫略「人倫庶物」而言之。

（一）理學思想較少，主要發揮在《易》

鄒四山留下的關於理學思想的論述較少，主要發揮是在《春秋》、《易》上面，《明儒學案》中說到：

> 所解春秋，逢掖之士多宗之。更掩關宴居，覃思名理，著為易會。
> 自敘非四聖之易，而霄壤自然之易，又非霄壤之易，而心之易。其
> 於易道，多所發明。〔註31〕

可見，其對《易》多所發明，且其解《易》，仍是秉承心學解《易》「以心統易」的路線言「心之易」。〔註32〕

（二）言「性」不離「戒慎恐懼」

除此之外，在四山留下來較少的理學思想論述中，仍可看出四山亦有繼承東廓學說特色的一面：

> 今世覓解脫者，宗自然，語及問學，輒曰此為法縛耳。顧不識人世
> 種種規矩範圍，有欲離之而不能安者，此從何來？愚以為離卻戒慎
> 恐懼而言性者，非率性之旨也。今世慕歸根者，守空寂，語及倫物，
> 輒曰此謂義襲耳。顧不識吾人能視、能聽、能歡、能戚者，又是何
> 物？愚以為離卻喜怒哀樂而言性者，非率性之旨也。今世取自成者，
> 務獨學，語及經世，輒曰此逐情緣耳。顧不識吾人觀一民之傷、一
> 物之毀，惻然必有動乎中，此又孰使之者？愚以為離卻天地萬物而
> 言性者，非率性之旨也。〔註33〕

於此，可見四山反對離戒慎恐懼言性，此承自東廓認為戒慎恐懼並不礙自然，

〔註31〕〔清〕黃宗羲：〈江右王門學案一〉，《明儒學案》，頁333。
〔註32〕王陽明說：「六經者非他，吾心之常道也。故易也者，志吾心之陰陽消息者也。」
又說：「易者，吾心之陰陽動靜也；動靜不失其時，易在我矣。」還說：「良
知即是易。」〔明〕王守仁：《王陽明全集》，頁254、1205、125。
〔註33〕〔清〕黃宗羲：〈江右王門學案一〉，《明儒學案》，頁354。

因為戒慎恐懼正是良知本體的自然發用；另外，四山反對離卻人倫庶物、喜怒哀樂言性，此同於東廓反對雙江離感以求良知之寂，反對離卻「感」而別有一個良知之「寂體」存在的看法，東廓曾在寫給其孫聚所與四山的信中提到：

> 所言知止之說，須識得「止」字本體即工夫，始有歸宿。至善也者，心之本體也。自無聲臭而言曰不睹不聞，自體物不遺而言曰莫見莫顯。其曰止仁止敬，止孝止慈，皆至善之別名也。戒懼勿離，時時操存，時時呈露，若須臾不存，便失所止。故《大學》、《中庸》論有詳略，而慎獨一脈，炯然無異。不提而省，是縱誕之說也。〔註34〕

另外，在寫給雙江的信中也曾言：

> 收視是誰收？斂聽是誰斂？即是戒懼工課。天德王道，祇是此一脈。所謂去耳目支離之用，全圓融不測之神，神果何在？不睹不聞，無形與聲，而昭昭靈靈，體物不遺，寂感無時，體用無界，第從四時常行、百物常生處體當天心，自得無極之真。〔註35〕

東廓認為說「戒慎恐懼」工夫，即已經彰顯良知本體，落實良知工夫了。無須去「收視斂聽」別求一個良知之體，因為就陽明學角度而言，體用寂感皆是就良知本體而言，良知之「體」即「寂」，良知之「用」即「感」，寂與感並非時序上先後之義，而是就一體之體用而言。四山言「離卻喜怒哀樂而言性者，非率性之旨」、「離卻天地萬物而言性者，非率性之旨」，正是東廓「寂感無時，體用無界，第從四時常行、百物常生處體當天心」之意；而更重要的在於四山「離卻戒慎恐懼而言性者，非率性之旨也」，這正是東廓「戒懼勿離，時時操存，時時呈露，若須臾不存，便失所止」，此一「戒懼不礙自然」、「戒懼即是自然」的學說精神所在，可見四山在這方面並無背離東廓之說與陽明學的體用觀。〔註36〕

四、鄒瀘水

　　鄒瀘水的「格物」之說，不僅在東廓家學中可謂獨樹一幟，在整個陽明

〔註34〕　〔明〕鄒守益：〈寄孫德涵德溥〉，《鄒守益集》，頁 661～662。
〔註35〕　〔明〕鄒守益：〈再簡雙江〉，《鄒守益集》，頁 541。
〔註36〕　陽明說：「心不可以動靜為體用。動靜時也。即體而言用在體。即用而言體在用。是謂『體用一源』。」〔明〕王守仁：〈傳習錄上〉，《王陽明全集》，頁 31。

後學中也是一個獨到的見解，此為他學說中最鮮明的特色所在。另外，他討論良知學時，亦秉承東廓之學說，著重在「去欲」工夫以及良知本體的「警惕」面來進行論述。

（一）以「所過者化，所存者神」釋「格物致知」

鄒瀘水對於陽明學的發揮，主要在「致知格物」說上面，黃宗羲對其「格物」之說有相當高的評價，認為：

> 先生既承家學，守「致良知」之宗，而於格物則別有深悟。論者謂
> 「淮南之格物，出陽明之上」，以先生之言較之，則淮南未為定論也。
> 〔註37〕

黃宗羲認為其「格物」說能守「致良知」為宗，且其貢獻不在王心齋的「淮南格物」說之下。〔註38〕鄒瀘水論述他的「格物」之說言：

> 正心直曰正心，誠意直曰誠意，致知直曰致知，今於格物獨奈何必
> 曰「格其不正，以歸於正」耶？吾以為，聖人之學，盡於致知，而
> 吾人從形生神發之後，方有此知，則亦屬於物焉已，故必格物而知
> 乃化，故大學本文於此獨著一「在」字，非致知之外別有一種格物
> 功夫。易言「乾知大始」，即繼以「坤作成物」，非物則知無所屬，
> 非知則物無所迹。孟子曰：「所過者化」，物格之謂也；「所存者神」，
> 知至之謂也。程子曰：「質美者，明得盡，渣滓便渾化，卻與天地同
> 體。」此正致知格物之解也。〔註39〕

瀘水於此並無背離王陽明釋「致知」為「致良知」的宗旨，但對於陽明所說「格物」為「正其不正以歸於正」之意，卻有不同見解。他認為所謂「致知在格物」之意，是因為「良知」必須依賴「吾人從形生神發之後」才得以在

〔註37〕〔清〕黃宗羲：〈江右王門學案一〉，《明儒學案》，頁334。

〔註38〕《明儒學案》記王心齋的「淮南格物」之說曰：「先生以格物，即物有本末之物。身與天下國家一物也，格知身之為本，而家國天下之為末，行有不得者，皆反求諸己。反己，是格物底工夫，故欲齊治平，在於安身。易曰：『身安而天下國家可保也。』身未安，本不立也，知身安者，則必愛身、敬身。愛身、敬身者，必不敢不愛人、不敬人。能愛人、敬人，則人必愛我、敬我，而我身安矣。一家愛我敬我，則家齊，一國愛我敬我，則國治，天下愛我敬我，則天下平。故人不愛我，非特人之不仁，己之不仁可知矣。人不敬我，非特人之不敬，己之不敬可知矣。此所謂淮南格物。」〔清〕黃宗羲：〈泰州學案一〉，《明儒學案》，頁710。

〔註39〕〔清〕黃宗羲：〈江右王門學案一〉，《明儒學案》，頁356。

現實中彰顯落實，因此其本身並不能離人而獨存，因此認爲「良知」在這層意義下，亦能說是屬「物」，則「格物」即是「致知」。並透過《周易》與《孟子》之說，進一步說明之。即瀘水認爲的「格物致知」之意，就是「所過者化」、「所存者神」。〔註40〕另外，又舉出伊川之言「質美者，明得盡，渣滓便渾化，卻與天地同體。」〔註41〕作爲「格物致知」之解，如此一來，瀘水所言的「格物致知」、「致良知」之義，乃偏重在「去欲」、「去蔽」的工夫方面，這一點與東廓的學術性格相同，但是其「致知格物」之說則已不同於東廓，亦不同於陽明。〔註42〕

（二）承東廓強調「去欲」工夫與良知「警惕」義

「格物致知」的確是鄒瀘水思想中最特別，且不同於其他陽明學者的地

〔註40〕張學智認爲鄒德泳所謂的「知」，是延用了程朱的解釋，指「心之靈明」，故以「知體」爲「形下之物」；而德泳這解釋，其實是王陽明「致知在格物」、「除卻見聞酬酢，亦無良知可致」之意。並認爲鄒德泳的發揮，在於把「致知在格物」同《周易》和《孟子》聯繫起來。從形式上說，格物致知不相離，從結果上說，物格知致即「過化存神」，目的與手段不相離，功夫所至，即是本體。參見張學智：《明代哲學史》，頁170。

〔註41〕《朱子語類》卷四十五，論語二十七記曰：問：「『質美者明得盡，渣滓便渾化，與天地同體』，是如何？」曰：「明得透徹，渣滓自然渾化。」又問：「渣滓是甚麼？」曰：「渣滓是私意人欲。天地同體處，如義理之精英。渣滓是私意人欲之未消者。人與天地本一體，只緣渣滓未去，所以有間隔。若無渣滓，便與天地同體。『克己復禮爲仁』，己是渣滓，復禮便是天地同體處。『有不善未嘗不知』，不善處是渣滓。」〔宋〕黎靖德編：《朱子語類》，頁1151。王陽明〈傳習錄中〉亦記載：「來書云：質美者明得盡，查滓便渾化。如何謂明得盡？如何而能便渾化？良知本來自明。氣質不美者查滓多，障蔽厚，不易開明。質美者，查滓原少，無多障蔽，略加致知之功，此良知便自瑩徹。些少查滓，如湯中浮雪，如何能作障蔽？此本不甚難曉，原靜所以致疑於此，想是因一『明』字不明白，亦是稍有欲速之心。向曾面論明善之義，『明則誠』矣，非若後懦所謂明善之淺也。」基本上，朱子和陽明對於伊川此說之見解，並無本質上的不同，皆是強調「去蔽」之功。〔明〕王守仁：〈傳習錄中〉，《王陽明全集》，頁68。

〔註42〕吳宣德指出：「鄒善之論基本上還保持了乃父鄒守益格致論的特色，但鄒德泳之論則與乃祖鄒守益的主張有一定的差異。在鄒守益那裡，格致的基本功能是保持或恢復人心本來的「明德」之體，並在此同時，實現『良知』對人的內在意識因而對人的外部行爲的道德控制。鄒德泳則側重於強調『知』與『物』的合一，並因而強調『格物致知』在融會『知』、『物』上的作用。因此，鄒德泳的格致論實際是希望通過這種活動而使人的心靈達到一種境界，與鄒守益把格致直接面對人的現實行爲是有區別的。」吳宣德：《江右王學與明中後期江西教育發展》（南昌：江西教育出版社，1996年），頁131。

方，不過細察瀘水的學說思想中，仍可見出東廓之學的流貫。瀘水言於良知本體上的「去欲」之功時說：

> 古人以天地合德爲志，故直從本體，亦臨亦保，不使一毫自私用智，沾蒂掛根。〔註43〕

此本於東廓由「自私用智」來言「欲」之障蔽，且此「去欲」乃是本體自我之要求，是本體之工夫，故瀘水說「直從本體，亦臨亦保」。瀘水亦繼承東廓「戒慎恐懼」之旨說明：

> 天地鬼神，遇事警畏，然恐在禍福利害上著腳，終涉疎淺。古人亦臨、亦保，若淵、若冰，不論有事、無事，一是恂慄本來作主。〔註44〕

瀘水說「不論有事、無事，一是恂慄本來作主」，此即東廓所提揭的，以「戒慎恐懼」貫動靜、有事無事、已發未發而言的「本體工夫」。大體而言，瀘水秉持「致良知」教與偏重於「去蔽」之一面，進一步詮釋了「格物致知」之說；而於「戒慎恐懼」、「恂慄」等側重於良知本體的「警惕」之義，一同於東廓論學之宗旨。

從東廓之子穎泉到其孫聚所、四山、瀘水等人，我們可以看到其思想流貫在家學身上的學術性格，在於對於本體工夫、主敬、去欲的重視與強調，但在工夫入路方面，穎泉、聚所等人都較東廓有稍偏於「靜」的傾向，主張「靜坐」爲入門工夫。〔註45〕而瀘水在陽明學的架構下對於「致知格物」之說，也有一套自己的詮釋與見解。綜觀東廓的家學，雖不盡然如前人所論「守文莊之旨」那般的純粹，但其重視良知警惕義、無欲工夫，戒懼而不放縱的學術性格這條思想脈絡卻是清晰的。

第二節　鄒東廓的後學思想——對東廓學說的承接與轉變

東廓對於明中後期江西地區的地方教育之推行不遺餘力，其影響層面也

〔註43〕〔清〕黃宗羲：〈江右王門學案一〉，《明儒學案》，頁355。

〔註44〕〔清〕黃宗羲：〈江右王門學案一〉，《明儒學案》，頁355。

〔註45〕從東廓家學有轉向主張「靜坐」的傾向看來，與林月惠的觀點一致，林月惠從聶雙江、羅念菴的思想入手，證明其思想正是良知學的轉折處，而認爲明代後期的陽明學者，「靜坐」做爲入門工夫的被高度重視與強調，也就是在此種思想轉折中被提揭出來的。林月惠：《良知學的轉折：聶雙江與羅念菴思想之研究》，頁596～603。

相當廣，因此受其指導過的學生人數不可勝數。〔註 46〕本節要討論的是，其中較有名氣，且列於《明儒學案》中的三位儒者：包括與東廓同列於「江右王門」的鄒潛谷〔註 47〕，以及屬「南中王門」的周訥谿〔註 48〕，還有受黃梨洲別立「止修學案」一章的李見羅〔註 49〕。其中當屬李見羅對於理學思想的相關論述最多，也最有特色，但也背離師說最遠，也因此黃梨洲認為其偏離陽明學，不將其歸屬於王門，而別立一案。

一、鄒潛谷

（一）不獨師承鄒東廓，受劉師泉、劉三五影響深

　　鄒潛谷曾師事於鄒東廓，但並不獨尊於東廓一人，還包括了羅近溪（1515～1588）、劉師泉（1486～1571）、劉三五（？）等人，《明儒學案》曰：

> 年十七，即能行社倉法，以惠其鄉人。聞羅近溪講學，從之遊。繼往吉州，謁諸老先生，求明此學，遂欲棄舉子業。大母不許。舉嘉靖乙卯鄉試。志在養母，不赴計偕。就學於鄒東廓、劉三五，得其旨要。居家著述，成五經繹、函史。〔註 50〕

其中，受劉三五影響甚深，其論學旨趣亦最合拍。〔註 51〕這與鄒潛谷主要受學於復真書院，就教於劉師泉、劉三五有關。〔註 52〕因此，事實上，鄒潛谷

〔註 46〕 王龍溪言：「陽明夫子生平德業著於江右最盛，講學之風亦莫勝於江右，而尤盛於吉之安成。蓋因東廓諸君子以身為教，人之信從者眾，創復古書院，以待來學。每會，四方翕然而至者，常不下二三百人。」〔明〕王畿：〈漫語贈韓天敘分教安成〉，《王畿集》（南京：鳳凰出版社，2007 年 3 月），頁 467。

〔註 47〕 鄧元錫（1528～1593），字汝極，號潛谷，江西南城人。

〔註 48〕 周怡（1505～1569），字順之，號訥谿，宣州太平人。

〔註 49〕 李材（1519～1595），字孟誠，號見羅，豐城人。

〔註 50〕 〔清〕黃宗羲：〈江右王門學案九〉，《明儒學案》，頁 563。

〔註 51〕 鄒潛谷自言：「及從諸先生游，指擘自文莊公，鍛鍊自師泉先生，而受三五先生遇最深厚善。」《皇明書》卷四十四〈劉三五傳〉，頁 13～14。又言：「蒙東廓先生指擘，師泉先生煆鍊，已受三五先生深知於大方，能一日忘乎？」《潛學編》卷十二，頁 36。

〔註 52〕 復真書院乃鄒東廓、劉師泉、劉三五所共同倡建。另外，賀廣如指出：「在師泉與三五二人的學說中，陽明色彩均較東廓淡化許多，因此，潛谷在如此的環境之下學習，自然不至於奉陽明為一尊，而容易跳脫陽明學的藩籬來獨立思考，此點在潛谷思想的轉折上，具有關鍵性的作用。」賀廣如：〈江右王學及其相關書院之關係研究〉（台灣大學中文所碩士論文，1993 年 6 月），頁 89。且劉三五當時在江右的影響力不下於東廓，《明儒學案》記載：「自東廓沒，

除了與東廓同樣皆不滿當時王學學風，以及強調日行工夫外，其學說中並未有鮮明且獨立承繼自東廓思想的地方。〔註53〕

（二）主張「靜坐」收攝放心

鄒潛谷同東廓之子穎泉一樣，都有側重於「靜坐」以「收攝本心」的一面，此爲不同於東廓的學說所在。〔註54〕《明儒學案》記曰：

> 時心宗盛行，謂「學惟無覺，一覺無餘蘊，九思、九容、四教、六藝，桎梏也。」先生謂：「九容不修，是無身也；九思不慎，是無心也。」每日晨起，令學者靜坐收攝放心，至食時，次第問當下心體，語畢，各因所至爲覺悟之。〔註55〕

顯然潛谷並不排斥靜坐之法，把這當成「收攝放心」的一種工夫。似乎學術特色亦同東廓家學子弟，有轉向聶雙江、羅念菴「主靜歸寂」之一路去的傾向。

（三）「格物」即「不過乎物則」

另外，鄒潛谷對於「格物」之說有一番論述，這是明顯與東廓不同的內容。潛谷談「格物」時說：

> 竊以爲，物不可須臾離。誠者，物之終始，內而身心意知，外而家國天下，無非物者，各有其則。九容、九思、三省、四勿皆日用格物之實功，誠致行之，物欲自不得行乎其中，此四科、六藝、五禮、六樂之所以教也。〔註56〕

江右學者，皆以先生（劉三五）爲歸。」可見一斑。〔清〕黃宗羲：〈江右王門學案四〉，《明儒學案》，頁442。關於劉三五與鄒潛谷之間的思想關聯，請參閱賀廣如碩論第三章第三節〈院生──鄒潛谷學說分析〉等處。

〔註53〕鄒潛谷不滿於當時學風而言：「近學於向上處提掇過多，遂令古聖賢做法門，棄如弁髦，故風習日流，世道之憂也。」《潛學稿》卷五上〈語錄〉，頁19。又與其師羅近溪論學不合，有記載：「近溪羅先生得心齋之傳，直指人心，不學不慮……先生（潛谷）與之相和，節如金玉，亦時相調劑如水火。」《潛學稿》卷首〈徵君先生傳〉，頁2。可見不滿王學當時學風，與不言「見成良知」等基本思想立場，是同於東廓等江右學風的。

〔註54〕林月惠從聶雙江、羅念菴的思想入手，證明其思想正是良知學的轉折處，而明代後期的陽明學者，以「靜坐」做爲入門工夫的被高度重視與強調，也就是在此種思想轉折中被提揭出來的。參見林月惠：《良知學的轉折：聶雙江與羅念菴思想之研究》，頁596～603。

〔註55〕〔清〕黃宗羲：〈江右王門學案九〉，《明儒學案》，頁563。

〔註56〕〔清〕黃宗羲：〈江右王門學案九〉，《明儒學案》，頁564。

曲禮稱：「敖不可長，欲不可縱。」敖欲即物，不可長不可縱，即物
之則，不長敖縱欲，即不過乎物則。去欲固格物中之一事。〔註57〕

潛谷言「內而身心意知，外而家國天下，無非物者，各有其則。」而使「物
欲不行乎其中」，便自然「不過乎物則」，所謂「物則」就是「不長敖、不縱
欲」，此說亦偏重於「去欲」的一面。因此，潛谷的格物之說，即「使物物各
得其則」，此「則」非指一般物理性原則，而是道德原則。但對於陽明以內在
良知爲規矩，去對外「正其不正以歸於正」的「格物」之說，側重點已經有
所轉移，且詮釋內容也發生了變化。〔註58〕偏重「去欲」的工夫是東廓學說
本身的特點之一，不過東廓並沒有在「格物」之說上加以論述，從其孫鄒瀘
水以至於其學生鄧潛谷，皆可見到其家學與後學在「格物」說法上有新的見
解與詮釋，不過，這也反映了當時學者明顯地繼承了陽明獨立思考的學風。

（四）繼承東廓戒懼之學，提出「平康之體」

承上所論，鄧潛谷除了在師承上，不獨尊東廓而受劉師泉、劉三五影響
甚深，並對於「靜坐」、「格物」有不同於東廓的主張之外；其實，潛谷也有
繼承東廓說法的一面，潛谷的學說思想中，仍保留了東廓「戒懼之學」的痕
跡。譬如鄧潛谷亦強調「戒愼恐懼」，潛谷曰：

常存戒愼恐懼，則心體自明；勿任意、必、固、我，則物宜自順。
〔註59〕

潛谷除了如東廓將「戒愼恐懼」作爲心體自明的工夫之外，也將東廓援引傳
統儒家說法所言的「毋意」、「毋必」、「毋固」、「毋我」等視爲「欲」之內容，
而與其格物說法結合，即除去「意」、「必」、「固」、「我」之欲，則物則能合
乎其則而自順。可以看出，潛谷等東廓後學大多亦強調「戒愼恐懼」之工夫，

〔註57〕〔清〕黃宗羲：〈江右王門學案九〉，《明儒學案》，頁564。
〔註58〕王陽明「格物」之說爲：「『格物』如孟子『大人格君心』之『格』。是去其心
之不正，以全其本體之正。但意念所在，即要去其不正，以全其正。」又曰：
「鄙人所謂致知格物者，致吾心之良知於事事物物也。吾心之良知，即所謂
天理也。致吾心良知之天理於事事物物，則事事物物皆得其理矣。致吾心之
良知者，致知也。事事物物皆得其理者，格物也。」又言：「溫清之事，奉養
之事，所謂物也。必其於溫清之事也，一如其良知之所知當如何爲溫清之節
者而爲之，無一毫之不盡。於奉養之事也，--如其良知之所知當如何爲奉養
之宜者而爲之，無一毫之不盡，然後謂之格物。」〔明〕王守仁：〈傳習錄〉，
《王陽明全集》，頁6、44～45、48～49。
〔註59〕〔清〕黃宗羲：〈江右王門學案九〉，《明儒學案》，頁569。

及側重「去欲」之一面。另外，潛谷對於「本體」說法，又有「平康之體」
一說：

> 竊意平康之體，即所謂無內外寂感，渾然無間，近在目前，不可得
> 離者。而人心之危，無時無鄉，即在上聖，猶之人也，則心猶之人，
> 何能無遷移過則矣乎？惟在上聖，精一之功，一息匪懈，而所為學
> 者，又精之一之，無一息離乎平康正直之體，故內外寂感，渾然一
> 天，纔有流轉，自知自克。此古人所以死而後已者也。一息懈者肆
> 矣，安肆日偷，於平康之則遠矣。〔註60〕

雖不同於東廓恪守陽明學說言「良知」，從警惕面言「戒懼本體」，不過其所
說的「平康之體」，仍具有東廓論述「戒懼本體」時所賦予本體工夫的那種「自
強不息」之意義。其言精一之功，無一息離乎平康正直之體，一息懈者，便
安肆日偷，於平康之體遠矣，可見得東廓那種強調「警惕」、「自強不息」的
本體工夫義，兢兢業業、須臾不敢忽視工夫的為學特色，深刻地流露在後學
學說上。

二、周訥谿

周訥谿相較於鄒潛谷、李見羅二人，大概是鄒東廓弟子中，不論在學術
性格或者學說內容上，都最接近於鄒東廓的。《明儒學案》中記載他曾拜鄒東
廓與王龍溪為師：

> 早歲師事東廓、龍溪，於傳習錄身體而力行之。海內凡名王氏學者，
> 不遠千里，求其印證。不喜為無實之談，所謂節義而至於道者也。
> 〔註61〕

梨洲此段記載同時也表現出訥谿的好學精神與實作工夫、不騖高談的一面，
這一點與鄒東廓近似。〔註62〕或許也是這樣的特質影響了其學說內容，與東

〔註60〕〔清〕黃宗羲：〈江右王門學案九〉，《明儒學案》，頁565。

〔註61〕〔清〕黃宗羲：〈南中王門學案一〉，《明儒學案》，頁591。

〔註62〕除了黃宗羲說他「於傳習錄身體而力行之」、「不喜為無實之談」之外，周訥
谿亦曾自言：「人每日必思行幾件有利益於人的事，日日如是久則天理心熟，
起心動念都是天理矣。出一言必思莫傷人否？行一事必思莫傷人否？一念差
了便恐懼不敢，必思速改不可放過，當作功課做。夜則思之，每日行得三四
件，不可懽喜，未能行得，必思補足。」〔明〕周怡：〈集疑〉，《訥谿先生雜
錄》（明刊本），卷之一，頁14。這便很能看出周訥溪那種時時不忘「遷善改
過」，作實地工夫的態度。

廓的學說精神較為接近。如他所強調的「戒懼慎獨」工夫，包括「遷善改過」、「去欲」觀念的重視；以及如同東廓一般，將人之「壽」視為一種「道德化」的生命來看待；還有對於「禮」的看重，並將「禮」，收攝於本心而言，這些思想觀念都可看出受鄒東廓深刻影響的痕跡。

（一）言「戒懼慎獨」之學

鄒東廓談「戒慎恐懼」，也談「慎獨」，這些對他來說都是「致良知」之別名，只是在實際論學中，他以「戒慎恐懼」為宗旨，認為此最能反映「致良知」的實功所在。而周訥谿吸收了東廓之學，亦言「戒懼慎獨」，認為此為「立大本之功」：

> 中也者，天下之大本也。戒懼慎獨，立大本之功也。〔註63〕

此與鄒東廓沒有任何不同，皆是以「戒懼」為致中和之功，是位育之根本。〔註64〕除此之外，周訥溪亦能掌握住鄒東廓談「戒懼」工夫不分「動靜」、「寂感」等內涵，周訥谿曰：

> 學以中和為的，中和者，性命之復完也。初生赤子之心為性命，形既生矣，神發知矣，習漸入矣，初生性命之本心以神知習染壞矣。聖賢用功修道，戒慎乎其所不睹，恐懼乎其所不聞。慎獨之初，到得精密養得心定，然後性命復完與原初生來一般，卻如泥土和水做成器，胚入爐得火煆煉成器，再不會變。是為喜怒哀樂未發之中，有發而皆中節之和，此中和致到極處，則位育之業成矣。學者曉得此根源，便用功有下落，故曰苟不至德至道不凝焉。德曰至德，不顯惟德也；道曰至道，無聲無臭也。戒懼慎獨只是一項工夫，不分動靜。〔註65〕

又說：

> 問曰：「近日賢者主寂感有時，學只歸寂上用功，至感上則第二義矣。然否？」曰：「學無二義，只一以貫之，所謂戒慎乎其所不睹，恐懼

〔註63〕〔明〕周怡：〈果泉說〉，《訥谿先生文錄》卷之五，明隆萬間（1567～1620）刊本，頁11。

〔註64〕鄒東廓說：「戒懼中和，真是位育根本。……不能戒懼以學，則不能大公以中；不能大公以中，則不能順應以和。」〔明〕鄒守益：〈簡呂巾石司成書〉，《鄒守益集》，頁562。

〔註65〕〔明〕周怡：〈議論學〉，《訥谿先生雜錄》（明刊本），卷之一，頁3～4。

乎其所不聞，亦是歸寂上用功；然應感處亦戒慎恐懼於不睹不聞，
非各有時也。此戒懼無歇手時，時時此戒懼，時時此應感，此等說
□□是非真實用功者自得之。」〔註66〕

可見周訥谿十分肯定鄒東廓所傳的「戒懼慎獨」乃是實作下手的工夫，但依
他所說的「初生赤子之心爲性命，形既生矣，神發知矣，習漸入矣，初生性
命之本心以神知習染壞矣。……性命復完與原初生來一般，卻如泥土和水做
成器，胚入爐得火煅煉成器，再不會變。」等言論看來，似又有偏於「復性」
說的傾向，並未能如鄒東廓以「戒慎恐懼即致良知」等學說，來掌握良知學
「復」與「顯」兩面的精義。不過，周訥谿仍能掌握到「戒慎恐懼」工夫，
乃是在本體上作工夫，且不分動靜與寂感的。

（二）重視「遷善改過」、「去欲」等工夫

　　在周訥谿的「戒懼慎獨」學說底下，他還相當重視「去欲」、「遷善改過」
等工夫，這一點也與鄒東廓一樣。周訥谿說：

學聖之要惟一，一則無欲，無欲則常，常則久而不變。陽明先生倡
致良知之教，夫子悅而學之，日致精明，涉境不遷，廓然無欲，知
識渾化。〔註67〕

周訥谿在祝賀東廓六十大壽的文中表示，學聖以「無欲」爲要，東廓能契合
陽明「致良知」之學，且「日致精明」、「廓然無欲」，顯見周訥谿是清楚認識
東廓爲學的背景與精神所在的，因爲東廓相當強調「無欲」爲學聖工夫，也
強調良知須時時去「致」，才能越「致」越「精明」，聖學便是「無欲」之學。
另外，對於「欲」的內容，筆者之前已經討論過，鄒東廓大大地充實了「欲」
之內涵，將欲「實化」了。周訥谿在這方面亦受到鄒東廓的影響而說：

從以欲者，戕用智者逆，私其身者孤，論壽逾荒，賊道逾甚，非永
命之道也。〔註68〕

其言「從以欲者，戕用智者逆，私其身者孤」，這同於鄒東廓將「自私」、「用

〔註66〕〔明〕周怡：〈建平旌德徽友各處客至相問答不能分記統作或問〉，《訥谿先生
　　　　雜錄》（明刊本），卷之二，頁8～9。

〔註67〕〔明〕周怡：〈壽東廓師六十序〉，《訥谿先生文錄》（明隆萬間1567～1620刊
　　　　本），卷之三，頁20～21。

〔註68〕〔明〕周怡：〈龍溪王師六十壽序〉，《訥谿先生文錄》（明隆萬間1567～1620
　　　　刊本），卷之三，頁2。

智」視爲「欲」的看法。並且周訥谿在實際工夫更吸收了鄒東廓的思想，大大地在學說教育上、生活修養上強調與落實「去欲」、「改過」的功夫。周訥谿曰：

> 學莫貴於改過，學者檢察疎畧，不免於過。聖人愼密心常恐有過，故能無過。賢人亦常恐有過，但功不能如聖人愼密，不免有過，過亦寡矣。眾人自是不復認過，故遍身皆是過，果能精察日見其有過而不憚改，則可以寡過矣。能改口過，改身過，又要改心過，如人身有病，急求醫藥便可無病，若有病怕人知，隱而不治則病日深而不可救藥矣。〔註69〕

> 學者進德莫大於日知其過，人之德性帝降之衷，少有愆違皆過，況世習漸染，戕賊天性，起心動念，搖手觸目，無非過也。自以爲是處，由君子觀之，皆過。知過甚難，改過尤難，能知過即改，漸可寡過。如磨鏡者，日日磨之，昏塵漸少，久之淨盡精明，光采纖毫畢照矣。〔註70〕

周訥谿言「聖人愼密心常恐有過，故能無過」，此言似能體悟到鄒東廓「戒愼恐懼、自強不息」的「本體工夫」之眞義，但是周訥谿相對於鄒東廓而言，對於「欲」、「過」等內容看重的程度，可謂有過之而無不及，因此他談「改口過，改身過，改心過」，同東廓將「欲」視爲一種須要對治的病症〔註71〕；又說改過如「磨鏡」，「日日磨之，昏塵漸少，久之淨盡精明，光采纖毫畢照矣」。這些都顯示出，周訥谿雖暢言「戒懼愼獨」，強調「遷善改過」、「去欲」等實功，大體上看來的確能守東廓正傳，但是在一些細微的義理結構上，顯然並不能眞正把握住良知學的精神所在，如周訥谿過於強調「去欲」、「復性」等看法，並不能確實地把握住鄒東廓「戒愼恐懼」同時是針對「致良知」工夫中，「復」與「顯」兩面意義的精髓所在。

（三）「禮」即是「理」，爲「天然自有者」

　　周訥谿也相當重視對「禮」之觀念的闡述，且同東廓般，將「禮」收攝

〔註69〕　〔明〕周怡：〈議論學〉，《訥谿先生雜錄》（明刊本），卷之一，頁5。

〔註70〕　〔明〕周怡：〈廬居〉，《訥谿先生雜錄》（明刊本），卷之一，頁2～3。

〔註71〕　鄒東廓曰：「凡人與聖人，對景一也，無增減是本體，有增減是病症。今日亦無別法，去病症以復其本體而已矣。」〔明〕鄒守益：〈簡劉獅泉君亮〉，《鄒守益集》，頁579。

爲「本心」之特質而言，而非外在「禮制」之「禮」的概念。周訥谿曰：

> 禮也者，理也；理也者，中也，中節也，和也，天下之達道也。中
> 也者，豈安排處置之謂也。人受天地之中以生，無偏無倚，無過無
> 不及，天然自有者也。〔註72〕

周訥谿在此不僅同東廓將「禮」收攝於內心，而言「天然自有之中」，且將「禮」
直接視爲「理」，「禮」即「理」之意，而「理」即是「人受天地之中以生」
之「中」。換言之，「禮」是人天生所賦有的，它是「天然自有者」。那麼，這
顯然比起東廓以「禮」爲良知本身之特質，更前進了一步，原因在於「禮」
即等同於內在於人的「天理」之「理」。

　　此內在的「本心天理」之「禮」與外在所謂的「禮制儀節」之「禮」差
別何在，周訥谿做了以下的譬喻：

> 而心也，尤人之虛靈明覺無智愚賢不肖而共以爲易知者也。禮也者，
> 盡其心之謂也。盡其心斯無適而非禮，聖人盛德之至，所以動容周
> 旋而中禮也。學者未能如聖人，所以必克己而復禮也，非禮勿視，
> 非禮勿聽，非禮勿言，非禮勿動，由是而熟焉，則可以動容周旋而
> 中禮矣。是禮也，烏有格式之可循，儀節之可擄（據）也。後世不
> 知聖人之盡心，見其所行而遂以爲定也，以爲是格式也，不可不循；
> 是儀節也，不可不據。聖人有憂之，故曰，禮云禮云，玉帛云乎哉？
> 人而不仁，如禮何？……格式儀節所以有其心也，猶畫工之影像，
> 所以肖其形也。而人之精神命脈則善畫者，有不得也。謂影像非人
> 形，不可也；謂影像即人，奚可哉？〔註73〕

周訥谿說「禮」爲「天然自有者」（將其譬喻爲「人」）；非爲外在之「儀節格
式」（將其譬喻爲人形投影之「影像」）。因此，透過周訥谿這段話，可以知道
他是將他所認爲眞正的「禮」（即「理」）與一般世俗認爲的「禮」（儀節格式）
做了區分，照訥谿之意，即是說「禮」只是「理」，外在的「儀節格式」不能
稱爲「禮」，它們都只是「禮」之投射。可見周訥谿不僅同東廓般，將「禮」
收攝爲本心特質，且直接將「禮」等同於「理」字，更區分了內在之「禮」

〔註72〕　〔明〕周怡：〈禮說〉，《訥谿先生文錄》（明隆萬間 1567～1620 刊本），卷之
　　　　　五，頁1。

〔註73〕　〔明〕周怡：〈禮說〉，《訥谿先生文錄》（明隆萬間 1567～1620 刊本），卷之
　　　　　五，頁1～2。

與外在之「儀節格式」的不同，這與鄒東廓顯然是有所不同的；因為，東廓的「禮」同時包含內在「天然自有之敬」與外在「禮制規範」之義，在鄒東廓不僅這內外之「禮」並不做區分，且更是極力求兩者為一。另外，周訥谿還認為顏淵是真正能夠體悟到「外在禮制規範為內在之禮的投影」這一點的人，因此說顏淵「求仁以復禮為主」，訥谿曰：

> 顏子求仁以復禮為主，心常在於禮，有一非禮之念即知之不遠而復，故不貳過。蓋非禮勿視勿聽勿言勿動，視聽言動一於禮是謂仁。原憲求仁以克發怨欲不行為主，心知四者之不可有，一有知則知其不可而不行，是胸中此時亦無克伐怨欲之意，但不知四者何故而生，雖能不行，未能不知也。必有病根在內，所以遇事輒發，其無克伐怨欲之事相感時，又不知工夫何如。蓋其心已執著四者，但以為不可行，而不知病根之在心也。……爾其心誠在於復禮，則克伐怨欲自不生乎……原憲但知四者之不可，未知本根之純粹自可無四者之病，幾微之辨正在於此。〔註74〕

周訥谿言「復禮」與東廓並無不同，皆將本心「禮」與「非禮」的狀態，視為「理」與「欲」的分水嶺，本心一不「一於禮」，便已經失去本心本來的狀態了。因此，作工夫的根本，在於本心能不能夠「復禮」，其實就是讓本心回復到「禮」的狀態，所以訥谿才讚賞顏淵知道除病根的根源在於本心，而原憲正是不明白這一點，只是執著於克伐怨欲之不可，而不知此四者之所以產生，正是在於本心「失禮」、「不仁」。

（四）「壽」之觀念——「道德化」的生命

筆者在上一章的〈「自強不息」的本體工夫〉一節中，曾討論過鄒東廓對於人之「壽」，有一特別的看法，而此一想法表露在予人祝壽之文中。周訥谿這一方面顯然受到鄒東廓的影響，亦有相似的言論，訥谿在為他另外一位老師王龍溪祝壽時說：

> 民受天地之中以生，天之命也，壽之原也，知永命者，可與知壽。堯舜精一執中以開其先，文王永言配命以完其純，仲尼不怨不尤以知其

〔註74〕〔明〕周怡：〈克伐怨欲不行講義〉，《訥谿先生雜錄》（明刊本），卷之二，頁37～38。

天，其壽恆久不已，斯與天地參。聖遠道微，知壽者鮮矣。〔註75〕

周訥谿認爲「聖遠道微，知壽者鮮矣」，因爲「壽」是來自於「天地之中」，是「天之命」，也就是說人的生命的本源，本來就來自於一個「道德化」的「天命」，人若不能在人生中去貫徹這個天生賦予的「道德使命」，那麼並非眞正能夠知「壽」。「壽」本身所代表的意涵，是一個道德化的生命展現，是人受「天地之中」以生後的實行。因此，訥谿才說孔子「其壽恆久不已」，才能眞正稱爲「長壽者」。

三、李見羅

鄒東廓不滿當時學風有以「知覺爲良知」的弊端，以及過於強調良知本體的「先天義」，而忽略了彰顯良知本體的「工夫義」。因此，他強調本體工夫的落實，又就良知本體的「警惕」性質，拈出「戒愼恐懼」、「主敬」等工夫理論作爲立學宗旨。其弟子李見羅同東廓，皆重視工夫的落實，以及本體道德義的豁醒，但也因爲過度地強調本體的道德規範義，使他不僅走得比東廓還遠，甚至遠遠地偏離了陽明學的學說體系，而自成一格。

（一）本體只是「性」，不以「良知」爲本體

黃梨洲之所以爲見羅別立〈止修學案〉，而不歸於王門之中，乃是基於梨洲認爲見羅的學說思想已經出於王學之外，不得不別爲一案。《明儒學案》中記曰：

先生初學於鄒文莊，學致良知之學。已稍變其說，謂「致知者，致其知體。良知者，發而不加其本體之知，非知體也」。已變爲性覺之說。久之，喟然曰：「總是鼠遷穴中，未離窠臼也。」於是拈「止修」兩字，以爲得孔、曾之眞傳。止修者，謂性自人生而靜以上，此至善也，發之而爲惻隱四端，有善便有不善。知便是流動之物，都向已發邊去，以此爲致，則日遠於人生而靜以上之體。攝知歸止，止於人生而靜以上之體也。然天命之眞，即在人視聽言動之間，即所謂身也。若刻刻能止，則視聽言動各當其則，不言修而修在其中矣。使稍有出入，不過一點一點簡提撕修之工夫，使之常歸於止而已。〔註76〕

〔註75〕〔明〕周怡：〈龍溪王師六十壽序〉，《訥谿先生文錄》（明隆萬間 1567～1620 刊本），卷之三，頁 1。
〔註76〕〔清〕黃宗羲：〈止修學案〉，《明儒學案》，頁 667。

黃梨洲此段論述，已能窺得見羅學說的大致全貌，蓋見羅學於東廓之時，便已不將良知作爲最源頭的「本體」看待，而說「良知者，發而不加其本體之知」，此說仍是肯定「良知」在現實中的能動與彰顯，也就是良知是道德本體在現實得以落實的根本。〔註77〕但後來見羅認爲如此只是「鼠遷穴中」，不能根本解決問題，因此完全拋棄掉「良知」的概念，完全不談「良知」，且認爲「良知」已是發用，不是本體，本體只能是「性」，「心」、「知」、「情」、「意」等皆屬已發邊事了。因此，見羅認爲只有「性」才是「本體」，竭力反對以「知」爲體。〔註78〕然而，見羅此「性」卻隱然已經成爲程朱一系所謂「只存有而不活動」的「性理」，見羅或許也察覺到這一點，因此極力強調「修身爲本」，全力要將實下手處倒歸於自身，使「至善之性體」與「自身」，不陷於「支離」之病。〔註79〕

〔註77〕見羅對陽明「良知本體」的看法，類似於當今大陸學者任文利的看法，任文利認爲王陽明的學說中，始終存在著一個「被懸擱的預設本體」，這個本體可以說是「理」或是「心體」，但陽明不談這些，只討論「良知」，以「良知」做爲道德根本。參見任文利：第三章第一節〈陽明早期心學之心體的預設──兼及「收斂」與「發散」〉與第五章〈餘論：作爲本體的「預設」懸擱後的問題〉，《心學的形上學問題探本》（鄭州：中州古籍出版社，2005年1月）。其中任文利指出：「自陽明提出『理障』後，這個『理』或『心體』的預設首先就被懸擱起來。這個懸擱有多重的意義。其一，只談『良知』，『理』或『心體』是什麼，我不去講。其二，究竟早年講到的這個預設的『理』或『心體』是什麼，非要作出問答的話，作爲某種假定的前提的預設，它是『無善無惡』的。其三，拋開這個假定的前提的預設，要問『理』或『心體』是什麼，就是『良知』。這幾層意思在陽明後期心學中都有，但陽明沒有清楚地分開講，故此，這也形成了陽明後心學分化的根源。」《心學的形上學問題探本》，頁98。

〔註78〕見羅曰：「從古立教，未有以知爲體者，明道先生曰：『心之體則性也。』伊川先生曰：『心如穀種，仁則其生之理也。』橫渠先生曰：『合性與知覺，有心之名。』亦是性爲心體之見。晦菴先生曰：『仁者必覺，而覺不可以名仁。』知果心之體也，謂知即性可乎？仁爲生理，生理即性也，覺不可以名仁，知獨可以名仁乎？知不可以名仁，又可以爲心之體乎？釋氏本心，聖人本天，蓋伊川先生理到之語。古有以公私辨儒釋者，有以義利辨儒釋者，分界雖清，卒未若本心本天之論，爲覆海翻蒼，根極於要領也。」〔清〕黃宗羲：〈止修學案〉，《明儒學案》，頁673。

〔註79〕論者于化民說：「李見羅的攝知歸止，將朱熹的格致論引向主觀的方面；但他既然不同意以良知爲主宰，就不得不走向程朱，以性爲至善本體，把知止學說建立在性善論基礎上。」于化民：《明中晚期理學的對峙與合流》（臺北：文津出版社，1993年2月），頁80。而今察李見羅的諸多說法，事實上已經幾乎可說是朱子理學一系的說法，如見羅曰：「性有定體，故言性者無不是體；

（二）「知止」學說──知修身爲本而止之

　　承上所論，見羅爲了向上回溯這個本體，講「攝知歸止」，認爲已發的「知」畢竟要歸於「至善」處來發動，而落實「止於至善」的方法，便是在「己身」上落實；因此他又講「修身爲本」，他極力透過「修身爲本」的落實，將「修身爲本」的「身」與「止於至善」的「至善」合一，也就是「知止於至善爲本而修之」即「知修身爲本而止之」〔註80〕，「身」是「本於至善之身」。〔註81〕事實上，東廓也常提天命之性、性體等概念，但皆不離良知立說，皆是站在以陽明的良知本體爲基礎所作的思考。〔註82〕但在見羅的學說中，不僅遠離了師說，更已經完全背離了以良知爲本體立說的整個陽明學架構。

　　不過，相當有趣的是，作爲陽明高足之一的王龍溪，在他寫給李見羅的信中，卻認爲見羅之說無背於陽明師說：

情意知能有定用，故言情意知能者無不是用。惟心爲不然，以心統性情者也。」〔清〕黃宗羲：〈止修學案〉，《明儒學案》，頁687～688。不過岡田武彥則認爲，李見羅甚至可說比起朱子，更嚴判心性之分，因爲朱子所大體采心性、性情、理氣二元論的立場，但朱子又相當注意兩者間的統合關係，因此比起朱子，其實見羅在心性關係的立場更嚴格分判。岡田武彥：《王陽明與明末儒學》，頁245。

〔註80〕李見羅曰：「修身爲本者，止於至善之竅門也；止於至善者，修身爲本之命脈也。鄒所謂『知修身爲本而止之』蓋已一句道盡。」《見羅先生文集》卷十四〈答韋提舉〉，頁21上。

〔註81〕劉姿君：〈李見羅「止修說」析論〉，《當代儒學研究》（中央大學文學院儒學研究中心，2008年1月），頁118。岡田武彥也指出李見羅所謂的「身」，是「以作爲至善性體之歸宿的身」；又說明：「因性善之體是無聲無臭的，故若無歸宿，則性善之體也就不得成爲實理。見羅出於此立場，把修身的身當作是至善的歸宿。在他那裡，所謂身就是至善之體。」。岡田武彥：《王陽明與明末儒學》，頁252～253。

〔註82〕岡田武彥說：「鄒東廓，從其對所謂良知是天理的自覺來看，是不拘泥於把理作爲心之理的，他對作爲心之本原的性頗爲關心，其結果，便產生了既承認陽明心學，又承認宋學性宗立場的傾向。」據此，岡田武彥認爲李見羅揭示「性宗」，是與他師承鄒東廓思想有關連性的，他說：「見羅的這種嚴於心性之辨，以至於揭示性宗的思想，是與其師鄒東廓的學說相互關聯的。究其原因，是因爲東廓把學之究極歸於知（良知），但卻是一個對性寄於關注的儒者。」岡田武彥：《王陽明與明末儒學》，頁240、247、248。不過，其實東廓所談之「性」非別有一個更本原的「性」在「心」或「良知」之上，而是就「良知」之體言「性」。東廓曰：「性即良知之體，情即良知之用，除卻情性，更無良知矣。」〔明〕鄒守益：〈答本固宗兄〉，《鄒守益集》，頁678。

> 前見所著《大學古義》，以修身爲本，以知本爲宗。壹是以修身爲本，
> 天下國家皆末也，故曰「物有本末，此謂知之至也」。吾世契所見，
> 非有異於師門致知之旨，蓋彼此各從重處題撥。知是身之靈明主宰，
> 身是知之凝聚運動，無身則無知矣，一也。區區晚年於此更覺有悟
> 入處，但無由與世契一面證耳。〔註83〕

顯然地，王龍溪只看到李見羅學說中「修身爲本」的一面，而不清楚李見羅
不以良知爲體，而言「性體」、「止於至善」的一面。因此，王龍溪才會說：「知
是身之靈明主宰，身是知之凝聚運動，無身則無知矣，一也。」他以爲見羅
提揭「修身爲本」仍是緊扣著落實「良知本體」立說的，才會作如此說。其
實，專就李見羅不以「良知」爲本體這一點來看，就已經不能說是陽明學了。
但儘管如此，李見羅的「止修學說」又不能置於陽明學的影響之外，特別是
與陽明後學的學說互動下，對自身思想所造成的影響。

　　其實，李見羅所揭的「知止」之說，在鄒東廓已發。〔註84〕在東廓寫給
其孫聚所、四山的信中就提到：

> 所言知止之說，須識得「止」字本體即工夫，始有歸宿。至善也者，
> 心之本體也。自無聲臭而言曰不睹不聞，自體物不遺而言曰莫見莫
> 顯。其曰止仁止敬，止孝止慈，皆至善之別名也。戒懼勿離，時時
> 操存，時時呈露，若須臾不存，便失所止。故《大學》、《中庸》論
> 有詳略，而慎獨一脈，炯然無異。〔註85〕

東廓最初以《大學》、《中庸》之旨就教於陽明，而在晚年仍守著「戒懼慎獨
即致良知」的思想，因此，他提「知止」，說「止」爲本體亦是工夫，也說「至
善」爲心之本體。乍看之下，的確與見羅「知止」之說類似，而李見羅「止
修學說」的提出，也不得不說是起源於東廓，然在東廓其「至善」與「良知」
並無不同，所指皆爲同一本體，非別有一個更高層次的「至善」可「止」，這

〔註83〕〔明〕王畿：〈與李見羅〉，《王畿集》，頁 306～307。

〔註84〕據林月惠分析，從朱子學到陽明學，大學的詮釋核心由「格物」轉至「致知」
　　　　（致良知），而到了陽明後學，尤其是雙江、念菴之後，逐漸地有從「致知」
　　　　轉向「知止」的趨勢。參見林月惠：《良知學的轉折：聶雙江與羅念菴思想之
　　　　研究》，頁 582～587。可見「知止」之說，非東廓所獨發，更非見羅所獨創。
　　　　見羅之說，有著與陽明學承接的內在脈絡。

〔註85〕〔明〕鄒守益：〈寄孫德涵德溥〉，《鄒守益集》，頁 661～662。

是師徒二人此說在根本上的不同。〔註86〕此一根本原因出在於見羅並不承認良知爲本體，既然不承認良知本體，也就失卻了東廓所著重於陽明學，言即工夫即本體，工夫本體無二的「知行本體」之意了。也因此，見羅雖極力言「止」與「修」爲同一件事，但終顯齟齬而支離，已無法如東廓般順遂了。相關的記載，亦見於東廓孫聚所的記述中，〈鄒聚所先生言行錄〉言：

> 君幼有異稟，爲文莊公所鍾愛，年十九時，銳然以負天負祖自奮，
> 緒山錢公深器重之，既中式文莊公贈之詩，勉以謙抑仁厚、尚友千
> 古，入京又貽之以書，深辯知止之說，蓋拳拳以學相屬也。〔註87〕

於此顯見，所謂「知止」之說，爲東廓對聚所的講學中也曾說過，聚所於〈文莊府君書〉又記曰：

> 暑云所言知止之說，須識得止字本體，即工夫始有歸宿。至善也者，
> 心之本體也。自無聲無臭而言，曰不覩不聞；自體物不遺而言，曰
> 莫見莫顯。其曰止仁止敬止孝止慈，皆至善之別名也。戒懼勿離，
> 時時操存，時時呈露，若須臾不存，便失所止。故大學中庸，論有
> 詳暑，而慎獨一脈炯然無異。〔註88〕

據聚所之言，今對照東廓寫給聚所及四山的信之內容說法，並無二致。東廓所謂「知止」，即「止於至善」，即「止仁」、「止敬」、「止孝」、「止慈」，蓋「仁」、「敬」、「孝」、「慈」皆爲「至善」之別名，也是「良知」之別名。則所謂「知止」，確切地說，便是知止於良知，以良知爲歸宿，在本體上行戒慎恐懼之功，此正是東廓的「本體工程」。因此，聚所說：「戒懼勿離，時時操存，時時呈露，若須臾不存，便失所止。」由此可見，相對於見羅，聚所對於東廓的「本體工程」思想能有較周全的掌握，且更是守著「良知」爲本體之教而不疑。然而，在見羅雖也講「知止」、「止於至善」，但卻已經別立一體，非就良知本體立說了。見羅曰：

〔註86〕鄒東廓另外也說過：「故古者明德親民之學，以至善爲止。至善也者，帝衷之初也。切而磋之，琢而磨之，蘊之爲恂慄，發之爲威儀，則盛德至善，斐然而不能忘。」〔明〕鄒守益：〈復初贈言〉，《鄒守益集》，頁119。東廓所說的「至善」就是「帝降之衷」的「良知本體」，或者說「戒懼眞體」了。

〔註87〕〔明〕鄒德涵：《鄒聚所先生外集》，收於《四庫全書存目叢書》，集部157，別集類，頁436。

〔註88〕〔明〕鄒德涵：《鄒聚所先生外集》，收於《四庫全書存目叢書》，集部157，別集類，頁396。

知常止，自能慮，不必更添覺字；本常立，即是敬，不必更添敬字。〔註89〕

學問之講，只在辨宗之難。宗在致知，則雖說知本，說知止，一切以知爲體。宗在知本，則雖用致知，用格物，一切以止爲歸。〔註90〕

見羅言「知常止」，即「攝知歸止」；其言「本常立」，即「修身爲本」。如此一來，原先在東廓就良知本體而言的自能覺、自能警惕的「覺」與「敬」之意，已被見羅抽換掉概念，因爲見羅否定掉良知爲本體的概念，因此，「覺」與「敬」不再是先天良知的知行本體的性質，而是對後天工夫狀態的說明。而其強調「以止爲歸」，不以知爲體，顯然地是與其師東廓相對立，也將自己與整個陽明學說劃分開來。

因爲，李見羅認爲只有「性」才是「本體」，竭力反對以「知」爲體。然而，見羅必須面對此一「至善」之「性體」如何在現實落實的問題。因此他的解決方式是極力強調以「修身爲本」，全力要將此下手處倒歸於自身，使「至善之性體」與「自身」能徹底統一，不陷於有「支離」的危險。因此言：

知本始在所當先，即當下可討歸宿，直於攘攘紛紛之中，示以歸宿至止之竅，故曰是教人以知止之法也。古之欲明明德，至修身爲本，何謂也？蓋詳數事物，各分先後，而歸本於修身也。本在此，止在此矣，豈有更別馳求之理？故曰：其本亂，至未之有也，蓋決言之也，結歸知本，若曰知修身爲本，斯知本矣，知修身爲本，斯知至矣。〔註91〕

又曰：

止不得者，只是不知本，知修身爲本，斯止矣。其本亂而末治者否矣。豈有更別馳求之理？故止不得者，病在本也。友朋中有苦知本難者，予曰：「本即至善，有何形聲？故聖人只以修身爲本，不肯懸空說本，正恐世人遺落尋常，揣之不可測知之地，以致虛靡意解，耽誤光陰。只揭出修身爲本，使人實止實修，止得深一分，則本之見處透一分，止得深兩分，則本之見處深兩分。定則本有立而不搖，靜則本體虛而能固，安則本境融而常寂。只是一個止的做手，隨止

〔註89〕〔清〕黃宗羲：〈止修學案〉，《明儒學案》，頁674。

〔註90〕〔清〕黃宗羲：〈止修學案〉，《明儒學案》，頁675～676。

〔註91〕〔清〕黃宗羲：〈止修學案〉，《明儒學案》，頁682。

淺深，本地風光，自漸見佳境也。切不可懸空撈摸，作空頭想也。
故本不知，又是病在止也。此予所謂交互法也。」其實知本者，知
修身爲本而本之也，知止者，知修身爲本而止之也，總是一事，有
何交互之有？但因病立方，不得不如此提撥，令人有做手耳。換作
法，不換主腦，且不因藥發病也。〔註92〕

李見羅言「止於至善」爲主意，「修身爲本」爲工夫，亟強調兩者不可離，爲
同一件事。又全力要將「止於至善」落實於「修身爲本」，因此最後導出一個
結論──「修身爲本」所說的「本」，即「止於至善」之「至善」處。〔註93〕
因此，梨洲才會說：

夫大學修身爲本，而修身之法，到歸於格致，則下手之在格致明矣。
故以天下國家而言，則身爲本，以修身而言，則格致又其本矣。先
生欲到歸於修身，以知本之本，與修身爲本之本，合而爲一，終覺
齟齬而不安也。〔註94〕

見羅極力彌合「身」與「至善」處，要「止於止善」，自然只是去實實在在地
「修身」。然而此「身」之「本」與「至善」之「本」兩者之間，見羅始終無
法提出一個完整而有系統的論述來協調合一，難怪乎梨洲認爲其說終覺齟齬
不安也。〔註95〕然而，見羅雖然就學說上的邏輯架構來看，不能歸屬於陽明
學，但就師承關係以及學說的影響兩個方面來看，又不能自外於陽明學。

〔註92〕〔清〕黃宗羲：〈止修學案〉，《明儒學案》，頁684。

〔註93〕岡田武彥總結李見羅此思想時便說：「這樣一來，『以修身爲本』就被等同於
《大學》所謂『知止』、『知本』和『知至』，而『以修身爲本』的『本』與『知
本』的『本』，也被看成是一個東西了。」岡田武彥：《王陽明與明末儒學》，
頁254。

〔註94〕〔清〕黃宗羲：〈止修學案〉，《明儒學案》，頁667。

〔註95〕如研究者吳宣德便指出了李見羅此種邏輯上的矛盾，吳宣德說：「一方面，李
材設定了一個高至上的本體『性』，並以此統率所有的人類情感和行爲，另
一方面，『性』又不能直接體現爲任何現實的情感或行爲，因而人究竟是否能
使自己的情感和行爲達到『性』的規定，並不存在一個可以依據的評價標準。
儘管李材把『修身』看作實現『性』本體的手段，但由於他排斥『心』的知
覺作用對人的行爲的影響，李材的修身只能被看作是一種不介入任何意識的
純粹的行爲。即使我們承認這樣的一種行爲存在，那也只不過是未介入任何
理性活動的感性行爲。就此而言，李材把格物致知當作人對具體修身活動的
『照管提撕』，本身就是與他對『心』的排斥相矛盾的。」吳宣德：《江右王
學與明中後期江西教育發展》，頁146～147。

（三）受聶雙江「歸寂」與王心齋「淮南格物」學說之影響

李見羅的學說思想已歧出於王學，但不表示說他的思想不受陽明學之影響，他的思想可以說是由陽明學轉出的一條獨樹一幟的道路。見羅曾自言其學說思想出自陽明，同時又受聶雙江與王心齋之影響：

> 要吾輩善學先儒者，有志聖學者，學其諸所論著，學聖之眞功可也，而必併其所提揭者，不諒其救弊補偏之原有不得已也，而直據以爲不易之定論也，可乎？心齋非陽明之徒乎？其學聖之眞功，心齋不易也，未聞併其所提揭者而宗之不易也。雙江非陽明之徒乎？其聖學之眞功，雙江不易也，亦未聞併其所提揭者而宗之不易也。今而敢廢陽明先生學聖之眞功，則友朋間宜羣訛而議之矣。苟未廢學聖之眞功，而獨議其所提揭也，則心齋、雙江兩先生固已先言之矣。歸寂非雙江旨乎？而修身爲本，則非鄙人所獨倡也。常有言匹夫無罪，懷璧其罪；貧子說金，人誰肯信。僕今日之謂也。僕少有識知，亦何者而非陽明先生之教之也。念在學問之際，不爲其私。所謂學，公學公言之而已矣，求之心而不得，雖其言之出於孔子，未敢信也，亦陽明先生之教之也。〔註96〕

見羅自言其論學思想來自於聶雙江的「歸寂」與王心齋的「修身」之說，其背後所基於的獨立思考精神更是本自陽明之教，自認爲乃是繼承陽明的此種「自得於心」之精神。〔註97〕其所說的雙江之「歸寂」，是指後來他所提的「止於至善」〔註98〕；而心齋的「修身」之說，即指自己所說的「修身爲本」之

〔註96〕〔清〕黃宗羲：〈止修學案〉，《明儒學案》，頁674。

〔註97〕陽明曰：「夫君子之論學，要在得之於心。眾皆以爲是，苟求之心而未會焉，未敢以爲是也；眾皆以爲非，苟求之心而有契焉，未敢以爲非也。」〔明〕王守仁：〈年譜附錄一：復伯爵〉，《王陽明全集》，頁808～809。

〔註98〕聶雙江所謂「歸寂」乃是認爲良知本體本寂，不得以良知之發用爲良知。亦即不同於陽明就良知之體、用言寂、感，而是判然將寂、感一分爲二，認爲必先有「寂體」以「宰感」。但是，雙江雖將體用、寂感二分，仍是尊良知本體爲大頭腦的。雙江曰：「竊謂良知本寂，感於物而後有知，知其發也，不可遂以知發爲良知，而忘其發之所自也。心主乎內，應於外而後有外，外其影也，不可以其外應者爲心，而逐求心於外也。故學問之道，自其主乎內之寂然者求之，使之寂而常定也，則感無不通，外無不該，動無不制，而天下之能事畢矣。」又曰：「是非愚之見也，先師之見也。師云：『良知是未發之中，寂然大公的本體，便自能感而遂通，便自能物來順應。』」〔明〕聶豹：〈答歐陽南野太使三首〉之三，《聶豹集》，頁240～241。

思想，來自於心齋的「淮南格物」之說。〔註99〕但是，不論是雙江的「歸寂」
學說或者是心齋的「淮南格物」之論，都並未反對以良知爲本體。而見羅之
論，雖從學於東廓，保留了江右重視工夫的學風，但因過度地強調現實工夫
的落實，最後不僅比起東廓，有更偏向程朱學說的傾向，且更是完全否定了
以良知爲本體的陽明學說。因此，李見羅雖稱是東廓弟子、陽明再傳弟子，
在實際師承關係上，確爲陽明弟子無疑，然而在學說上，卻已然無法歸屬於
王學門下了。

〔註99〕 王心齋的「淮南格物」之說，可說是轉化自陽明的「致知格物」之說而來，
　　　　陽明的「格物」說，是以良知爲規矩，去事上磨練以「正其不正以歸於正」。
　　　　心齋轉化至「身」上來說，心齋曰：「大學說個止至善，便只在止至善上發揮。
　　　　知止，知安身也。定靜安慮，得安身而止至善也。物有本末，故物格而後知
　　　　本也。知本，知之至也。知至，知止也。自天子至此，爲知之至也，乃是釋
　　　　格物致知之義。身與天下國家一物也，惟一物而有本末之謂。格，絜度也，
　　　　絜度於本末之間，而知本亂而末治否矣。此格物也。物格，知本也，知本，
　　　　知之至也，故曰：『自天子以至於庶人，壹是皆以修身爲本也。』修身立本也，
　　　　立本安身也。」又曰：「格如格式之格，即絜矩之謂。吾身是個矩，天下國家
　　　　是個方，絜矩則知方之不正，由矩之不正也。是以只去正矩，卻不在方上求，
　　　　矩正則方正矣，方正則成格矣，故曰物格。吾身對上下前後左右是物，絜矩
　　　　是格也。其本亂而末治者否矣。便見絜度格字之義。格物，知本也，立本，
　　　　安身也，安身以安家而家齊，安身以安國而國治，安身以安天下而天下平也。
　　　　故曰修己以安人，修己以安百姓，修其身而天下平。」〔清〕黃宗羲：〈泰州
　　　　學案一〉，《明儒學案》，頁712。

第六章　結　論

第一節　研究成果

本論文研究發現，鄒東廓的學說要點與特色主要表現在以下四方面：

一、吸納宋儒，新詮「主敬」

本論文研究發現，鄒東廓高度推崇周濂溪的「主靜」、「無欲」之思，並吸納為良知學中的一個核心概念，所謂「靜」是指「無欲的良知本體」；並吸收了程明道「定性說」中的「自私」、「用智」作為「欲」之內涵，因此「致良知」就是要去「自私」、「用智」等欲，以回復良知本體「無欲」之本然狀態。並在此基礎下，將程伊川、朱子所談的「敬」，詮釋為「良知之精明不雜以塵俗」，因此「主敬」之功夫，其實便是「致良知」之功，即去「自私」、「用智」等欲，回復與保持良知無欲之狀態的功夫，因此程朱「主敬」功夫與濂溪「主靜無欲」、明道「定性」相同。鄒東廓在這樣的論述之下，將濂溪之「無欲」、明道之「定性」、程朱之「主敬」，視為與王陽明「致良知」異辭同旨，並將濂溪、明道、陽明三人視為心中的聖學道統脈絡。可見，鄒東廓對於宋儒思想的吸收，乃是在合於良知學的架構底下重新予以詮釋的，這可說是豐富了良知學的內涵，而不能說是「回歸宋儒」。

二、「體用為一」，強調工夫

本論文研究發現，鄒東廓對王陽明良知學的繼承，首先表現在「體用觀」

上面,將「體」、「用」收攝於良知之「寂」與「感」、「未發之中」與「已發之和」、「廓然大公」與「物來順應」等二種特性而言,乃是陽明學中的特出之處,東廓也就是在這樣的正確認識之下,而表示「體用非二物」、「寂感無二時」、「未應非先,已發非後」等觀念,這是東廓能夠清楚把握良知學核心架構的體現。在這樣的基礎下,鄒東廓對良知學的深化,表現在直接以「良知統性情」,這相對於陽明可謂又前進了一步,將陽明未說明清楚的直接一語點出;另外,在陽明較略而不談的「欲」,到了東廓手上,援引了明道「自私」、「用智」,以及先秦儒家「意必固我」等觀念,予以充實。對於王陽明「致良知」功夫的把握,鄒東廓亦同時能夠掌握「致良知」功夫中,「復」與「顯」之兩面,而以「戒慎恐懼」來統攝之,而這又得歸因於王陽明對其最初的教法,以及其最初的學術關懷,還有對濂溪「無欲」觀念的重視。鄒東廓對於王陽明的學說認識與把握是全面的,但在個人的論學與思想中,他則側重在「體用爲一」的「用」之一面、「本體功夫爲一」的「功夫」方面之闡釋,因此強調「見在功夫」,提出「見在本體工程」來救治當時王學學者於「本體」提揭過重所衍生的弊病,此乃出於鄒東廓對於先天的良知本體能否在後天時時「顯在」的問題保持質疑態度,認爲應該時時去做工夫,才能證成良知時時彰顯。

三、義理核心──「見在本體工程」

本論文研究發現,鄒東廓整體學說的主要精神所在,即是「見在本體工程」。東廓所謂的「見在本體工程」,其內涵定義可包括兩面意義:其一、所謂「工夫」乃是本體自我之要求,也就是本體自然而然就有要做此功夫的要求,它不是人爲的勉強,它正是本體彰顯的方式,因此稱其爲「見在本體工程」,即因爲「本體」「見在」,所以「工夫」便「見在」,工夫不在(不作工夫),則本體便無法「顯在」。其二、鄒東廓所謂的「工夫」,乃是就良知本體的「警惕」性質而言,因此,東廓所說的「戒慎恐懼」、「主敬」工夫,都是在這樣的意義下去理解的,去作「戒慎恐懼」、「主敬」等工夫並非後天去勉強力爲,以求得先天良知本體的工夫;而是先天良知本體在後天「彰顯」其存在的「工夫」,即「見在本體工程」,是良知本體所具有的「警惕」性質自然而然的要求與展現。了解了這一點,才能把握住鄒東廓學說的精髓所在。也因爲鄒東廓的「工夫」乃是本體能否時時「顯在」的表現,因此東廓更賦

予了「戒慎恐懼」、「主敬」等工夫，積極的「自強不息」之意義，使其不只是消極的「去欲」等對治工夫。

四、家學與後學──守「戒懼之學」，向「主靜歸寂」傾斜

在鄒東廓的家學當中，大體上都能繼承東廓「戒慎恐懼」之學，與著重實地「去欲」、「彰顯良知」工夫義的家學精神，並謹守良知學的基本義理架構。但是在對於「主靜」的態度上，似乎皆不約而同地，有朝向主張「靜坐」工夫的道路上傾斜的現象。如鄒穎泉主張「默坐澄心」以「識本體」，鄒聚所主張「守靜以攝心」，黃梨洲稱其「於家學又一轉手」。而在「主敬」觀念上，也不盡同於鄒東廓乃是就「良知之精明而不雜以塵俗」而言的「致良知」工夫，而反倒較接近於程朱所主張的「專一」、「收斂身心」等工夫意義上，如鄒穎泉強調「收斂身心」之意。而鄒瀘水在「致知格物」上，以「所過者化，所存者神」來做解釋，不僅不同於東廓，亦不同於王陽明，可謂是良知學上的又一發明。

在鄒東廓的後學部分，鄧潛谷亦顯出與東廓家學同一傾向，即重視「靜坐」以「收攝放心」的工夫，在「格物」說方面，他也有自己獨特的見解，以「物物各有其則」，「格物」即「不過乎物之則」來解釋「格物」。而不論在學說內容或者學術性格上，都最為接近鄒東廓的是周訥谿，訥谿更進一步在東廓將「禮」收攝為良知「天然自有之中」的基礎之上加以發揮，將「禮」釋為與「理」同義。而李見羅則可說是東廓後學之「歧出」，他與東廓學說差異性最大，且亦遠遠偏離陽明學之義理架構。但儘管如此，我們仍可從中分析看出，見羅受陽明學與東廓學說影響之痕跡，他自言其學說是從陽明出，但最終卻走向完全不同的道路上去；又如「知止」之說，雖出自鄒東廓之學，然因為見羅不認良知為本體，而使得其「知止」所「止」處，為「性體」而非「良知」，不承認良知為本體這一核心的價值觀，是見羅有別於王學的關鍵所在。

透過本論文的分析研究，可知鄒東廓的學說思想內涵，雖有著宋儒學說的痕跡，另外在論學上又偏重在「工夫」方面的落實，但是放在整個陽明學的義理架構來審視，我們可知鄒東廓並沒有離開良知學的體系，而是援引了宋儒學說，轉化為良知學所用，豐富與充實了王陽明良知教的義理內容，並不能說是「由王返朱」、「回歸宋儒」、「融通朱王」。而在思想學說方面，鄒東

廓並沒有爲了要救治當時學風流弊，導致過於著重在「工夫」，而沒有認識到陽明學中「體用爲一」、「工夫本體爲一」的義理內涵；反而正因爲他清楚地把握住了陽明學的「體用觀」，因此在闡述良知「工夫義」時，更能緊緊貼住良知本體立論，而提出「見在本體工程」的說法。準此，筆者肯定鄒東廓爲「王學之宗子」無疑，筆者此說，並非同於梨洲是站在劉蕺山的學說立場來加以肯定的，而是放在陽明學的義理架構之下來加以審視，肯定其不僅有助世人的實際落實良知，亦能保持住良知學之根本核心精神與價值所在。

第二節　後續展望

　　總結本論文對鄒東廓所進行的研究，筆者認爲鄒東廓的確可以稱得上是王學之「宗子」。原因在於鄒東廓能在陽明學的「體用爲一」、「寂感不二」、「工夫本體爲一」幾個核心概念上加以準確把握與闡發，並進一步以此爲基礎將論學的重心放在良知「工夫義」方面的論述，以救治當時王學學者不是於本體提揭過重，忽略良知於後天能否時時「顯在」的問題；便是過於強調工夫的重要，而遺落了良知本體自然的核心價值等等弊端。因此，鄒東廓所著重與強調的「戒慎恐懼」與「修己以敬」等工夫，皆是在「致良知」的概念下來詮釋論述的，而其思想中所吸納的宋儒思想，也融入了良知學體系中爲自己所用，可謂豐富了良知學的內涵。

　　然而，不可諱言的是，鄒東廓的學說思想，的確有著重在「去欲」面的傾向，以及強調良知「警惕」的特色，使得他所倡談的「戒慎恐懼」、「主敬」等工夫，往往使人有種初步的輪廓印象，即認爲其學術性格與色彩，與朱子有著某種調性上的合拍，致使有「由王返朱」、「融通朱王」的錯誤論調出現。而鄒東廓此種學術特色，與當時和王陽明齊名的另一大儒湛甘泉有著相當程度的相似性，這與鄒東廓人生大半段時間與湛甘泉保持亦師亦友的關係，不可謂不無關係，蓋鄒東廓雖尊陽明良知學爲聖學之正傳，然陽明於鄒東廓三十八歲之時過世，鄒東廓受其親炙的時期不過十年，而人生有更長的時間是與湛甘泉來往的，這之間是否有著直接或間接之影響，譬如說兩人皆提出「主敬」之概念，不同的只是鄒東廓是緊扣著「良知」立論，另外兩人皆強調實際作工夫的重要，而不似陽明般以一念豁醒良知便能流貫於一切事爲的崇高自然境界。

再者，筆者雖贊同黃梨洲所讚揚鄒東廓的「王學宗子」之名，但黃梨洲的出發點乃是立足於劉蕺山的學說立場，而筆者是立足於陽明學的義理架構上給予肯定，但是梨洲此說之價值並不因此而有所減損。筆者認為從中反倒可看出劉蕺山對鄒東廓學說思想有著某種程度的契合與共鳴，例如他們的學說重心都放在「慎獨」、「戒慎恐懼」上，而劉蕺山對於鄒東廓能提出「戒慎恐懼」之說，也高度讚揚其能守陽明之精神，只是鄒東廓是秉持著王陽明「慎獨即致良知」的教誨而來，不同於後來的劉蕺山發展出「獨體」的概念，並形成了自己一套體系。儘管如此，鄒東廓與湛甘泉、劉蕺山此二大儒，在思想色彩上，確有著相當程度的合轍，而劉蕺山更是湛甘泉的三傳弟子（湛甘泉➜唐樞➜許孚遠➜劉蕺山），可謂是湛門弟子，廣義的王學之修正者。那麼，筆者思考的是，湛甘泉以及其身後的湛門弟子是否與王門後學有著彼此交叉互為影響的現象，即湛甘泉與鄒東廓之間這條同時代的影響脈絡，以及從湛甘泉到稱為「理學殿軍」的劉蕺山這條湛門後學流衍，此兩條脈絡應是可以確認其影響關係的，但是，從鄒東廓到劉蕺山這兩者之間，是否有著一條「虛線」存在呢？筆者稱這條「虛線」為「王學內部的修正路線」，此一「虛線」，筆者認為或許可透過甘泉後學與王門後學之間互動關係的角度來切入審視之。

礙於筆者學力所及，目前實無法對以上諸多問題提出更深入一層的見解與回答，期許自己未來若有幸能繼續深造，能以此拙作為基礎，並以鄒東廓、湛甘泉、劉蕺山此三角關係為考察起點，釐清由明入清整個陽明後學為挽救王學流弊，所進行的修正運動與思想脈絡。

徵引書目

一、古籍原典（依時代先後排序）

1. 〔宋〕周敦頤：《周敦頤集》（北京：中華書局，1990 年 5 月）。
2. 〔宋〕張載：《張載集》（台北：漢京文化，1983 年）。
3. 〔宋〕程顥、程頤：《二程集》（北京：中華書局，1981 年 7 月）。
4. 〔宋〕朱熹：《四書章句集注》（長沙：岳麓書舍，2008 年 1 月）。
5. 〔宋〕朱熹：《朱熹集》（成都：四川教育出版社，1996 年 10 月）。
6. 〔宋〕黎靖德編：《朱子語類》（北京：中華書局，1986 年 3 月）。
7. 〔明〕王守仁：《王陽明全集》（上海：上海古籍出版社，1992 年 12 月）。
8. 〔明〕湛若水撰，洪垣編：《泉翁大全集》（明嘉靖十九年 1540 嶺南朱明書院刊，萬曆癸巳二十一年 1593 修補本）。
9. 〔明〕王畿：《王畿集》（南京：鳳凰出版社，2007 年 3 月）。
10. 〔明〕鄒守益：《鄒守益集》（南京：鳳凰出版社，2007 年 3 月）。
11. 〔明〕聶豹：《聶豹集》（南京：鳳凰出版社，2007 年 3 月）。
12. 〔明〕羅洪先：《羅洪先集》（南京：鳳凰出版社，2007 年 3 月）。
13. 〔明〕羅洪先：《羅洪先集補編》（台北：中央研究院——中國文哲研究所，2009 年 10 月）。
14. 〔明〕鄒德涵：《鄒聚所先生文集》，收於《四庫全書存目叢書・集部・別集類 157》（台南：莊嚴文化，1997 年）。
15. 〔明〕鄒德涵：《鄒聚所先生外集》，收於《四庫全書存目叢書・集部・別集類 157》（台南：莊嚴文化，1997 年）。
16. 〔明〕鄒德涵：《鄒聚所先生語錄》，收於《四庫全書存目叢書・集部・別集類 157》（台南：莊嚴文化，1997 年）。

17. 〔明〕鄒元錫:《潛學編》,收於《四庫全書存目叢書·集部·別集類130》(台南:莊嚴文化,1997年)。

18. 〔明〕周怡:《訥谿先生文錄》(明隆萬間1567〜1620刊本)。

19. 〔明〕周怡:《訥谿先生雜錄》(明刊本)。

20. 〔明〕李材:《見羅先生書》,收於《四庫全書存目叢書·子部·儒家類11〜12》(台南:莊嚴文化,1995年)。

21. 〔清〕黃宗羲、全祖望:《宋元學案》(北京:中華書局,1986年12月)。

22. 〔清〕黃宗羲:《明儒學案》(北京:中華書局,1985年10月)。

23. 〔清〕王懋竑:《朱熹年譜》(北京:中華書局,1998年10月)。

24. 〔清〕沈佳:《明儒言行錄》(台北:明文,1991年)。

25. 〔清〕阮元校刻:《十三經注疏》(北京:中華書局,1980年9月)。

二、現代專著(依姓氏筆畫排序)

1. 于化民:《明中晚期理學的對峙與合流》(台北:文津出版社,1993年2月)。

2. 中華學術院:《陽明學論文集》(台北:中國文化大學出版部,1972年2月)。

3. 任文利:《心學的形上學問題探本》(鄭州:中州古籍出版社,2005年1月)。

4. 牟宗三:《心體與性體》(台北:正中書局,1968年)。

5. 牟宗三:《從陸象山到劉蕺山》(台北:台灣學生書局,1979年8月)。

6. 牟宗三:《宋明儒學的問題與發展》(台北:聯經,2003年7月)。

7. 吳光:《陽明學研究》(上海:上海古籍出版社,2000年10月)。

8. 吳光:《陽明學綜論》(北京:中國人民大學出版社,2009年10月)。

9. 吳宣德:《江右王學與明中後期江西教育發展》(南昌:江西教育出版社,1996年)。

10. 吳震:《聶豹羅洪先評傳》(南京:南京大學出版社,2001年7月)。

11. 吳震:《陽明後學研究》(上海人民出版社,2003年4月)。

12. 吳蘭:《王陽明教育思想之研究》(台北:台灣中華書局,1986年3月)。

13. 李日章:《程顥·程頤》(台北:東大圖書公司,1986年10月)。

14. 岡田武彥:《王陽明與明末儒學》(上海:上海古籍出版社,2000年)。

15. 林月惠:《良知學的轉折:聶雙江與羅念菴思想之研究》(台北:國立台灣大學出版中心,2005年9月)。

16. 林月惠：《詮釋與工夫：宋明理學的超越蘄嚮與內在辯證》（台北：中央研究院中國文哲研究所，2008 年 12 月）。

17. 林繼平：《王學探微十講》（台北：蘭臺出版社，2001 年 7 月）。

18. 侯外盧、邱漢生、張豈之：《宋明理學史（下卷）》（北京：人民出版社，1987 年 6 月）。

19. 胡永中：《致良知論——王陽明去惡思想研究》（成都：巴蜀書社，2007 年 11 月）。

20. 唐君毅：《中國哲學原論——原教篇（下）》（台北：台灣學生書局，1979 年 2 月）。

21. 容肇祖：《中國歷代思想史（五）明代卷》（台北：文津出版社，1993 年 12 月）。

22. 徐儒宗：《江右王學通論》（北京：中國人民大學出版社，2009 年 9 月）。

23. 翁紹軍：《中國學術思潮史（卷六）：心學思潮》（上海：上海社會科學院，2006 年 5 月）。

24. 張立文：《朱熹評傳》（南京：南京大學出版社，1998 年 12 月）。

25. 張祥浩：《王守仁評傳》（南京：南京大學出版社，1997 年 2 月）。

26. 張衛紅：《羅念庵的生命歷程與思想世界》（北京：生活・讀書・新知三聯書店，2009 年 2 月）。

27. 張學智：《明代哲學史》（北京：北京大學出版社，2000 年 11 月）。

28. 張麗珠：《中國哲學史三十講》（台北：里仁書局，2007 年 8 月）。

29. 畢誠：《儒學的轉折——陽明學派教育思想研究》（北京：教育科學出版社，1992 年）。

30. 陳來：《有無之境——王陽明哲學的精神》（北京：人民出版社，1997 年 2 月）。

31. 陳來：《朱子哲學研究》（上海：華東師範大學出版社，2000 年 9 月）。

32. 陳來：《宋明理學》（上海：華東師範大學出版社，2004 年 3 月）。

33. 陳郁夫：《江門學記》（台北：台灣學生書局，1984 年 3 月）。

34. 陳榮捷：《王陽明傳習錄詳註集評》（台北：台灣學生書局，1983 年 12 月）。

35. 勞思光：《新編中國哲學史（三下）》（台北：三民書局，1981 年 2 月）。

36. 勞思光：《新編中國哲學史（三上）》（台北：三民書局，1983 年 2 月）。

37. 喬清舉：《湛若水哲學思想研究》（台北：文津出版社，1993 年 3 月）。

38. 嵇文甫：《晚明思想史論》（開封：河南大學出版社，2008 年 4 月）。

39. 曾春海：《儒家哲學論集》（台北：文津出版社，1989 年 5 月）。

40. 黃公偉：《宋明理學體系論史》（台北：幼獅書局，1971 年 9 月）。

41. 黃信二：《王陽明「致良知」方法論之研究》（台北：文史哲出版社，2006 年 10 月）。

42. 楊柱才：《道學宗主──周敦頤哲學思想研究》（北京：人民出版社，2004 年 12 月）。

43. 楊國榮：《善的歷程──儒家價值體系的歷史衍化及其現代轉換》（上海：上海人民出版社，1994 年 3 月）。

44. 楊國榮：《良知與心體──王陽明哲學研究》（台北：洪葉文化，1999 年 8 月）。

45. 楊國榮：《王學通論──從王陽明到熊十力》（上海：華東師範大學出版社，2003 年 9 月）。

46. 楊國榮：《楊國榮講王陽明》（北京：北京大學出版社，2005 年 9 月）。

47. 劉宗賢、蔡德貴：《陽明學與當代新儒學》（北京：中國人民大學出版社，2009 年 9 月）。

48. 劉述先：《黃宗羲心學的定位》（杭州：浙江古籍出版社，2006 年 12 月）。

49. 劉蔚華、趙宗正：《中國儒家學術思想史》（濟南：山東教育出版社，1996 年 12 月）。

50. 嵇文甫：《左派王學》（上海：開明書店，1934 年）。

51. 蔡仁厚：《王陽明哲學》（台北：三民書局，1974 年 10 月）。

52. 蔡仁厚：《王學流衍──江右王門思想研究》（北京：人民出版社，2006 年 6 月）。

53. 黎業明：《湛若水年譜》（上海：上海古籍出版社，2009 年 7 月）。

54. 錢明：《陽明學的形成與發展》（南京：江蘇古籍出版社，2002 年 9 月）。

55. 錢明：《王陽明及其學派論考》（北京：人民出版社，2009 年 4 月）。

56. 錢穆：《中國學術思想史論叢（四）》，《錢賓四先生全集》（台北：聯經出版公司，1998 年 6 月）。

57. 錢穆：《中國思想史論叢（第五卷）》（合肥：安徽教育出版社，2004 年）。

58. 鮑世斌：《明代王學研究》（成都：巴蜀書社，2004 年 11 月）。

59. 羅宗強：《明代後期士人心態研究》（天津：南開大學出版社，2006 年 6 月）。

60. 龔鵬程：《晚明思潮》（北京：商務印書館，2005 年 8 月）。

三、期刊論文（依姓氏筆畫排序）

1. 王巧生、黃敏：〈「龍惕說」及其爭論〉，《河南師範大學學報（哲學社會科學版）》第 35 卷第 4 期（2008 年 7 月）。

2. 王家儉：〈晚明的實學思潮〉，《漢學研究》第 7 卷第 2 期（1989 年 12 月）。

3. 王偉民：〈破「門面格式」，做「實際學問」〉，《中國哲學史》（2008 年第 4 期）。

4. 王崇峻：〈明儒鄒守益的講學與論學〉，《孔孟學報》第 69 期（1995 年 3 月）。

5. 李伏明：〈論陽明心學的內在矛盾與王學講會活動——以江右王門學派為例〉，《井岡山師範學院學報（哲學社會科學）》第 23 卷第 4 期（2002 年 8 月）。

6. 杜保瑞：〈程頤易學進路的形上思想與功夫理論〉，《哲學與文化》第三十一卷第十期（2004 年 10 月）。

7. 杜保瑞：〈朱熹經典詮釋中的工夫理論〉，《揭諦》第 11 期（2006 年 6 月）。

8. 周志文：〈鄒守益與劉宗周〉，《佛光人文社會學刊》第一期（2001 年 6 月）。

9. 彭國翔：〈陽明後學工夫論的演變與形態〉，《浙江學刊》（2005 年第 1 期）。

10. 黃文樹：〈江右王門的教育活動〉，《屏東師院學報》第 17 期（2002 年）。

11. 劉姿君：〈鄒東廓「慎獨說」之衡定——以王陽明「良知教」為理論判準的說明〉，《中國學術年刊》第 29 期（2007 年 9 月）。

12. 劉姿君：〈李見羅「止修說」析論〉，中央大學文學院儒學研究中心：《當代儒學研究》（2008 年 1 月）。

13. 劉原池：〈朱熹對張載「心統性情」說的開展〉，《哲學與文化》第卅二卷第七期（2005 年 7 月）。

14. 鄭曉偉、孫立軍：〈論鄒守益的戒懼說〉，《安徽文學》（2006 年第 9 期）。

四、學位論文（依姓氏筆畫排序）

1. 王明真：〈成人之道——程明道「體貼」修養工夫論〉（成都：四川大學碩士學位論文，2006 年 5 月）。

2. 王廣：〈「理一分殊」理念下的朱熹哲學〉（濟南：山東大學博士論文，2005 年 4 月）。

3. 朱湘鈺：〈平實道中啓新局——江右三子良知學研究〉（台北：台灣師範大學國文研究所博士論文，2006 年）。

4. 馬軍海：〈一本圓融之境——程顥哲學研究〉（長春：東北師範大學碩士學位論文，2008 年 5 月）。

5. 張佑珍：〈從出世到入世——湛若水對學宗自然之闡釋〉（台南：成功大學碩士論文，2003 年 6 月）。

6. 張曉劍：〈湛若水的體用渾一之學與踐履〉（杭州：浙江大學博士論文，2008 年 4 月）。

7. 陳天林：〈周敦頤思想探微〉（上海：復旦大學哲學系博士論文，2004年4月）。

8. 陳儀：〈聶雙江歸寂思想研究〉（桃園：中央大學碩士論文，2008年7月）。

9. 賀廣如：〈江右王學及其相關書院之關係研究〉（台北：台灣大學中文研究所碩士論文，1993年6月）。

10. 溫愛玲：〈從聶雙江到羅念菴良知學之研究──以王門諸子「以知覺爲良知」與「分裂體用」的論題爲脈絡〉（台南：成功大學碩士論文，2005年6月）。

11. 劉徐：〈以「主敬」爲中心的朱熹修養工夫論考察〉（濟南：山東大學碩士學位論文，2008年10月）。

12. 譚菊華：〈江右王學修證派學習論的架構及其現代價值〉（南昌：江西師範大學教育學院碩士論文，2006年4月）。